narr STUDIENBÜCHER

Björn Rothstein / Linda Stark /
Anica Betz / Caroline Schuttkowski

Wissenschaftliches Arbeiten in der Linguistik

2., vollständig überarbeitete und aktualisierte Auflage

narr\f
ranck
e\atte
mpto

Bibliografische Information der Deutschen Nationalbibliothek
Die Deutsche Nationalbibliothek verzeichnet diese Publikation in der Deutschen Nationalbibliografie; detaillierte bibliografische Daten sind im Internet über http://dnb.dnb.de abrufbar.

2., vollständig überarbeitete und aktualisierte Auflage 2022
1. Auflage 2011

DOI: https://doi.org/10.24053/9783823394839

Internet: www.narr.de
eMail: info@narr.de

CPI books GmbH, Leck

ISSN 0941-8105
ISBN 978-3-8233-8483-0 (Print)
ISBN 978-3-8233-9483-9 (ePDF)
ISBN 978-3-8233-0361-9 (ePub)

MIX
Papier aus verantwortungsvollen Quellen
FSC www.fsc.org FSC® C083411

Inhalt

1 Linguistisch arbeiten? ... 7

2 Linguistisch lesen ... 9
Aufgaben ... 21

3 Linguistisch referieren und zitieren ... 23
3.1 Plagiate ... 23
3.2 Referate und Zitate ... 24
3.3 Kurzangaben ... 28
3.4 Literaturangaben ... 29
Aufgaben ... 35

4 Linguistisch suchen ... 37
Aufgaben ... 41

5 Linguistisch thematisieren ... 43
Aufgaben ... 51

6 Linguistisch zielen ... 53
Aufgaben ... 59

7 Linguistisch argumentieren ... 61
7.1 Linguistische Argumentation ... 61
7.2 Aufbau linguistischer Arbeiten ... 64
Aufgaben ... 67

8 Linguistisch erheben und auswerten ... 69
8.1 Beispiele ... 69
8.2 Glossierung ... 72
8.3 Empirie in der Linguistik ... 81
8.4 Empirisch vorgehen ... 85
8.5 Methoden der Datenerhebung ... 95
8.5.1 Introspektion und Retrospektion ... 97
8.5.2 Lautes Denken ... 100
8.5.3 Interview ... 103

8.5.4 Fragebögen ... 109
8.5.5 Videographie ... 114
8.6 Datenaufbereitung ... 117
8.6.1 Aufbereitung qualitativer Daten ... 117
8.6.2 Aufbereitung quantitativer Daten ... 129
8.6.3 Interraterreliabilität ... 130
8.7 Datenauswertung ... 132
8.7.1 Inhaltsanalyse ... 132
8.7.2 Gesprächsanalyse ... 138
8.7.3 Korpusanalyse ... 143
8.7.4 Grundlagen der statistischen Auswertung ... 148
Aufgaben ... 155

9 Linguistisch schreiben ... 163
9.1 Sich linguistisch ausdrücken ... 163
9.2 Die linguistische Leserschaft im Blick behalten ... 172
9.3 Den linguistischen Schreibprozess angehen und erleichtern ... 175
Aufgaben ... 177

10 Literaturverzeichnis ... 179

11 Lösungshinweise ... 191

Register ... 199

1 Linguistisch arbeiten?

Wie schreibt man eigentlich eine linguistische Hausarbeit? Diese Frage begegnet uns in unseren Sprechstunden häufig. Sie ist jedoch zu komplex, um sie in Kürze zufriedenstellend zu beantworten. Wissenschaftliches Arbeiten ist eine herausfordernde, aber auch erfüllende Angelegenheit, wie folgende einleitende Dankesworte aus zwei Habilitationsschriften andeuten:

Beispiel:
Habilitieren ist zwar, wie ich finde, ein mitunter aufreibendes, aber nach wie vor und trotz aller Wirren ein sehr einträgliches Unterfangen. Nicht unerwähnt bleiben soll jedoch auch, dass der schier endlose Sommer im Berlin des kritischen Jahres mir so manche der finalen Strecken nicht unwesentlich erleichtert hat. (Härtl 2008: 10)

Bei aller Einbindung in den wissenschaftlichen Diskurs bleibt die Abfassung einer Monographie ein zuweilen zähes Geschäft. Ganz wesentlichen Anteil an der in der Rückschau so reibungslosen Bewältigung hatten zum einen Sabine Krämer, die findig und schnell alle Literaturbesorgungen für mich erledigt hat, und zum anderen meine Eltern, die mir zum richtigen Zeitpunkt eine Rückzugsmöglichkeit zum ungestörten Arbeiten in nordhessischer Abgeschiedenheit boten, in der sich Unterbrechungen allenfalls durch den regelmäßigen nächtlichen Besuch einer Waschbärenfamilie ergaben. Habilitieren kann idyllisch sein – immer noch. (Maienborn 2003: 9)

Das vorliegende Buch möchte für das Verfassen linguistischer Hausarbeiten Orientierung bieten. Es folgt dabei einem **kasuistischen Ansatz**, denn wir glauben, dass man von Originaltexten am besten lernt. Mit Steiner (2014: 8) verstehen wir Kasuistik als

> eine an Fällen orientierte Vorgehensweise des Lernens, Lehrens, Untersuchens und Forschens, die auf Erziehungs- und Bildungsprozesse im Kontext von Schule und Unterricht fokussiert ist und zum Zwecke der Veranschaulichung, Analyse, Rekonstruktion, Entscheidungsfindung, Planung, Entwicklung, Reflexion oder ästhetischen Rezeption eingesetzt wird.

Die Betrachtung von Einzelfällen soll linguistisches Arbeiten durch Best-Practice-Beispiele illustrieren und uns somit eine Annäherung an das Allgemeine ermöglichen (Forrester 2014).

Der **Aufbau** des Buchs orientiert sich am Prozess der „linguistischen Sozialisation", den Sie am Beginn eines philologischen bzw. sprachwissenschaftlichen Studiums vermutlich durchlaufen werden. Zunächst zeigen wir, wie man linguistische Texte liest

(Kap. 2) und wie man über sie spricht (Kap. 3). Die ersten sprachwissenschaftlichen Texte, die Sie im Studium lesen, werden Ihnen vermutlich vorgegeben. Später müssen Sie weiterführende Literatur wie auch Thema und Zielsetzung Ihrer Arbeit selbst finden (Kap. 4 bis 6). Natürlich müssen Sie die Ausführungen zu Ihrem Thema gut begründen und mit Beispielen belegen können (Kap. 7). Kapitel 8 behandelt empirische Arbeiten, in denen Sie selbst Daten erheben bzw. die Daten anderer auswerten. Kapitel 9 zeigt Möglichkeiten auf, wie Sie sich wissenschaftlich ausdrücken können. Jedes Kapitel befasst sich also mit einem (zentralen) Schritt im Prozess der „linguistischen Sozialisation". Dazu bietet es Aufgaben zur selbstständigen Bearbeitung und verweist auf weiterführende Literatur und Links.

Dies ist sicherlich kein Buch, das Sie an einem Stück von vorn bis hinten lesen werden. Es ist eher ein **Wegbegleiter**, den Sie auf Ihrem sprachwissenschaftlichen Weg immer wieder befragen können.

Eine Einführung – unabhängig davon, wie ausführlich sie ist – kann aber niemals den **Austausch** mit anderen Studierenden und die **individuelle Beratung** durch eine Lehrperson ersetzen. Beides möchten wir Ihnen nahelegen. Wie wichtig und fruchtbar fachlicher Rat und auch soziale Unterstützung sind, belegt die folgende Danksagung aus einer Dissertation:

Beispiel:
Die Erleichterung darüber, dass diese Arbeit schließlich zu einem Ende gekommen ist, verbindet sich mit einer großen Dankbarkeit für die Unterstützung, die ich in all den Jahren erfahren habe. Neben meiner Familie denke ich dabei vor allem an viele Freunde und Kollegen aus meiner Tübinger Zeit, aus München und aus Ljubljana. Diese Arbeit [...] gäbe es nicht ohne manche Kollegen, die mich mit ihrem fachlichen Rat zum weiteren Nachdenken ermuntert, aber auch gelegentlich auf Irrtümer hingewiesen haben – ich hoffe, dass die verbleibenden Irrtümer in der Arbeit nicht zu schwerwiegend sind.
(Holl 2010: 8)

Am Ende dieser Einleitung bedanken wir uns herzlich bei Ingrid Furchner für ihr stets erfreuliches Lektorat, bei Alexandra Warda für ihre Korrekturen und bei Tillmann Bub und Mareike Wagner für die verlagsseitige Betreuung.

2 Linguistisch lesen

Wer Linguistik studiert, muss bereit sein, regelmäßig „unendlich viele" wissenschaftliche Schriften intensiv zu lesen und zu reflektieren.

Beispiel:
Selbst bei einer Eingrenzung der methodischen Herangehensweise auf *einen* Blickwinkel der Untersuchung – wie es bei einem ausschließlich linguistischen (systemlinguistischen) Zugang der Fall wäre – ist mit unendlich viel Literatur zu kämpfen.
(Wingender 1994: 2)

Und wer sprachwissenschaftliche Texte liest, muss sie sorgfältig durchgehen und dafür entsprechend viel Zeit einplanen. Wie Sie linguistische Texte lesen können, zeigen wir Ihnen im Weiteren, indem wir den folgenden Aufsatz durchgehen: „Reis, M. (1986): Subjekt-Fragen in der Schulgrammatik? *Deutschunterricht* 38, 64–84." Dieser Aufsatz ist am Anfang des Studiums schwer zu lesen. Gerade deshalb lässt sich daran jedoch gut zeigen, wie man linguistisch liest, argumentiert und arbeitet. Sie sollten ihn nach Möglichkeit parallel zu diesem Kapitel lesen. Dazu suchen Sie bitte im Katalog Ihrer Hochschulbibliothek nach der Zeitschrift *Deutschunterricht.* Wenn Sie diese Zeitschrift gefunden haben, suchen Sie den Band 38, der im Jahr 1986 erschienen ist. Den Aufsatz von Marga Reis finden Sie auf den Seiten 64 bis 84.

Eine der bekanntesten **Lesestrategien** ist die **SQ3R-Methode** nach Robinson (1966). Benannt ist sie nach den Anfangsbuchstaben ihrer einzelnen Arbeitsstufen *Survey, Question, Read, Recite* und *Review.* Lesen wird hier als ein mehrstufiger Vorgang aufgefasst: Es besteht aus den drei Phasen *Vorbereitung, eigentliches Lesen* und *Nachbereitung*:

Phase	**Stufe**	**Funktion**	**Aufgaben**
Vorbereitung	Survey	Überblick gewinnen	Durchsehen von Titel und Bibliographie sowie, falls vorhanden, Inhaltsverzeichnis und Zusammenfassung der Arbeit
	Question	Erarbeitung eines Ziels oder einer Struktur für die Textlektüre	Formulierung von Fragen an den Text anhand der klassischen W-Fragen (wer, was, wann, wo, wie, warum ...)
Lesen	Read	Informationsentnahme aus dem Text	Mit Unterstreichungen und Randbemerkungen lesen

Nachbereitung	Recite	Sich das Gelesene in Erinnerung rufen	Zusammenfassen des Gelesenen
	Review	Erneutes Durchsehen, Repetieren	Überprüfen, ob der Text verstanden wurde und die Fragen beantwortet wurden

Tab. 1-1: Die SQ3R-Methode nach Robinson (1966)

Wenden wir die SQ3R-Methode nun auf den oben genannten Aufsatz an: In der Stufe ***Survey*** entnehmen Sie dem Titel, dass sich die Studie von Marga Reis mit dem Subjekt in der Schulgrammatik befasst. Der Aufsatz enthält keine Zusammenfassung, und es gibt auch kein Inhaltsverzeichnis. Deshalb sehen Sie sich nun die Bibliographie an, die wir hier auszugsweise aufführen. Was fällt Ihnen daran auf? Wie ist die Bibliographie aufgebaut? Welche Adressatengruppen werden angesprochen? (Bitte beachten Sie, dass wir aus Platzgründen die in den Beispielen referierten Literaturverweise nicht in unserem eigenen Literaturverzeichnis angeben.)

Beispiel:

Aßheuer, Johannes/Hartig, Matthias (1976): Aufbau einer Schulgrammatik auf der Primar- und Sekundarstufe. Düsseldorf.

Boettcher, Wolfgang/Sitta, Horst (1981): Der andere Grammatikunterricht. München/Wien/Baltimore.

Brünner, Gisela (1982): Wer oder was kennst du? Probleme des Grammatikunterrichts. In: Karl Detering/Jürgen Schmidt-Radefeldt/Wolfgang Sucharowski (Hrsg.) (1982): Akten des 16. linguistischen Kolloquiums Kiel 1981. Bd. 1 (= LA 119). Tübingen, 136-146.

Duden (1984): Grammatik der deutschen Gegenwartssprache. 4., völlig neu bearbeitete und erweiterte Auflage (= Duden. Band 4). Herausgegeben und bearbeitet vom Wissenschaftlichen Rat und den Mitarbeitern der Dudenredaktion unter Leitung von Günther Drosdowski. Mannheim/Wien/Zürich.

[...]

Lehrwerke

bsv Deutsch 5. Lese- und Sprachbuch (1980). Robert Kainz/Hans-Uwe Rump/Manfred Volk (Hrsg.). München: Bayerischer Schulbuchverlag.

[...]

(Reis 1986: 83)

Die Bibliographie informiert Sie darüber, dass Reis fachwissenschaftliche, fachdidaktische und unterrichtspraktische Literatur berücksichtigt. Damit wissen Sie, an welche Leserschaft sich der Artikel richtet.

In der Stufe ***Question*** formulieren Sie nun für sich Fragen, auf die Sie sich von der Lektüre des Aufsatzes Antworten erhoffen. Welche Art von Fragen könnte das sein? Überlegen Sie sich zunächst, was Sie bereits über das Subjekt wissen. Was würde Sie darüber hinaus interessieren? Vermutlich kommen Sie zu Fragen wie: Was ist ein Subjekt? Wer verwendet diesen Ausdruck? Warum benötigt man ein Subjekt? Wie verhält sich das Subjekt zu den anderen Satzgliedern? Wovon spricht und wofür argumentiert Reis? Welches Problem sieht sie? Sie können sich diese Leitfragen auf einem gesonderten Blatt notieren, bei der Stufe ***Review*** wieder darauf zurückkommen und schauen, ob der Aufsatz darauf sinnvolle Antworten gegeben hat.

Tatsächlich formuliert Reis in ihrem Aufsatz selbst Fragen, die Sie in der Stufe ***Read*** am Anfang des Textes lesen:

Beispiel:
Eines der offenbar unverzichtbaren Lernziele auch des elementaren Grammatikunterrichts ist die Beherrschung des Subjektbegriffs. [...] Wenn das so ist, dann stellen sich dem Lehrer mindestens vier unterrichtsrelevante Fragen, auf die er eine Antwort haben sollte:

(I) Wie ist „Subjekt“ zu definieren, bzw. wie sind Subjekte zu identifizieren?
(II) Wie verhält sich das Subjekt zu anderen Satzgliedern?
(III) Welche Reichweite, bezogen auf die Gesamtheit deutscher Sätze, hat der Subjektbegriff?
(IV) Wozu, bezogen auf sprachbezogene Erkenntnisziele, ist die Kenntnis des Subjektbegriffs gut?

(Reis 1986: 64)

In der **Einleitung** formuliert Reis deutlich, worum es ihr im Folgenden geht:

Beispiel:
Soweit ich sehe – und das mag natürlich nicht weit genug sein – gibt es zwar Traditionen mit (I)–(IV) fertigzuwerden; sprachwissenschaftlich befriedigend sind sie jedoch nicht. Die Verantwortung dafür dürfte letztlich alle Beteiligten betreffen. Ich will in diesem Beitrag jedoch vor der eigenen – sprachwissenschaftlichen – Tür kehren, und das mit gutem Grund: Was die Sprachwissenschaft bisher der Schulgrammatik an spezifischen Vorgaben zum Subjektbegriff geboten hat, ist – entgegen dem äußeren Anschein [...] – nahezu wertlos. [...] Meine Diagnose für diesen Mißstand ist in dessen Beschreibung schon angedeutet: Sprachwissenschaftliche Begriffe lassen sich außerhalb des Gesamtzusammenhangs der Sprachbeschreibung nicht sinnvoll diskutieren.
(Reis 1986: 64–65)

Nach der Einleitung lesen Sie zunächst einmal den Schlussteil des Aufsatzes:

> **Beispiel:**
> Wenden wir uns abschließend nochmals den Ausgangsfragen zu:
> (I) Wie ist „Subjekt" zu definieren?
> Nach den vorhergehenden Überlegungen scheint es zumindest fraglich, ob man diesen Begriff für die Beschreibung des Deutschen zusätzlich braucht. Will man ihn trotzdem weiterverwenden – was in sprachvergleichender Hinsicht gerechtfertigt wäre –, ist er am besten mit „Nominativ-NP" gleichzusetzen.
> (Reis 1986: 80)

Reis (1986) hinterfragt demnach die schulgrammatische Verwendung des Subjektbegriffs. Sie möchte ihn durch den Begriff „Nominativ-NP" ersetzen. Zur Erinnerung können verkürzte Definitionen von Nominativ und Nominalphrase hier nachgelesen werden:

> **Nominativ** [lat. *nōminare* ›nennen‹ [...]. Morphologischer Kasus in -> Nominativsprachen wie dem Dt., der [...] das Subjekt eines Satzes kennzeichnet. Der N. kann jedoch auch beim -> Prädikativ vorkommen *(Er ist Lehrer)* oder außerhalb des Satzverbandes *(Philip, sei jetzt still).*
> (Bußmann 2008: 480)

> **Nominalphrase** [...] Abk.: *NP* [...]. Syntaktische Kategorie (bzw. -> Phrase), die normalerweise ein Nomen *(Obst, Glück, Pauline)* oder Pronomen *(ich, jemand, man)* als Kern enthält, der in verschiedener Weise erweitert sein kann. Als Erweiterung dienen (a) dem Nomen vorangestellte Attribute in Form von Adjektivphrasen *(sehr gute Weine)*, (b) nachgestellte *(lose)* -> Appositionen *(Paul, mein bester Freund)*, (c) enge (vorangestellte) Appositionen *(die Stadt Frankfurt)* und (d) -> Attribute in Form eines (voran- oder nachgestellten) Genitivattributs *(Pauls Haus, das Haus meines Freundes)*, einer -> Präpositionalphrase *(das Haus auf dem Berg)* oder eines Relativsatzes *(das Mädchen, das nebenan wohnt).*
> (Bußmann 2008: 479)

Im nächsten Schritt lesen Sie den Hauptteil, um herauszufinden, wie Reis von ihren Fragen zu ihren Schlussfolgerungen kommt. Beim wissenschaftlichen Lesen empfiehlt es sich, die relevanten und besonders wichtigen Textpassagen zu unterstreichen, damit man sie später leichter wiederfindet. Um mit Unterstreichungen effektiv arbeiten zu können, muss man sie jedoch sparsam einsetzen. Ergänzende Markierungen am Rand erleichtern die Zuordnung, etwa ein Ausrufezeichen für inhaltliche Hervorhebungen, das Summenzeichen „Σ" für Zusammenfassungen oder ein „L" für wichtige Literaturangabend. Eine sinnvolle erste Bearbeitung des letzten Textabschnitts der einführenden Bemerkungen von Reis könnte damit ungefähr so aussehen:

Beispiel:
Meine Diagnose für diesen Mißstand ist in dessen Beschreibung schon angedeutet: Sprachwissenschaftliche Begriffe lassen sich außerhalb des Gesamtzusammenhangs der Sprachbeschreibung nicht sinnvoll diskutieren. Entsprechend will ich bei der folgenden Diskussion des Subjektbegriffs anders, das heißt „gesamtgrammatisch" (s. u.) verfahren; ich lehne mich dabei an eine bereits erschienene Untersuchung (Reis 1982) an. Dabei ergeben sich auch Antworten auf (I)-(IV), doch kommt es mir darauf weniger an als auf die Überzeugungskraft des eingeschlagenen Verfahrens: Es soll deutlich werden, daß Fragen wie (I)-(IV) auf anderem Weg gar nicht sinnvoll verfolgbar sind. Daß diese Einsicht unserem Fünftklassenlehrer *unmittelbar* nützt, unterstelle ich dabei nicht; falls er von der Sprachwissenschaft vor allem operationale Hilfe – „die" Subjekt-Probe – und kommunikative Sinngebung für sein diesbezügliches Tun erwartet hat, wird sie ihn – zunächst – sogar eher entmutigen. ! L !
(Reis 1986: 65)

Wie Sie sehen, wurde nicht wirklich viel unterstrichen. Im Prinzip ist nur die Arbeitsthese von Marga Reis hervorgehoben, gesamtgrammatisch zu analysieren.

Die Lektüre des Hauptteils ist nicht einfach, da jeder einzelne Textabschnitt das Verständnis des vorhergehenden erfordert. Sie sollten daher den gesamten Text lesen; notieren Sie sich dabei für jeden einzelnen Abschnitt das zentrale Argument. Der Hauptteil beginnt mit dem folgenden Textabschnitt, den wir anschließend exemplarisch besprechen.

Beispiel:
1. Zur Einstimmung rekapituliere ich kritisch die Antwortpraxis zu (I)-(IV), wie sie sich in den derzeit gängigen Lehrwerken spiegelt:
1.1. Zu Frage (I), an der kein Lehrwerk vorbeikommt, gibt es einen Kanon üblicher Bestimmungsstücke, vgl. (2a-e).[...] Dabei bilden heute die morphosyntaktischen bzw. operationalen Kriterien (2a-c) in der Regel die Leitmerkmale, mit denen die semantische Bestimmung (2d) oder die pragmatische Bestimmung (2e) (fakultativ) korreliert sind. Hinzu kommt gelegentlich die „Infinitivprobe" (2f).

(2) *Das Subjekt* Σ
a. *steht im Nominativ;*
b. *bestimmt die Form des finiten Verbs (Kongruenz);*
c. *ist mit „wer oder was?" erfragbar;*
d. *ist Ansatzstelle des verbalen Geschehens;*
e. *ist das, worüber man spricht („Satzgegenstand");*
f. *fällt weg im Infinitiv.*

Daß (2) sehr unterschiedliche Kriterien umfaßt, wäre weder an sich noch definitorisch ein Problem, wenn diese korrelierten. Das tun sie aber nicht (s. dazu ausführlich Abschnitt 2). Auch wenn es Implikationsbeziehungen [Wenn-dann-Beziehungen, B.R., L.S., A.B. & C.S.] gibt (so etwa [2f->a], [2b->a], gibt es keinen einzigen Fall von Äquivalenz, nicht einmal zwischen (2a) und (2f), vgl. die infiniten Sätze in (3), die (neben dem Vokativ) auch eine Nominativgröße enthalten. – Hinzu kommen die bekannten Probleme mit dem sog. Gleichsetzungsnominativ in Kopulasätzen [Er ist Lehrer, B.R., L.S., A.B. & C.S.].

(3) *He, ihr da drüben:* Keiner *aufstehen,* alle *sitzenbleiben!*

Kanon

!

Damit liefert (2a-f) aber genau die Definitionssicherheit nicht, die es über simple Fälle wie (1) hinaus gewährleisten sollte: Was als Subjekt zu gelten hat, hängt davon ab, welche Kriterien man auswählt, in welcher Bündelung und Hierarchisierung man sie benutzt, und darüber hinaus, wie man Diskrepanzfälle wie (3) oder Kopulasätze – wichtige oder vernachlässigbare (Rand-)Erscheinungen? – einschätzt.
(Reis 1986: 65–66)

Für diesen Abschnitt lassen sich folgende Argumente notieren:

Beispiel:
Abschnitt 1.1
Das Subjekt wird in Lehrwerken üblicherweise nach folgenden Kriterien definiert:

Das Subjekt

a. steht im Nominativ;
b. bestimmt die Form des finiten Verbs (Kongruenz);
c. ist mit „wer oder was?“ erfragbar;
d. ist Ansatzstelle des verbalen Geschehens;
e. ist das, worüber man spricht („Satzgegenstand“);
f. fällt im Infinitiv weg.

Diese Kriterien führen zu Problemen, auf die Reis in Abschnitt 2 eingeht. Was man als Subjekt analysiert, ist ihr zufolge abhängig von

- der Wahl der zugrunde gelegten Kriterien,
- ihrer Hierarchisierung,
- ihrer Bündelung und
- der Behandlung von Randerscheinungen.

In der Stufe ***Recite*** aus der Phase ***Nachbereitung*** vergegenwärtigen Sie sich den Text, indem Sie seinen Argumentationsverlauf zusammenfassen. Sie sollten dabei vier Prinzipien berücksichtigen:

- Ihre Wiedergabe muss exakt sein.
- Sie müssen die Argumentation vollständig erfassen.
- Ihre Darstellung muss übersichtlich sein.
- Ihre Darstellung muss prägnant sein.

Die Zusammenfassungen können stichwortartig verfasst oder ausformuliert sein und sollten auch Titel, Verfasser bzw. Verfasserin, Publikationsort etc. des betreffenden Textes enthalten. Ein solches Vorgehen macht sich insbesondere dann bezahlt, wenn Sie große Textmengen bearbeiten müssen. Das einführende Lehrwerk *Syntax. Grundlagen und Theorien* von Dürscheid (2000) enthält eine mögliche Zusammenfassung der Reis'schen Argumentation, auch wenn diese aufgrund der einführenden Natur des Buches natürlich nicht allzu sehr in die Tiefe geht. Sie zeigt darüber hinaus exemplarisch, wie wissenschaftliche Literatur in eigene Untersuchungen eingearbeitet werden kann.

Beispiel:
Der interessierte Leser sei [für die Analyse des Subjekts, B.R., L.S., A.B. & C.S.] [...] auf die Ausführungen von Marga Reis verwiesen, die in ihrem viel beachteten Aufsatz *Zum Subjektbegriff im Deutschen* aus dem Jahr 1982 an einer Vielzahl von einschlägigen Daten die Subjektkriterien auf ihre Plausibilität hin überprüft und das Verhältnis von Subjekt und Nominativ thematisiert. In einem weiteren Aufsatz zum Subjekt mit dem Titel *Subjekt-Fragen in der Schulgrammatik?* bezieht sie zudem didaktische Aspekte ein und diskutiert die in Lehrbüchern immer wieder genannten Subjekteigenschaften (vgl. M. Reis 1986). Eine Auflistung solcher Subjekteigenschaften folgt in (3):

(3) Prototypische Merkmale des Subjekts
Das Subjekt ist mit „wer oder was" erfragbar (semantisches Kriterium).
Das Subjekt ist das, worüber man spricht (pragmatisches Kriterium).
Das Subjekt ist kongruenzauslösend (formales Kriterium).
Das Subjekt wird in der Regel durch eine NP im Nominativ realisiert (formales Kriterium).
Das Subjekt fällt weg im Infinitiv (syntaktisches Kriterium).

Was das letztgenannte Kriterium betrifft, weist Reis (1986: 66) zu Recht darauf hin, dass das Subjekt im Infinitiv nicht immer wegfällt, obwohl Konstruktionen vom Typ *Er verspricht Paula ___ zu kommen* vs. *Er verspricht Paula, dass er kommt* dies nahelegen. Sie nennt als Beispiele Sätze wie *Keiner aufstehen! Alle sitzenbleiben!*, in denen das Subjekt realisiert ist, obwohl das Verb im Infinitiv steht. Ein anderes Problem stellt die gerade im Schulunterricht beliebte Frageprobe mit *wer oder was* dar. In Sätzen wie *Es regnet* oder *Es friert*, in denen das Pronomen *es*

referenzsemantisch leer ist, kann auf diese Weise nicht nach dem Subjekt gefragt werden. Die Frage *wer oder was* setzt voraus, dass die erfragte Konstituente referentiell ist, d. h. sich auf ein Objekt in der außersprachlichen Welt bezieht. [...] Auch nicht-nominale Elemente können als Subjekt fungieren (vgl. Subjektsätze vom Typ *Wer andern eine Grube gräbt, fällt selbst hinein*). Umgekehrt muss nicht jede Nominativ-NP das Subjekt des Satzes sein. In dem Satz *Er ist Lehrer* treten beispielsweise zwei nominativisch markierte Glieder auf; doch nur das erste steht im Subjekt, das zweite ist ein Prädikatsnomen bzw. ein Prädikativum.
Aus diesen kritischen Einwänden lassen sich nun verschiedene Schlüsse ziehen. Die einen plädieren wie Reis (1982) dafür, den Subjektbegriff als Beschreibungskategorie im Deutschen ganz aufzugeben, die anderen verweisen darauf, dass solche Satzgliedbegriffe trotz der anerkannten Probleme verwendet werden sollen, „weil es praktisch ist und wir gewisse Dinge mit ihrer Hilfe leichter sagen können als ohne sie“ (P. Eisenberg 1994: 63).
(Dürscheid 2000: 36)

Zu einer solchen Zusammenfassung kommen Sie mit den folgenden Schritten:

1. Überfliegen Sie den Hauptteil und markieren Sie die Textstellen, die Sie nicht unmittelbar verstehen. Sie können dabei nach jedem Einzelkapitel zunächst mit Punkt 2 bis 4 fortfahren und erst dann den nächsten Textabschnitt in Angriff nehmen.
2. Erschließen Sie sich nun sprachlich wie inhaltlich die als schwierig markierten Textpassagen.
3. Lesen Sie den Text erneut. Unterteilen Sie ihn in inhaltliche Abschnitte.
4. Versuchen Sie, die einzelnen Sinnabschnitte knapp zusammenzufassen.
5. Erstellen Sie aus Ihren vorläufigen Zusammenfassungen nun eine präzise Zusammenfassung des Gesamttextes.
6. Überprüfen Sie Ihre eigene Zusammenfassung durch eine erneute Lektüre des Textes.

In die Phase der Nachbearbeitung fällt auch die Stufe ***Review***. Hier sollten Sie den Text erneut durchsehen und überprüfen, ob Ihre eingangs formulierten Fragen beantwortet wurden. Auf die Frage *Was ist ein Subjekt?* lässt sich nach Lektüre von Reis etwa wie folgt antworten: Reis argumentiert dafür, den Begriff Subjekt zu ersetzen durch Nominativ-NP, da dieser den Gegenstand adäquater beschreibt. Der Begriff Subjekt vereinigt ihr zufolge die zwei sehr unterschiedlichen Kategorien Subjektsätze und Nominativ-NP.

Damit hat der Aufsatz eine Reihe unserer Fragen beantwortet. Im nächsten Schritt sollten Sie sich Gedanken darüber machen, ob die Argumentation **wissenschaftlich richtig** ist. Dazu gibt es prinzipiell folgende Ansatzpunkte (vgl. auch Kap. 6):

- Sie können die im Aufsatz genannten Thesen **empirisch überprüfen** und feststellen, ob die These von Reis (1986) empirisch korrekt und vollständig ist.
- Häufig lassen sich in Aufsätzen auch **innere Widersprüche** ausmachen, die der Überzeugungskraft der Argumentation schaden.
- Die wissenschaftliche Aussagekraft einer Studie wird geschmälert, wenn nicht die **relevante Literatur** verarbeitet wurde.
- Eine linguistische Analyse versucht nicht nur, ein oder mehrere Phänomene korrekt zu erfassen. Sie muss auch **falsche Vorhersagen** ausschließen. Es geht demnach nicht darum, zu sagen, was alles innerhalb einer Grammatik richtig ist, sondern vor allem auch darum, zu zeigen, was falsch ist: Gibt es Beispiele, die fälschlicherweise als korrekt vorhergesagt werden?
- Ferner ist auf **Stipulation** zu achten, d. h. auf Behauptungen ohne empirische oder theoretische Begründung. Die Begründungen linguistischer Analysen sollten stets vorliegen und nachvollziehbar sein.
- **Eine einfache Analyse** ist einer komplizierten vorzuziehen, sofern sie beide beschreibungsadäquat, d. h. sachlich richtig sind. Man bezeichnet dieses „Sparsamkeitsprinzip“, das auf Wilhelm von Ockham (1288–1347) zurückgeht, auch als Ockhams Rasiermesser oder Skalpell.

Schauen wir uns dazu noch einmal den Aufsatz von Marga Reis an, die gegen einen weit gefassten Subjektbegriff argumentiert. Die Definition des Subjekts solle sich auf Nominalphrasen im Nominativ beschränken, d. h. im Wesentlichen auf Konstituenten, deren Kern ein Nomen im Nominativ ist.

Die Nominalphrasen im Nominativ (= Nominativ-NPs) stimmen in Person und Numerus mit der Verbflexion überein. Was bedeutet das genau? Verben werden im Deutschen unter anderem nach Person (*ich/wir, du/ihr, er/sie/es/sie*) und nach Numerus (*ich* vs. *wir, du* vs. *ihr, er/sie/es* vs. *sie*) konjugiert. Die Nominativ-NP und das Verb müssen in diesen Merkmalen übereinstimmen. Man bezeichnet dies als Kongruenz. Daher müssen in einem Satz beispielsweise sowohl das Verb als auch die Nominativ-NP im Plural stehen oder aber beide im Singular, andernfalls ist der Satz ungrammatisch:

Beispiel:

(4) Peter und Mark gehen nach Hause.
(5) *Peter und Mark geht nach Hause.

Zu *dass*-Sätzen in der Funktion eines Subjekts führt Reis (1986) nun aus:

Beispiel:
Bei Verbalkongruenz hingegen gibt es klare Anzeichen dafür, daß „Subjekt“-Sätze *nicht* wie die Nominativ-NPs als Bezugsgröße [für die Verbalflexion] fungieren.

> In allen Sätzen mit „Subjekt"-Satz steht das Verb in der 3. Sg., auch bei *und*-koordinierenden Fällen wie bei (36), denen in Parallele zu (36') pluralische Referenz zugesprochen werden kann.
>
> (36) Daß Hans nicht kommt und daß Fritz sich nicht dafür entschuldigt, ärgert/*ärgern mich sehr.
> (36') Hansens Absage und Fritzens fehlende Entschuldigung (*)ärgert/ärgern mich sehr.
>
> Das heißt, es kann nur die Nebenregel – 3. Ps., falls die regelgerechte Bezugsgröße fehlt – angewandt worden sein, und das heißt: Für den Sprecher enthalten die betreffenden Satztypen keine Bezugs-NP für Kongruenz. Dies zeigt, daß die Kongruenzregel tatsächlich und nur nominativbezüglich ist.
> (Reis 1986: 77–78)

Dieser Abschnitt ist relativ schwer zu verstehen, denn er enthält eine Reihe von linguistischen Fachbegriffen, die Sie etwa in Hadumod Bußmanns *Lexikon der Sprachwissenschaft* nachschlagen müssten. Dort erfahren Sie Folgendes:

> **Koordination** [mlat. *coordinare* ›aufeinander abstimmen‹, zu lat. ōrdo ›Reihe‹]. [...]
> (1) Syntaktische Struktur, die aus zwei oder mehr -> Konjunkten (Wörter, Satzglieder oder Sätze) besteht. K. kann vorkommen als asyndetische Konstruktion, d. h. die einzelnen Elemente der K. sind nicht durch Konjunktionen verknüpft (*bergauf, bergab laufen*), oder als syndetische Konstruktion, wobei die Elemente durch koordinierende -> Konjunktionen (*und, aber, denn*) verknüpft sind. [...]
> (Bußmann 2008: 375–376)
>
> **Flexion** [lat. *flexio* ›Biegung‹, ›Beugung‹; engl. *accidence/inflection.* – Auch: Beugung, Biegung, Formenlehre, Wortformbildung]. Wortstämme (-> Lexeme) bestimmter -> Wortarten werden in morphologisch verschiedenen -> Wortformen realisiert, die regelhaft wortartspezifisch verschiedene syntaktisch-semantische Funktionen mitausdrücken, vgl. im Dt. -> Deklination (Nomen), -> Konjugation (Verb), -> Komparation (Adjektiv). Die Gesamtheit der Flexionsformen eines Wortes bilden (Flexions-) -> Paradigmata. [...]
> (Bußmann 2008: 193)
>
> **Referenz**. In der traditionellen Semantik Bezeichnung für die Beziehung zwischen dem sprachlichen Ausdruck (Name, Wort) und dem Gegenstand der außersprachlichen Realität, auf den sich der Ausdruck bezieht [...].
> (Bußmann 2008: 574)
>
> **Kongruenz** [lat. *congruentia* ›Übereinstimmung‹; engl. *agreement, concord*].
> (1) Übereinstimmung zwischen zwei oder mehreren Satzelementen hinsichtlich ihrer morpho-syntaktischen Kategorien (Kasus, Person, Numerus, Genus). [...]
> (Bußmann 2008: 357)

Die Verbalkongruenz bezieht sich auf Verben und betrifft die Merkmale Person (*ich/wir, du/ihr, er/sie/es*) und Numerus (Anzahl). Fasst man die Subjektsätze und die Nominativ-NPs als Subjekte zusammen, so ist es nicht ohne Weiteres möglich, eine subjektbezogene Regel für Kongruenz zu formulieren. Subjektsätze kongruieren im Numerus nicht mit dem in der dritten Person Singular stehenden finiten Verb. Nicht-satzwertige Subjekte stimmen in Person und Numerus mit dem konjugierten Verb überein. Demnach gibt es Kongruenz nur bei nicht-satzwertigen Subjekten. Sie überprüfen nun also diese Schlussfolgerung von Reis und kommen zu folgenden Überlegungen:

- **Empirische Überprüfung:** Sie erkennen, dass die von Reis (1986) angeführten Daten empirisch richtig sind.
- **Innere Widersprüche:** Sie suchen nach Widersprüchen innerhalb der Reis'schen Argumentation und stellen fest, dass zumindest die hier zitierten Passagen in ihren Aussagen übereinstimmen.
- **Überprüfen der Literatur:** Natürlich werden Sie bemerken, dass die Literaturliste nicht auf dem letzten Stand der Sprachwissenschaft ist (schließlich wurde sie bereits 1986 publiziert).
- Was die **linguistische Begründung** anbelangt, können Sie Reis eine eingehende Auseinandersetzung mit der damals einschlägigen Literatur bescheinigen: Reis berücksichtigt zeitgemäße linguistische Beschreibungskategorien wie die der Nominalphrase.
- Zwar ist die Sachlage schon lange bekannt, die von Reis vorgetragene Sichtweise hat jedoch einen großen **Neuigkeitswert**.
- Soweit wir dies überblicken können, macht Reis in den hier zitierten Passagen **keine falschen Vorhersagen**. Ihre Erklärung führt damit weder zum Ausschluss eigentlich akzeptabler Sätze noch zur Möglichkeit falscher Sätze.

Wenn Sie nun den Text von Reis (1986) als relevant für Ihre Arbeit betrachten – und das ist er für jede Arbeit zum Subjekt –, so empfiehlt es sich, Ihre Zusammenfassung so zu gestalten, dass Sie sie zu einem späteren Zeitpunkt direkt in Ihre schriftliche Arbeit integrieren können. Seien Sie dabei ruhig großzügig mit dem Platz, den Sie ihr einräumen. Kürzen können Sie sie später immer noch. Wenn Sie hingegen im Nachhinein eine ausführlichere Darstellung anfertigen wollen, wird Sie das unnötig Zeit kosten, denn dann müssen Sie den gesamten Text noch einmal im Detail lesen.

Das folgende Zitat zeigt unter Verweis auf eine frühere Aufsatzpublikation von Marga Reis eine Möglichkeit, den Punkt der Kongruenz zu formulieren:

Beispiel:
Für mit **und** koordinierte nominale Subjekte gilt nun im Allgemeinen, dass sie beim Verb den Plural fordern, auch wenn sie selbst im Singular stehen [...]:

(8) […] Hansens Absage und Fritzens fehlende Entschuldigung *ärgert/ärgern mich sehr.

Formt man diese Subjekte in (Subjekt-)Sätze um, so ist aber für das Verb nicht mehr der Plural, sondern der Singular erforderlich.

(5) […] Dass Hans nicht kommt und Fritz sich nicht dafür entschuldigt, ärgert/*ärgern mich sehr.

Reis zieht aus diesem Unterschied den Schluss (1982: 195) „die betreffenden Satztypen enthalten für den Sprecher keine Bezugs-NP für Kongruenz. Dies zeigt, daß die Kongruenzregel tatsächlich Nominativ-bezüglich ist; eine ‚Subjekt'-bezügliche Formulierung und die damit verbundene Gleichstellung von Nominativ-NPs und den betreffenden Gliedsätzen als ‚Subjekte' sind damit nicht gerechtfertigt."
(Eisenberg 2020b: 313) [Eisenberg bezieht sich dabei auf Reis (1982).]

Mit einer Zusammenfassung à la Eisenberg können Sie zu einem späteren Zeitpunkt leicht weiterarbeiten. Natürlich stellt sich die Frage, ob ein zu ausgiebiges Zusammenfassen der Aufsätze letztlich nicht **den Arbeitsprozess verlangsamt**. Hier müssen Sie entscheiden, wie relevant die jeweilige Studie für Ihre Arbeit ist, und sich gegebenenfalls auf eine kursorische Zusammenfassung einzelner Argumente beschränken, die Ihnen wichtig erscheinen.

In diesem Zusammenhang wünschen sich viele, die wissenschaftliche Lektüre schneller zu bewältigen, also selektiv zu lesen. Geübte Leser und Leserinnen werden einen wissenschaftlichen Text auch nicht immer vollständig betrachten, sondern – sofern es möglich und sinnvoll ist – selektiv lesen und konzentriert nach bestimmten Informationen suchen.

Betrachten wir dazu das folgende Beispiel. Angenommen, Sie interessieren sich nach der Lektüre des Aufsatzes von Reis weiterhin für das Subjekt. Wenn Sie nun das kurze Einführungsbuch *Satzgliedanalyse* von Renate Musan in die Hand bekommen, werden Sie es wahrscheinlich nicht vollständig durchlesen, sondern sich auf das Subjekt konzentrieren. Hier bieten sich zwei Möglichkeiten, einschlägige Stellen im Text zu suchen: über das Inhaltsverzeichnis und mit Hilfe des Sachregisters. Das Inhaltsverzeichnis wird Sie auf den Abschnitt 1.1 verweisen, das Sachregister auf die Seiten 1, 45 und 91 sowie – unter dem Begriff *formales Subjekt* – auf die Seite 46. Das Glossar bietet Ihnen zusätzlich eine kurze Definition. Interessanterweise werden Sie dabei auf einen Widerspruch aufmerksam, für den Sie durch die Lektüre von Reis (1986) bereits sensibilisiert sind. Im Glossar steht:

Beispiel:
Subjekt: Die Ergänzung zu einem Verb, die im Nominativ steht, sofern sie als Nominalphrase oder Pronomen realisiert ist, und die mit dem finiten Verb in Person und Numerus kongruiert.
(Musan 2008: 95)

Auf Seite 1 heißt es jedoch:

Beispiel:
Das Subjekt ist generell der Ausdruck im Satz, der mit einer Wer-oder-was-Frage erfragbar ist und der mit dem Prädikat des Satzes bzw. einem Teil davon kongruiert, d. h. in bestimmten grammatischen Merkmalen übereinstimmt.
(Musan 2008: 1)

Demnach vertritt das Glossar ein Verständnis des Subjekts als Nominativ-NP, der Haupttext auf Seite 1 jedoch die schulgrammatisch weitverbreitete Analyse als Konstituente, die die Antwort auf *Wer-oder-was*-Fragen ist. Je nachdem, wie Sie die Kongruenz auslegen, sind damit auch Subjektsätze Subjekte, da man sagen kann, dass sie durch Pronomina im Singular ersetzbar sind. Wenn Sie es nun bei dieser punktuellen Lektüre belassen, so werden Sie Renate Musan Unrecht tun, denn sie diskutiert durchaus auch die kritischen Fälle (S. 45–48) und die Subjektsätze (S. 77). Damit belegt dieses Beispiel recht gut die **Gefahren des selektiven Lesens**.

Aufgaben:

1. Zum Üben empfehlen wir Ihnen den Reader grundlegender linguistischer Texte, den Ludger Hoffmann herausgegeben hat. Er enthält zahlreiche sprachwissenschaftliche Texte, die Sie ohnehin im Verlauf Ihres Studiums lesen sollten. Hoffmann, L. (2019): *Sprachwissenschaft. Ein Reader.* Berlin: de Gruyter.

Weiterführende Literatur:

Weiterführende Literatur, die sich speziell auf das Lesen sprachwissenschaftlicher Texte bezieht, ist uns nicht bekannt. Allgemeine Hinweise liefert folgendes Buch:

Lange, U. (2018): *Fachtexte lesen – verstehen – wiedergeben.* Paderborn: Schöningh.

3 Linguistisch referieren und zitieren

Wer wissenschaftlich arbeitet, muss sich mit den mündlichen oder schriftlichen Äußerungen anderer auseinandersetzen, sie korrekt wiedergeben und sich von ihnen abgrenzen, sie aber zugleich fair behandeln und darf sie nicht als eigene Ideen ausgeben. Daran scheinen sich nicht alle stets zu halten, wie beispielsweise die folgende Fußnote von Tilman Höhle andeutet:

Beispiel:
Diese Analyse des Passivs ist inhaltlich eng verwandt mit der von Shopen (1972). Es ist eindrucksvoll, daß Shopen bis in Einzelheiten der Formulierungen und zugrundeliegenden Motivation hinein das in Bresnan (1976, 1977) dargelegte Programm enthält.
(Höhle 1978: 29)

Wie Sie in Ihrer Hausarbeit eigene und fremde Gedanken als solche markieren, zeigen wir Ihnen im vorliegenden Kapitel. Wir behandeln zunächst die Begriffe Plagiat, Zitat und Referat. Anschließend erläutern wir, wie Sie die Quellen Ihrer Referate und Zitate angeben.

3.1 Plagiate

Ein **Plagiat** ist eine illegitime Übernahme fremden Gedankenguts in den eigenen Text. Nach Weber-Wulff & Dehrmann (2015: 173 f.) gibt es folgende Arten von Plagiat:

- *Copy and Paste:* Längere Textpassagen werden wörtlich in den eigenen Text übernommen, ohne dass sie als Zitate kenntlich gemacht werden.
- *Patchwriting* (vgl. Moore Howard 1999): Die Schreibenden bedienen sich verschiedener Quellen, die sie in kleinere Abschnitte zerlegen – z. B. Teilsätze oder Phrasen –, bearbeiten und zu einem neuen Text zusammenfügen. Um die Rekonstruktion der nicht genannten Quellen zu erschweren, werden dabei die Originaltexte verändert, etwa einzelne Wörter durch Synonyme ersetzt oder Satzkonstruktionen umgestellt.
- *Shake and Paste:* Aus verschiedenen Quellen werden ganze Absätze übernommen und aneinandergereiht, sodass ein neuer Text entsteht.
- *Bauernopfer:* Ganze Textpassagen werden aus fremden Texten übernommen, dabei wird jedoch nur vage auf die Quellen verwiesen. So wird den Lesenden nicht deutlich, welche Teile von der schreibenden Person stammen und welche aus der angeführten Quelle.

- *Übersetzungsplagiat:* Die Schreibenden übersetzen wörtlich aus einer fremdsprachigen Quelle, ohne dies kenntlich zu machen.
- *Strukturplagiat:* Die Schreibenden folgen einer Quelle zwar nicht wörtlich, übernehmen daraus aber die Argumentationskette, ohne dies kenntlich zu machen.

In all diesen Fällen wird eine fremde Leistung als die eigene ausgegeben. Dabei ist es unerheblich, ob das fremde Gedankengut einer Internetquelle, einem Buch, einer Zeitschrift oder der Prüfungsleistung eines bzw. einer Mitstudierenden entstammt.

Eine weitere, für die Linguistik spezifische Art des Plagiats liegt vor, wenn Daten, also sprachliche Beispiele aus fremden Quellen angeführt, aber nicht entsprechend ausgewiesen werden.

Wenn Ihnen ein Plagiat nachgewiesen wird, kann dies rechtliche Folgen haben; diese reichen von einer schlechteren Note bis zum Ausschluss von der Universität. Plagiate können Sie vermeiden, indem Sie korrekt referieren und zitieren.

3.2 Referate und Zitate

Zitate sind wörtlich übernommene Passagen aus anderen Texten.

Beispiel:
Die Historische Soziolinguistik ist vor etwa dreißig Jahren mit dem Anliegen angetreten, Fragen der historischen Linguistik in stärkerer Weise, als dies bis dahin getan wurde, mit Fragen der „Wechselbeziehung zwischen Sprachwandel und Gesellschaftswandel“ zu verknüpfen (Mattheier 1988: 1430).
(Elspaß 2015: 388)

Ein **Referat** ist eine sinngemäße Wiedergabe anderer Texte ohne wörtliche Übernahmen.

Beispiel:
In Anlehnung u. a. an Andersson (1989) meint nun Thieroff (1992), daß es sich bei der morphologischen Opposition zwischen präsentischem und präteritalem Finitum inhaltlich an sich nicht um einen temporalen Gegensatz, sondern um einen abstrakteren Unterschied der „Distanz“ handelt [...].
(Fabricius-Hansen 1999: 120)

Wie Sie an diesen Beispielen sehen können, werden bei Referaten keine Anführungszeichen verwendet. Zitate, die weniger als drei Zeilen umfassen, werden stets in doppelte Anführungszeichen gesetzt und unter Beibehaltung der damals geltenden Orthographie und Interpunktion im Fließtext wiedergegeben. Sprachliche und orthographische Fehler werden übernommen und durch ein in eckigen Klammern stehendes „[sic!]“ markiert.

Wenn Zitate mehr als drei Zeilen im Text einnehmen, werden sie eingerückt und in einem kleineren Schriftgrad ohne Anführungszeichen aufgeführt. Für ein solches Zitat sollte man sich nur dann entscheiden, wenn die betreffende Textstelle besonders wichtig erscheint und nicht in eigenen Worten wiedergegeben werden kann. Einen solchen Fall illustriert das folgende Beispiel:

Beispiel:
Die Geschichte der grammatischen Terminologien ist zugleich eine Geschichte analytischer Konventionen. In die grammatische Rekonstruktion des Deutschen gehen von Beginn an aus dem Lateinischen gewonnene Kategorisierungen ein.[...] Nachträglich werden Wortformen und Syntagmen für eine an der lateinischen Grammatik orientierte Beschreibung präpariert und anschließend als Paradigmen des Deutschen kanonisiert.

Allein, da die Deutsche Conjugation in Vergleichung mit ausgebildeten Sprachen sehr arm ist, und nur wenig aus sich selbst machen kann, und man in den Deutschen Sprachlehren einmahl gewohnt war, überall die Lateinische zum Grunde zu legen, so glaubte man die Deutsche Conjugation müsste nothwendig so viele Zeiten und Formen haben als die Lateinische [...]. Adelung (1782: 771)

Als paradigmatisch für die große Anziehungskraft, die die Tradition auszuüben scheint, nennt Adelung die traditionellen Bestimmungen des deutschen Verbparadigmas [...].
(Bredel & Lohnstein 2001: 219)

Jede Veränderung eines Zitats muss angezeigt werden. Dazu zählen Hervorhebungen, grammatische Veränderungen, Auslassungen und Ergänzungen. Bei allen Veränderungen muss die entsprechende Textpassage jedoch sinngemäß weiterhin dem Original entsprechen. Wir gehen nun in der genannten Reihenfolge etwas näher auf die unterschiedlichen Zitatveränderungen ein.

Zitate können grammatikalisch verändert werden, um Verstöße gegen die deutsche Grammatik zu vermeiden. Im folgenden Beispiel wird bei „adverbialer“ ein „r“ entfernt, um den zitierten Teil grammatisch dem Satz anzupassen, in den er eingebaut wird:

Beispiel:
Ähnlich verfahren Helbig / Buscha (2005: 108) mit ihrer Beschreibung als „adverbiale[r] Verbindungen mit finitem kommen“ entsprechend *Er kommt, indem*

er rennt. Sie präzisieren allerdings noch dahingehend, dass das Adverbiale hier notwendig ist.
(Vogel 2005: 59)

Hervorhebungen in zitierten Textstellen, die Sie selbst hinzugefügt haben, kennzeichnen Sie am Ende des Zitats durch Angaben wie „(meine Hervorhebung)“, „(unsere Hervorhebung)“ oder „(Hervorhebung von uns)“.

Beispiel:
Levelt (1989: 168) geht davon aus, dass im Sprachproduktionsprozess morphologische Eigenschaften wie das Genus vom lexikalischen Kopf der Phrase abgeleitet werden:

> First, the surface structure indicates the *head-of-phrase function* for each phrase. For instance, if the head noun of a noun phrase is plural, then the whole noun phrase is plural. This does not hold for the non-head elements. Similar relations between head and phrase exist for such features as *gender*, person, definiteness, and case. (Hervorhebungen von uns)

(Köpcke & Zubin 2005: 98)

Hervorhebungen, die bereits im Originaltext vorgenommen wurden, markieren Sie durch die Angabe „Hervorhebungen im Original“, die am Ende des Zitats steht.

Manchmal ist es aus inhaltlichen Gründen auch notwendig, innerhalb von Zitaten Ergänzungen einzufügen, etwa um einen Begriff oder einen Zusammenhang zu erklären. Diese setzen Sie in eckige Klammern. Am Ende der Erklärung stehen nach einem Komma Ihre Initialen, wie im folgenden Beispiel von Ursula Bredel:

Beispiel:
Diese Hierarchie wird bereits im 19. Jahrhundert erkannt, wenn auch in anderer Weise expliziert:

> Das Verhältnis der Satz-zeichen [sic!] zu den beim Sprechen beobachtbaren Pausen läßt sich im Allgemeinen so bestimmen, daß, die Pause des Punktes als Norm angenommen, auf das Komma eine Viertel=, auf das Semikolon eine halbe= [sic!], auf den Doppelpunkt Dreiviertel=, und auf den Trenn= oder Pausenstrich [gemeint ist der Gedankenstrich, U. B.] zwei Pausen kommen. (Schmitthenner 1828: 299)

(Bredel 2006: 189–190)

Sie sollten Texte, die Sie zitieren oder referieren, unbedingt selbst gelesen haben; übernehmen Sie nicht einfach einschlägige Zitate aus anderen Texten. Das wird leider viel zu häufig getan, und dabei entstehen Fehler, die dann von Text zu Text tradiert werden. Trotzdem kann es vorkommen, dass Sie einen Text zitieren müssen, der Ihnen selbst nicht vorliegt. Dieser Fall tritt häufig bei älteren Texten ein, die schwer zugänglich sind. In dem Fall zitieren Sie nach einer Quelle: Am Ende des Zitats benennen Sie die Zwischenquelle, aus der Sie das Zitat haben. Das folgende Beispiel zeigt einen solchen Fall:

Beispiel:
In diesem Sinn schreibt Frisch 1735:

> Der End=Punct ist das leichteste Zeichen (.) Man macht ihn, wo der Verstand eines Stücks der Rede, oder der ganzen Rede aus ist. Da hält man am längsten in, und gibt auch den letzten Worten einen fallenden Tohn.
> (Zit. Nach Höchli 1981: 172)

(Bredel 2006: 189)

Fremdsprachliche Ausdrücke sollten nicht in deutsche Sätze integriert werden, da dies das Verständnis erschweren kann. Weichen Sie hier besser auf entsprechende deutsche Begriffe aus. Zitieren Sie aus Texten in einer Sprache, die nicht in der Schule vermittelt wird, sollten Sie das Zitat **übersetzen**. Beispielsweise können Sie nicht davon ausgehen, dass alle Ihre Leser und Leserinnen Schwedisch beherrschen; ein entsprechendes Zitat würden Sie also übersetzen. Sollten Sie den Originaltext für sehr wichtig erachten, können Sie ihn fakultativ zusätzlich anführen:

Beispiel:
Pipping (1936: 149) states that the present perfect and the past tense never compete for the same domains, but Thulstrup (1948: 101) argues for an imperfective use of the Swedish present perfect:

> Det finns alltså även i nusvenskan en tendens att låta perfekt breda ut sig på imperfekts domäner. Denna tendens är i vårt språk inte på långt när så stark som i franskan, tyskan och danskan.
> 'There is therefore even in modern day Swedish a tendency to allow the perfect to fall into the domains of the imperfect. In our language, this tendency is by no means as strong as in the French, German and Danish languages.'

(Rothstein 2008: 81)

Eine linguistische Besonderheit ist, dass häufig einschlägige Beispiele anderer Autoren und Autorinnen zitiert werden, die es in sprachwissenschaftlichen Kreisen zu einer gewissen Berühmtheit gebracht haben. Auch solche Zitate müssen entsprechend bibliographisch markiert werden. Beispielsweise hat Chomsky (1970) den englischen Satz *Einstein has visited Princeton* geprägt. Dieser Satz suggeriert, dass Einstein lebt. Darum ist er – wenn er heutzutage geäußert wird – schwer zu akzeptieren. Im Rahmen der vielen Studien zum englischen Perfekt ist dieser Satz immer wieder zitiert worden:

Beispiel:
Chomsky (1970) has pointed out the following contrast:

(11) a. ?Einstein has visited Princeton.
b. Princeton has been visited by Einstein.

Example (11a) is odd because it suggests that Einstein is still alive.
(Portner 2003: 464)

Beispiel:
One of the most famous lifetime-effect contrasts – that in (23) noted by Chomsky (1970) – was analysed by McCawley (1971) as being a violation of the future possibility condition on perfects:

(23) a. ?Einstein has visited Princeton.
b. Princeton has been visited by Einstein.

(Katz 2003: 150)

3.3 Kurzangaben

Bei jedem Zitat und bei jedem Referat müssen Sie angeben, wo die zitierte oder referierte Passage zu finden ist. Dazu können Sie im Text Kurzangaben mit Autorennamen, Jahres- und Seitenzahl verwenden. Die vollständigen Angaben, auf die Sie im Text verweisen, nennen Sie in der Bibliographie (s. Kap. 3.4).

Beispiel:
Verschiedene traditionelle Ansätze, wie z. B. Brinkmann (1931) oder Grønvik (1986), legen der Herausbildung des Perfekts im Germanischen ein Modell der Lehnsyntax zugrunde, das dessen verhältnismäßig kurze Entstehungszeit erklären helfen soll: „Das haben-Perfekt tritt im deutschen Raum plötzlich als

unvorbereitete Neuerung auf. Im Romanischen hat das ‚haben'-Perfekt eine lange Geschichte, die sich bis zu Plautus zurückverfolgen lässt" (Brinkmann 1931: 25). (Öhl 2009: 266)

Man schreibt „(Öhl 2009: 266)", wenn die Kurzangabe auf ein Zitat folgt (s. Beispiel). „Öhl (2009: 266)" schreibt man bei einem Referat oder wenn die Kurzangabe vor dem Zitat steht. Doppelte Klammern des Typs „(Öhl (2009: 266))" sollten vermieden werden. Bezieht man sich auf die gesamte Arbeit und nicht auf eine bestimmte Textstelle, so schreibt man „Öhl (2009)" bzw. „(Öhl 2009)". Bei zwei Autoren bzw. Autorinnen nennt man beide Namen mit dem Verbindungszeichen &, dann folgt wie üblich die Jahreszahl: „Karnowski & Pafel (2005)" bzw. „(Karnowski & Pafel 2005)". Wenn die angeführte Arbeit von mehr als zwei Personen verfasst wurde, ergibt sich das Problem, dass die Nennung aller Mitwirkenden die Kurzangabe unübersichtlich machen würde: „Rodriguez, Dipper, Götze, Poesio, Riccardi, Raymond & Rabiega-Wisniewska (2007)" ist einfach sehr lang. Deshalb nennt man in der Kurzangabe stattdessen häufig nur den ersten Namen und ersetzt die anderen durch „et al.", hier also: „Rodriguez et al. (2007)". Im Literaturverzeichnis sollten jedoch alle Autoren und Autorinnen aufgeführt werden. Weitere Regeln zur Erstellung des Literaturverzeichnisses finden Sie im nächsten Abschnitt.

3.4 Literaturangaben

Literaturangaben bzw. Bibliographien sollen sicherstellen, dass die für die Arbeit verwendeten Texte mit Hilfe der genannten Informationen aufzufinden sind. Es gibt nicht *die eine* Notation für linguistische Bibliographien; je nach Lehrperson oder Publikationsort muss man sich auf unterschiedliche Vorgaben für die Bibliographie einlassen. Bibliographien **variieren** auch nach wissenschaftlicher Disziplin. Man vergleiche etwa die Unterschiede zwischen der Literatur- und der Sprachwissenschaft. Eine typische literaturwissenschaftliche Quellenangabe sieht etwa wie folgt aus:

Beispiel:
Jürgen Heizmann, *Joseph Roth und die Ästhetik der Neuen Sachlichkeit*, Heidelberg: Mattes, 1990.
(Kimmich 2009: 169)

Hier werden also der Reihe nach der (oder die) Vorname(n), Nachname, Titel, Publikationsort, Verlag und Jahreszahl angegeben. Die linguistische Entsprechung dieser Angabe würde nach Standardkonvention wohl so ausfallen:

Heizmann, J. (1990): *Joseph Roth und die Ästhetik der Neuen Sachlichkeit.* Heidelberg: Mattes.

Doch bibliographiert selbst die germanistische Linguistik nicht einheitlich: Ein Blick auf die linguistischen Zeitschriften aus dem deutschsprachigen Raum offenbart deutliche Unterschiede in der Art des Bibliographierens. Manche Zeitschriften fordern, die Vornamen der Verfasser und Verfasserinnen auszuschreiben. Bei anderen soll auch der Verlag angegeben werden. Karl-Heinz Ramers hat in zwei verschiedenen Zeitschriften zwei Aufsätze zur Struktur des deutschen Satzes veröffentlicht und jeweils einen Beitrag von Tilman Höhle angeführt:

Beispiel:

Höhle, Tilman N. (1986). Der Begriff „Mittelfeld". Anmerkungen über die Theorie der topologischen Felder. In *Akten des VII. Kongresses der Internationalen Vereinigung für germanische Sprach- und Literaturwissenschaft.* Bd. 3, Walter Weiss *et al.* (Hgg.), 329–340. Tübingen: Niemeyer.

(Ramers 2006: 126)

Beispiel:

Höhle, Tilman N. (1986). Der Begriff „Mittelfeld". Anmerkungen über die Theorie der topologischen Felder. In: Weiss, Walter / Wiegand, Herbert E. / Reis, Marga (Hgg.). Akten des VII. Kongresses der Internationalen Vereinigung für germanische Sprach- und Literaturwissenschaft. Bd. 3. Tübingen: Niemeyer, 329–340.

(Ramers 2005: 90)

Wie unschwer zu erkennen ist, unterscheiden sich die Literaturangaben voneinander, obwohl sie vom gleichen Autor stammen. So werden im zweiten Beitrag alle Herausgeber und Herausgeberinnen genannt, der Titel nicht kursiviert und die Seitenzahlen am Schluss aufgeführt. Auch Lehrende verlangen häufig verschiedene Arten zu bibliographieren. Deshalb sollten Sie sich im Vorfeld einer linguistischen Arbeit stets über die formalen Anforderungen informieren. Viele Dozierende haben auf ihren Homepages die entsprechenden Vorgaben zusammengefasst.

Bestimmte Angaben sind jedoch mehr oder weniger in allen Bibliographien enthalten. Wie der bibliographische Eintrag gestaltet wird, hängt von der Art der zugrunde liegenden Publikation ab. Hier unterscheidet man zunächst zwischen eigenständigen und abhängigen Publikationen.

Eigenständige Publikationen sind solche, die als Buch allein und nicht mit anderen Werken zusammen publiziert werden. Dazu zählen Monographien, d. h. Arbeiten, die eine oder mehrere Personen zusammen verfasst haben, und Sammelbände, in denen ein oder mehrere Herausgeber und Herausgeberinnen eigene oder von anderen verfasste Aufsätze publizieren. Eine besondere Unterform des Sammelbands sind Festschriften, die zu Ehren berühmter Forschender von deren Schülern und Schülerinnen und anderen Forschungskollegen und -kolleginnen publiziert werden. Man behandelt sie wie Sammelbände. Einträge zu eigenständigen Publikationen enthalten folgende Angaben:

Monographie

Nachname des Autors/der Autorin, Initiale(n) des (oder der) Vornamen. (Jahr der Publikation): *Buchtitel. Eventueller Untertitel.* Publikationsort: Verlag.

Duck, D. (2009): *Wie speichert man am besten Geld?* Entenhausen: Dagobert Duck Verlag.

Sammelband

Nachname des Herausgebers/der Herausgeberin, Initiale(n) des (oder der) Vornamen. (Hrsg.) (Jahr der Publikation): *Buchtitel. Eventueller Untertitel.* Publikationsort: Verlag.

Düsentrieb, D. (Hrsg.) (1993): *1000 nützliche Erfindungen.* Entenhausen: Dagobert Duck Verlag.

Abhängige Publikationen sind Teil einer größeren Publikation, z. B. eines Sammelbands. Daher müssen auch die bibliographischen Angaben dieser größeren Publikation genannt werden. Aufsätze, manchmal auch als Beiträge oder Artikel bezeichnet, sind die häufigste Erscheinungsform abhängiger Publikationen. Sie können in Zeitschriften oder Sammelbänden erscheinen.

Zeitschriften sind regelmäßig erscheinende Sammlungen von abhängigen Schriften. Sie werden nach Jahresband und Publikationsjahr durchnummeriert und erscheinen fortlaufend unter dem gleichen Namen: *Zeitschrift für germanistische Linguistik*, *Muttersprache*, *Zeitschrift für angewandte Linguistik* etc. Jahrbücher sind mit Zeitschriften insofern verwandt, als sie jährlich unter dem gleichen Namen und in fortlaufender Nummerierung erscheinen. Sie unterscheiden sich davon jedoch durch ihre Benennung als Jahrbuch. Bibliographisch werden sie wie Sammelbände behandelt.

Zeitschriftenaufsatz

Nachname des Autors/der Autorin, Initiale(n) des (oder der) Vornamen. (Jahr der Publikation): Aufsatztitel. Eventueller Untertitel. *Zeitschriftentitel* Zeitschriftnummer, Seite–Seite.

Gans, G. (2007): Der Faktor Glück. *Zeitschrift für Enten und Gänse* 117, 29–45.

Sammelbandaufsatz

Nachname des Autors/der Autorin, Initiale(n) des (oder der) Vornamen. (Jahr der Publikation): Aufsatztitel. Eventueller Untertitel. In: Name des Herausgebers/der Herausgeberin, Initiale(n) des (oder der) Vornamen. (Hrsg.): *Buchtitel. Eventueller Untertitel.* Publikationsort: Verlag, Seite–Seite.

Gaukeley, G. (2008): Die Funktion von Hexeneiern beim Zaubertrankmischen. In: Duck, D. (Hrsg.): *Festschrift für Walt Disney.* Entenhausen: Dagobert Duck Verlag, 31–57.

Wurde ein Werk von zwei oder mehr Personen verfasst oder herausgegeben, werden die Namen in der gleichen Reihenfolge aufgelistet, in der sie auf dem Buchtitel oder in dem Aufsatz genannt sind. Die Namen werden durch Kommas verbunden, nur vor dem letzten steht „&“.

Mehrere Verfasserinnen und Verfasser oder Herausgeberinnen und Herausgeber

Duck, D. & Maus, M. (2009): *Entenhausener Geschichten.* Entenhausen: Dagobert Duck Verlag.

Duck, T., Duck, T. & Duck, T. (Hrsg.) (2009): *Die 500 besten Streiche.* Entenhausen: Dagobert Duck Verlag.

Bei mehr als drei Personen wird teilweise nur der erste Name genannt und alle weiteren durch „et al.“ ersetzt.

Düsentrieb, D. et al. (Hrsg.) (2016): *Die 500 besten Erfindungen.* Entenhausen: Dagobert Duck Verlag.

Die Publikationen eines Autors oder einer Autorin stehen in chronologischer Reihenfolge. Die älteren Publikationen werden zuerst aufgeführt. Wenn Sie von einem Autor bzw. einer Autorin mehrere Publikationen aus demselben Jahr zitieren, unterscheiden Sie diese durch Kleinbuchstaben bei der Jahreszahl, z. B. 2009a, 2009b etc.

Mehrere Arbeiten eines Autors oder einer Autorin

Gans, G. (2007a): Der Faktor Glück. *Zeitschrift für Enten und Gänse* 117, 29–45.

Gans, G. (2007b): *Der Faktor Glück. Eine Hinterfragung.* Entenhausen: Dagobert Duck Verlag.

Hat eine Person X Arbeiten zusammen mit anderen Personen Y und Z publiziert, werden zuerst alle Publikationen von X aufgelistet und dann die in Kooperation mit Y und Z. Bei der Auflistung der Namen ist unbedingt die auf der betreffenden Publikation angegebene Reihenfolge beizubehalten. Diese ist nicht notwendigerweise alphabetisch, vielmehr folgt sie häufig dem Beitrag der einzelnen Autoren und Autorinnen zu der Publikation. Die erstgenannte Person ist in der Regel die Hauptautorin oder der Hauptautor, die letztgenannte Person diejenige, die die Publikation angeleitet hat.

Duck, D., Gans, G. & Düsentrieb, D. (2020): *Gutes aus Entenhausen.* Entenhausen: Dagobert Duck Verlag.

Adels- und Namenszusätze stehen nach dem (oder den) Vornamen; Berufsbezeichnungen und Titel entfallen:

Prof. Dr. Daniel Duck

Duck, D. (2005): *Einführung in die Poesie Entenhausens.* Entenhausen: Dagobert Duck Verlag.

Didier von Duck

Duck, D. von (2008): *Einführung in die Sprache Entenhausens.* Entenhausen: Dagobert Duck Verlag.

David D. van Duck jr.
Duck, D. van jr. (2007): *Einführung in den Slang Entenhausens.* Entenhausen: Dagobert Duck Verlag.

Die bibliographische Notation von Miszellen (das sind sehr kurze Beiträge) entspricht der von Aufsätzen. Bei der Notation von Rezensionen ist zu berücksichtigen, dass es zwei Autoren oder Autorinnen gibt. Genannt werden der Autor bzw. die Autorin der Rezension, die gesamten bibliographischen Angaben des rezensierten Werks und die bibliographischen Angaben zum Rezensionsort:

Miszellen und Rezensionen

Duck, D. (2009): *Wie speichert man am besten Geld?* Entenhausen: Dagobert Duck Verlag.
Karlo, K. (2010): Rezension zu Duck, D. (2009): *Wie speichert man am besten Geld?* Entenhausen: Dagobert Duck Verlag. *Zeitschrift für angewandtes Panzerknacken* 47, 119–123.

Zu vielen Konferenzen gibt es sogenannte *Proceedings* (Kongressberichte). Sie enthalten entweder ausgewählte oder aber alle Beiträge der jeweiligen Tagung. Ihre bibliographischen Angaben sind abhängig von der Art der Veranstaltung. Manche finden in einem regelmäßigen Turnus statt, wobei jeweils ihre Nummer angegeben wird. Dazu zählen beispielsweise die Tagung der *Berkeley Linguistics Society* oder das *Penn Linguistics Colloquium.* Erscheinen die Kongressberichte regelmäßig zu jeder einzelnen Tagung, werden sie wie Zeitschriften behandelt. Publikationen von Tagungen, die nicht Teil einer Kongressreihe sind, werden wie Sammelbände bibliographiert.

Proceedings

Proceedings of the 32nd Annual Duck Tales Colloquium
Proceedings of the 32nd Annual Meeting of the Duck Tales Society

Oder verkürzt als:

Duck Tales Colloquium 32
Duck Tales Society 32

Sprachatlanten, Grammatiken, Korpora, Transkripte und Wörterbücher sind spezielle linguistische Publikationsformen. Sprachatlanten enthalten beispielsweise Landkarten mit dialektalen Aussprachevarianten eines Wortes. Sie werden entweder wie Monographien oder wie Sammelbände behandelt je nachdem, ob es einen Autor bzw. eine Autorin oder einen Herausgeber bzw. eine Herausgeberin gibt.

Sprachatlanten

Duck, D. (2014): *Atlas der Sprache der südlichen Gebiete von Entenhausen.* Entenhausen: Dagobert Duck Verlag.
Gans, G. (Hrsg.) (2016): *Sprachatlas der Dialekte Entenhausens.* Entenhausen: Dagobert Duck Verlag.

Grammatiken und Wörterbücher sind eigenständige Publikationen; sie werden entweder wie Monographien behandelt oder bei Herausgeberschaften wie Sammelbände.

Korpora sind Sammlungen sprachlicher Belege, die nach festgelegten linguistischen Kriterien systematisch zusammengestellt werden, beispielsweise eine Zusammenstellung von Zeitungstexten. Eine besondere Form von Korpora bilden Transkriptbände, die Verschriftlichungen ursprünglich gesprochener Äußerungen enthalten. Korpora und Transkriptbände werden wie Monographien behandelt. Sie sind häufig auch elektronisch verfügbar. Man ergänzt dann die oben genannten bibliographischen Angaben um die URL, ein Semikolon und das letzte Abfragedatum mit dem Hinweis „gesehen am“:

Korpora und Transkriptbände

Duck, D. (2015): *Gespräche über Geld. Ein Transkriptband.* Entenhausen: Dagobert Duck Verlag.

Duck, D. (2016): *Korpus der Sprache Entenhausens.* Entenhausen: Dagobert Duck Verlag.

Duck, D. (2017): *Gespräche über Taler. Ein Transkriptband.* Entenhausen: Dagobert Duck Verlag. (www.entenhausenertranskript-band.enten; gesehen am 31.02.2021)

Duck, D. (2018): *Korpus der Umgebungssprache Entenhausens.* Entenhausen: Dagobert Duck Verlag. (www.entenhausenerkorpus.enten; gesehen am 31.02.2021)

Grundsätzlich können auch alle anderen hier aufgeführten Typen linguistischer Publikationen elektronisch publiziert sein. In dem Fall empfiehlt es sich wie bei den Korpora und Transkriptbänden, stets die genaue URL und das letzte Zugriffsdatum anzugeben. Viele Publikationen werden mittlerweile auch auf den Homepages der Forschenden oder in speziellen Portalen online zur Verfügung gestellt. Es sollte aber immer nur der ursprüngliche Publikationsort angegeben werden, nicht beispielsweise eine zusätzliche Publikation auf der eigenen Homepage. Wenn eine Publikation sowohl online als auch gedruckt verfügbar ist, werden bisher stets die gedruckten Versionen angegeben. Sollte eine Publikation ausschließlich im Internet erschienen sein, gibt man als Publikationsort nur die URL an:

Online-Publikationen

Duck, D. (2015): *Immer nur Pech. Eine wissenschaftliche Studie.* (www.donaldimpech.enten; gesehen am 31.02.2021)

Viele Forschende publizieren online sogenannte Preprints (Vorversionen) ihrer Veröffentlichungen, um sie schnell und leicht verfügbar zu teilen. Wenn Sie solche Preprints zitieren, sollten Sie nach Möglichkeit auch den finalen Publikationsort aufführen:

Preprints

Gans, G. (2015): Immer nur Glück. Eine wissenschaftliche Studie. Erscheint in: *Glückspilze* 31. (www.gustav.enten; gesehen am 31.02.2021)

Mehr und mehr wird es üblich, bei Publikationen auch ihren eventuell vorhandenen digitalen Publikationsort mit Hilfe eines **Digital Object Identifier (DOI)** anzugeben, der als dauerhafter Link direkt hinter der bibliographischen Angabe steht und interessierte Leser und Leserinnen zur digitalen Publikation navigiert.

In das Literaturverzeichnis Ihrer Hausarbeit kommen nur die Publikationen, die Sie im Text zitieren bzw. referieren. Achten Sie bei der Erstellung Ihres Verzeichnisses vor allem auf Einheitlichkeit und informieren Sie sich über spezielle Vorgaben Ihrer Lehrenden.

Wir haben die Gestaltung der Bibliographie hier in einer „händischen Perspektive" beschrieben. Sie können aber auch mit **Literaturverwaltungsprogrammen** arbeiten, die zum Beispiel über Ihre Universitätsbibliothek verfügbar sind. Damit können Sie Ihre gefundene Literatur verwalten und meist auch Bibliographien erstellen.

Aufgaben:

1. Korrigieren Sie die folgende Bibliographie!

   Mickey Maus (2005). Wie man eine Comic-Figur wird. In: *Zeitschrift für* Entengeschichte. *73*, 2231–2236.

   Duck, T. (2013): Korpus der Enten-Sprache. Entenhausen: *Dagobert Duck Verlag.*

   Duck. (2015): *Geld. Eine Wissenschaftsgeschichte.* Entenhausen.

   Duck, D. (2015). Zum Status der Comic-Figuren. In: Düsentrieb, D. (2015): *Gespräche über Comic-Figuren.* Entenhausen: Verlag.

2. Wo ist der Beitrag erschienen? In einer Zeitschrift oder in einem Sammelband?

   Duck, D. (2015): Auf dem Weg zu einer entologischen Phänomenologie. *Entologie* 76, 1708–1780.

   Duck, D. (2021): Neueste Erkenntnisse zum Geldsammeln. *Geldanlagen für geizige Enten* 15, 21–76.

   Duck, T. (2013): Wie Enten sprechen. In: Duck, D. (Hrsg.): *Handbuch der Entenkunde.* Entenhausen: Dagobert Duck Verlag, 14–127.

3. Erstellen Sie die bibliographischen Angaben!

   Mickey Maus hat einen Aufsatz im Heft 93 in der Zeitschrift *Entologie* publiziert. Der Aufsatz heißt: „Wie man Freunde fürs Leben findet." Der Beitrag ist 2014 auf den Seiten 33 bis 39 erschienen.

   Daniel Düsentrieb hat einen Sammelband mit dem Titel „Neueste Erfindungen" publiziert. Zu diesem Band hat Donald Duck einen Beitrag geschrieben. Der Titel des Beitrags lautet: „Ich habe eine Pechmaschine erfunden." Der Band ist im Entenhausener Dagobert Duck Verlag im Jahr 2014 erschienen. Donald Ducks Beitrag steht auf den Seiten 25 bis 34.

Weiterführende Literatur:

American Psychological Association (2020): *Publication Manual of the American Psychological Association.* (apastyle.apa.org/; gesehen am 11.06.2021)

Stephany, U. & Froitzheim, C. (2009): *Arbeitstechniken Sprachwissenschaft.* Paderborn: Fink.

Nützliche Links:

https://apastyle.apa.org/

In den Bibliotheksportalen Ihrer Hochschulen finden Sie in der Regel Angebote für Literaturverwaltungsprogramme.

4 Linguistisch suchen

Wer linguistisch arbeitet, muss selbstständig thematisch relevante Literatur suchen, finden und sich dazu verhalten. Hilfen wie der im folgenden Beispiel genannte Hinweis müssen angegeben werden.

> **Beispiel:**
> Ich danke einem anonymen Gutachter für diesen Hinweis.
> (Cabredo-Hofherr 2012: 223)

Wir zeigen Ihnen in diesem Kapitel, wie Sie vorgehen können, um relevante linguistische Literatur zu finden.

Das Suchen von wissenschaftlicher Literatur bezeichnet man als **Bibliographieren**. Bibliographien, d. h. Literaturverzeichnisse, sind die Visitenkarte Ihrer wissenschaftlichen Arbeiten. Sie belegen, dass Sie die **Basistätigkeit des wissenschaftlichen Arbeitens** beherrschen und auch in der Lage sind, sich in den jeweiligen aktuellen Forschungsstand einzuarbeiten. Sollte die Durchsicht Ihrer Bibliographie zeigen, dass Sie wichtige einschlägige Arbeiten nicht berücksichtigt haben, so hat dies Konsequenzen für die Bewertung Ihrer wissenschaftlichen Leistung. Wir geben Ihnen ein drastisches Beispiel: Vor einigen Jahren konnte man auf der Jahrestagung der *Deutschen Gesellschaft für Sprachwissenschaft* den Vortrag einer Kollegin hören. In der anschließenden Diskussion wurde ihrer Analyse widersprochen. Während sie sich zu Beginn noch gut behaupten konnte, musste sie klein beigeben, als man ihr vorhielt, bestimmte einschlägige Studien nicht beachtet zu haben.

Relevant ist prinzipiell **aktuelle**, **innovative** und **inhaltlich korrekte Forschungsliteratur**, die zu Ihrem Thema **passt**. Aber auch ältere Literatur ist relevant, wenn sie als Grundlage für später veröffentlichte Arbeiten diente und zum Zeitpunkt ihrer Veröffentlichung selbst aktuell, innovativ und inhaltlich korrekt war. Das merkt man insbesondere daran, dass sie in späteren einschlägigen Arbeiten immer wieder genannt und diskutiert wird. In besonderem Maße relevant ist zudem Literatur, die als **kanonisch** für Ihr Thema gilt. Das sind in der Regel solche Arbeiten, die alle späteren Veröffentlichungen als Grundlage für die weitere Forschung betrachten. Natürlich sollen Sie nicht die Literaturlisten publizierter Studien abschreiben. Aber sie geben wichtige Hinweise darauf, was den Forschungsstand für eine Arbeit ausmacht. Bei Masterarbeiten entscheidet darüber in erster Linie das Thema. Weiterhin spielen natürlich Faktoren wie **Prominenz** eine gewisse Rolle. Beispielsweise sind manche Zeitschriften oder Buchserien als Publikationsort besonders begehrt, weil darin bereits eine Reihe wichtiger Arbeiten publiziert wurden, entsprechend wird die Aufnahme der eigenen Schrift in die betreffende Reihe als Auszeichnung empfunden.

Zumeist sind dies Reihen oder Zeitschriften mit einem doppelten Peer-Review-Verfahren, bei dem neben den Herausgebenden zwei Gutachter oder Gutachterinnen die Schrift lesen und bewerten. Bei Arbeiten, die in einer solchen Reihe publiziert werden, können Sie also aufgrund des strengen Begutachtungsverfahrens sicher sein, dass sie wissenschaftlichen Ansprüchen genügt. Das bedeutet jedoch nicht, dass bei anderen Zeitschriften oder Buchreihen die wissenschaftliche Qualität prinzipiell schlechter wäre.

Beim Bibliographieren können Sie Zeit sparen, wenn Sie in den folgenden Schritten vorgehen.

Erster Schritt: Einstieg

Lesen Sie die grundlegende Literatur. Dies sind zumeist Einführungsbücher zum jeweiligen Spezialgebiet. Selbstverständlich gehört dazu auch die in Ihrer Lehrveranstaltung bereitgestellte Literatur.

Darüber hinaus gibt es mehrere sprachwissenschaftliche Reihen, die Artikel zu Spezialthemen bereithalten. Diese Artikel sind von Experten und Expertinnen geschrieben, auf einem hohen, aber verständlichen Niveau. Zu diesen Reihen zählen vor allem die *Handbücher zur Sprach- und Kommunikationswissenschaft* (HSK), die *Wörterbücher zur Sprach- und Kommunikationswissenschaft* (WSK) und die *Handbücher Sprachwissen* (HSW). Sie informieren in verhältnismäßig kurzen Artikeln ausführlich über einzelne Themen und bieten eine Fülle von weiteren Literaturangaben, auf die Sie im dritten Schritt zurückgreifen können.

Zweiter Schritt: Fachbibliographien und Schlagwortkataloge

Nach der Einarbeitung in die einführende Literatur empfiehlt es sich, Fachbibliographien, Schlagwortkataloge und kommentierte Bibliographien durchzusehen.

- Bibliographien sind Verzeichnisse von Literaturangaben.
- Fachbibliographien sind Bibliographien zu einem bestimmten wissenschaftlichen Fachgebiet.
- Schlagwortkataloge sind Bibliothekskataloge, die die Literatur nach Schlagwörtern geordnet aufführen.
- Kommentierte Bibliographien enthalten beispielsweise Zusammenfassungen der dort aufgeführten Literatur.

Zur germanistischen Linguistik gibt es eine Fachbibliographie zu einzelnen Themen, die vom Mannheimer *Leibniz-Institut für Deutsche Sprache* herausgegeben und von Expertinnen und Experten erstellt wird. Eine fortlaufende und zumeist kommentierte Bibliographie bietet die Zeitschrift *Germanistik*. Über ein Personen- und Sachregister kann darin nach Themenbereichen recherchiert werden. Je nach den Vereinbarungen Ihrer Universitätsbibliothek ist sie dort ggf. auch online verfügbar. Die Kommentare sind – sofern vorhanden – angenehm kurz:

Beispiel:
Rödel, Michael: Doppelte Perfektbildungen und die Organisation von Tempus im Deutschen. – Tübingen: Stauffenburg-Verl., 2007. 226 S. (Studien zur deutschen Grammatik; 74), ISBN 978-3-86057-465-2: € 44.00

Die Existenz doppelter Perfektbildungen wie *ich habe gesagt gehabt* oder *sie hatte gewartet gehabt* wirft in der Forschung seit längerem die Frage auf, ob bzw. wie diese Formen in die Grammatik und insbesondere in das Tempussystem des Deutschen integriert sind. Die vorl. Studie (zugl. Univ. Bamberg, Diss., 2006) ist nach V.P. Litvinov/V.I. Radčenko (*Doppelte Perfektbildungen in der deutschen Literatursprache*, vgl. *Germanistik* 39.1998. Nr. 2529) die zweite Monographie, die dieser Frage nachgeht. Rödels zentrale Idee ist, die bisherigen, überwiegend temporalen Erklärungsansätze um eine weitere Dimension, die der Abgeschlossenheit, d. h. des Aspekts, zu erweitern. Er argumentiert, daß, diachron betrachtet, der Abbau des Aspektsystems dazu geführt habe, daß beim Perfekt die temporale Komponente gegenüber der Aspektmarkierung in den Vordergrund trete. Die daraus resultierenden Konsequenzen stellen das traditionelle Verständnis vom Doppelperfekt als Ersatzform des – infolge des Präteritumschwunds abgebauten – Plusquamperfekts in Frage. Nach Rödel treten zwar die Perfektformen in Konkurrenz zu präteritalen Formen und verdrängen diese. Es sei jedoch die fehlende Möglichkeit, Aspekt zu markieren, welche die Bildung doppelter Perfektformen motiviere. Erst durch das zweite Partizip finde die „Addition eines aspektuellen Potenzials auf eine temporale Basis“ (200) statt, werde also die aspektuelle Lesart ausgelöst.
(Scherer 2007: 604)

Das *Leibniz-Institut für Deutsche Sprache* bietet zudem einen eigenen bibliographischen Bereich zu germanistisch-sprachwissenschaftlichen Themen (www1.ids-mannheim.de/onlineangebote/; gesehen am 18.12.2020). Auch das *Leibniz-Zentrum für Allgemeine Sprachwissenschaft* ermöglicht Recherchen (www.leibniz-zas.de/de/das-zas/institut; gesehen am 18.12.2020).

Eine nicht auf die Linguistik spezialisierte Datenbank aus dem anglophonen Raum ist die *International Bibliography* der *Modern Language Association* (MLA; www.mla.org/Publications/MLA-International-Bibliography; gesehen am 05.07.2021). Sie besteht in Papierform seit 1926 und umfasst Fachgebiete wie Literatur, Landeskunde und die modernen Philologien. Gesucht werden kann beispielsweise nach Titel, Autor oder Autorin und Schlagwort. Weiterführende Suchbefehle sind leicht zu bedienen. Das *Portal für Sprachwissenschaft* hält unter www.linguistik.de zahlreiche Such- und Recherchemöglichkeiten bereit. Hilfreich ist auch der *Linguistik-Server Essen* unter www.linse.uni-due.de/. Portale wie *ResearchGate* und *Academia* bieten weitere Suchoptionen, die über linguistische Themen hinausgehen. Die genannten und weitere Links finden Sie am Ende dieses Kapitels.

In der Regel halten Instituts- oder Universitätsbibliotheken eine Reihe weiterer Datenbanken und Bibliographien bereit, mit Hilfe derer Sie schnell und effektiv bibliographieren können. Fragen Sie danach oder suchen Sie auf der Internetseite Ihrer Bibliothek. In jedem Fall müssen Sie beachten, dass Bibliographien und Datenbanken unvollständig sein können.

Dritter Schritt: Schneeballsystem
Beim Schneeballsystem nehmen Sie die neueste relevante Schrift, die Sie gefunden haben, und nutzen deren Bibliographie, um nach älterer Literatur zu suchen. Dann schauen Sie in diese Arbeiten und suchen nach noch älterer weiterer Literatur. Was wie ein Schneeballwurf beginnt, endet dann zumeist in einer Lawine: Sie werden schnell viel Literatur finden. Dabei werden Sie auch den Literaturkanon entdecken, d. h. diejenigen Arbeiten, die immer zitiert werden. Es versteht sich von selbst, dass Sie die gefundene Literatur auf Inhalt, Relevanz und fachliche Richtigkeit überprüfen müssen. Häufig arbeiten Forschende nicht nur einmal zu einem bestimmten Thema, sondern befassen sich damit mehrmals. Es kann daher sinnvoll sein, die Websites der Linguisten und Linguistinnen zu besuchen, die etwas über Ihr Thema geschrieben haben. Womöglich finden Sie dort auch neuere relevante Publikationen.

Vierter Schritt: Arbeit mit systematischen Bibliographien
Systematische Bibliographien sind solche, die jahresweise erscheinen und den Anspruch erheben, sämtliche im betreffenden Jahr publizierte Literatur aufzuführen. Für das systematische Bibliographieren empfiehlt es sich nun, Allgemein- und Nationalbibliographien auszuwerten. Dazu gehört für die Linguistik etwa die *Bibliography of Linguistic Literature/Bibliographie Linguistischer Literatur* (BLL). Sie listet Arbeiten zur Allgemeinen Linguistik und zur anglistischen, germanistischen und romanistischen Linguistik auf. In der BLL werden unter anderem Monographien, Dissertationen, Manuskripte, Aufsätze aus etwa 1.000 laufenden Zeitschriften, Beiträge aus Sammelwerken, Festschriften, Kongress- und Institutsberichten aufgeführt. Sie erscheint jährlich und enthält jeweils die Literatur des Vorjahres in einem Umfang von ungefähr 10.000 Titeln. Mittlerweile ist sie auch online verfügbar (www.blldb-online.de; gesehen am 12.07.2021). Bitte erkundigen Sie sich, ob Ihre Universitätsbibliothek eine Lizenz für diese Bibliographie hat.

Fünfter Schritt: World Wide Web
Natürlich kann man Literatur auch über das Internet recherchieren. Jedoch ist nicht alles, was Sie dort vorfinden, auch für wissenschaftliche Zwecke zu gebrauchen. Besonders Dokumente auf privaten Seiten genügen oft nicht den wissenschaftlichen Standards; das kann aber auch auf Wikipedia und ähnliche Formate zutreffen.

Die internetbasierte Literatursuche bietet aber auch Vorteile. Eventuell stoßen Sie hier auf Schriften, die in namhaften Reihen publiziert wurden, also solchen, wo nur mehrfach begutachtete Arbeiten erscheinen. In den oben skizzierten Schritten 1 bis 3 haben Sie diese Arbeiten nicht notwendigerweise alle gefunden.

Insgesamt sollten Sie daran denken, dass viele der gefundenen Titel auch online verfügbar sind, entweder über digitale Zugänge durch Ihre Universitätsbibliotheken, in Form vorab publizierter Manuskripte (sogenannter Preprints) auf den Homepages der Forschenden, in Portalen wie *ResearchGate* und *Academia* oder durch Open-Access-Publikationsorte (das sind digitale Orte, an denen – hoffentlich – kostenfrei publiziert wird). Es lohnt sich also stets zu überprüfen, ob Sie den gesuchten Text nicht auch im Internet finden.

Aufgaben:

1. Suchen Sie sich einen Linguisten oder eine Linguistin aus, dessen bzw. deren Nachname mit dem gleichen Anfangsbuchstaben beginnt wie Ihr eigener. Recherchieren Sie nun sämtliche Publikationen der betreffenden Person aus den letzten zehn Jahren. Bedenken Sie dabei, dass die Publikationslisten auf den Homepages von Forschenden eventuell nicht vollständig sind.

Weiterführende Literatur:

Gantert, K. (2013): *Erfolgreich recherchieren. Linguistik.* Berlin: de Gruyter.

Nützliche Links:

Bibliographie Linguistischer Literatur
http://www.blldb-online.de

International Bibliography der *Modern Language Association*
https://www.mla.org/Publications/MLA-International-Bibliography

Leibniz-Institut für Deutsche Sprache
https://www1.ids-mannheim.de/onlineangebote/

Leibniz-Zentrum für Allgemeine Sprachwissenschaft
https://www.leibniz-zas.de/de/das-zas/institut

Portal für Sprachwissenschaft
www.linguistik.de

Linguistik-Server Essen
http://www.linse.uni-due.de/

Porta Lingua
https://www.uni-due.de/germanistik/portalingua/

LingBuzz
https://ling.auf.net/lingbuzz

Semantic Scholar
https://www.semanticscholar.org/

ResearchGate
https://www.researchgate.net/

Academia
https://www.academia.edu/

Germanistik
https://www.degruyter.com/view/db/germanistik

Handbücher zur Sprach- und Kommunikationswissenschaft (HSK)
https://www.degruyter.com/view/serial/HSK-B

Wörterbücher zur Sprach- und Kommunikationswissenschaft (WSK)
https://www.degruyter.com/view/db/wsk

Handbücher Sprachwissen (HSW)
https://www.degruyter.com/view/serial/HBS-B

5 Linguistisch thematisieren

Wer linguistisch arbeitet, muss sich eine linguistische Forschungsfrage suchen. Die folgenden Beispiele erzählen davon, wie erfahrene Forschende zu ihren Themen gekommen sind.

Beispiel:
Aufmerksam geworden auf den hier insbesondere zu diskutierenden Typus der Verschränkung ikonischer Elemente mit Manifestationen geschriebener Sprache bin ich auf einer Reise durch die USA im Greyhound-Bus. Dabei begegneten mir Verkehrsschilder mit der Aufschrift NO U-TURN oder DEER XING.
(Brekle 1981: 172)

Das vorliegende Buch geht inhaltlich zurück auf verschiedene Projekte am Max-Planck-Institut für Psycholinguistik in Nimwegen. Die Mitglieder des Projekts „Reference to Space and Time", allen voran Manfred Bierwisch und Wolfgang Klein, haben meine Arbeit stark beeinflußt, mehr als ich gelegentlich wahrhaben mochte.
(Ehrich 1992: ix)

Die Idee zu diesem Thema entstand nicht am Schreibtisch, sondern in einer etwas ungewöhnlichen Situation des „Sprachkontakts": Während der beiden ersten Jahre meiner Assistenzzeit am Institut für Vergleichende Germanische Philologie und Skandinavistik an der Universität Freiburg i.Br. wohnte ich in der Schweiz (Basel) und frischte gleichzeitig meine Schwedischkenntnisse auf. Zu meiner Überraschung stieß ich dabei auf einige eigentümliche Parallelen zwischen den Schweizer Dialekten und dem Schwedischen, von denen die neuhochdeutsche Standardsprache ausgenommen ist.
(Nübling 2000: IX)

Als es vor drei Jahren um die grundlegende Orientierung der Dissertation ging, ermutigten mich Jürgen Weissenborn und Manfred Krifka, meinem Interesse zu folgen und den Einstieg in ein für mich bis dahin noch weitgehend unbekanntes Terrain zu wagen.
(Bryant 2006: xi)

Eine wissenschaftliche Arbeit ist immer ein Kompromiss zwischen dem eigenen Erkenntnisinteresse und dem, was der Untersuchungsgegenstand erfordert. Dies gilt insbesondere für die vorliegende Arbeit.
(Zeman 2010: VII)

Die Idee, das scheinbar afunktionale Phänomen Flexionsklasse diachron-kontrastiv unter die Lupe zu nehmen, lässt sich weit in mein Studium zu einer

> Seminararbeit über Präteritopräsentia im Luxemburgischen zurückverfolgen. Seitdem lassen mich die Flexionsklassen nicht mehr los.
> (Dammel 2011: V)

Wie diese Zitate anschaulich zeigen, werden Themen oft mehr oder weniger zufällig „gefunden", in Seminar- und Arbeitskontexten, durch Beratungen und durch die weitere Beschäftigung mit dem Thema selbst. In vielen linguistischen Studien bleiben zudem **Fragen offen**, die Anlass zu weiteren Studien geben und damit als Vorlage für eine Themenfindung dienen können. In einer eigenen Studie zu Fügungen des Typs *das Pferd hat die Fesseln bandagiert* (als Partizipialer Haben-Konfigurativ, kurz: PHK bezeichnet) etwa werden am Ende des Aufsatzes weiterführende Fragen genannt:

> **Beispiel:**
> Ziel dieses Beitrages war, dem morphosyntaktischen Status des Partizips II im PHK auf die Schliche zu kommen. Obwohl es auf den ersten Blick sowohl adjektivische wie auch verbale Eigenschaften zeigt, konnte durch Anwendung von Standardtests nachgewiesen werden, dass dieses Partizip II ein Adjektiv ist. [...]
> Die Syntax der Gesamtkonstruktion gleichwohl wie die Syntax von Objektprädikativ-Konstruktionen im Allgemeinen erwarten noch weitere Untersuchungen. Unklar ist beispielsweise, warum *haben* eine Art komplexes AP/DP-Komplement selegiert, dessen Konstituenten beide obligatorisch im PHK sind. Auch der Status von *haben* muss weiter untersucht werden: Ist es ein Vollverb oder liegt mit dem PHK eine weitere Kopula-Konstruktion im Deutschen vor? [...]
> (Rothstein 2007: 297)

In diesem Kapitel zeigen wir Ihnen, wie Sie – wenn der Zufall nicht hilft – systematisch vorgehen können, um ein geeignetes Thema für eine linguistische Hausarbeit zu finden. Denn manche Lehrenden geben ihren Studierenden zwar Themen für Hausarbeiten vor; im Normalfall müssen Sie jedoch selbst eines finden. Entscheiden Sie sich nicht vorschnell für oder gegen ein Thema. Sie werden damit viel Zeit verbringen; daher ist es vorteilhaft, wenn das Thema Sie wirklich interessiert.

Ein erstes Herantasten an die Themensuche ermöglichen folgende Fragen:

- Wofür interessiere ich mich? Mit welchem Thema möchte ich meine Zeit verbringen?
- Welches Vorwissen habe ich? Welche Seminare habe ich besucht, welche Literatur schon gelesen?

Diese Leitfragen könnten Sie zu der Überlegung führen, dass Sie etwas zum Themenkomplex Tempus schreiben wollen. Wenn Sie nun zunächst einführende Literatur lesen, werden Sie auf bestimmte Phänomene aufmerksam, zu denen Sie weitere

Fachliteratur lesen. Dabei werden Sie feststellen, dass bestimmte Fragestellungen immer wieder auftauchen. So könnten Sie in den gängigen Einführungen zum Tempus etwa auf das deutsche Präsens aufmerksam werden. Dazu würden Sie weitere Studien lesen, etwa von Ek (1996) und Thieroff (1992), und erkennen, dass immer wieder diskutiert wird, wie viele Bedeutungen das deutsche Präsens hat.

Für eine systematische Themensuche können Sie auch mit **Clustern**, **Mindmapping** und **linearem Strukturieren** vorgehen. Im Folgenden stellen wir diese Techniken in der genannten Reihenfolge vor und erläutern, wie Sie sie bei der Suche und Eingrenzung Ihres Themas einsetzen können.

Beim **Clustern** schreibt man einen Ausdruck in die Mitte eines Blattes. Auf der Basis Ihres bisherigen Wissens assoziieren, notieren und verbinden Sie weitere Begriffe mit dem zuerst notierten Ausdruck. Die zu den weiteren Begriffen gefundenen Assoziationen werden ebenfalls entsprechend aufgeschrieben.

Zum Tempus assoziativ gefundene Begriffe könnten etwa die einzelnen Tempora sein und die Fragestellungen, die damit häufig verbunden werden. Beim Präsens sind das z. B. die Zahl seiner Bedeutungen, seine Verwendung in Erzähltexten und die Frage, ob es überhaupt ein Tempus ist oder eher ein Un-Tempus ist (es kann ja Gegenwärtiges, Vergangenes und Zukünftiges ausdrücken).

Beispiel:

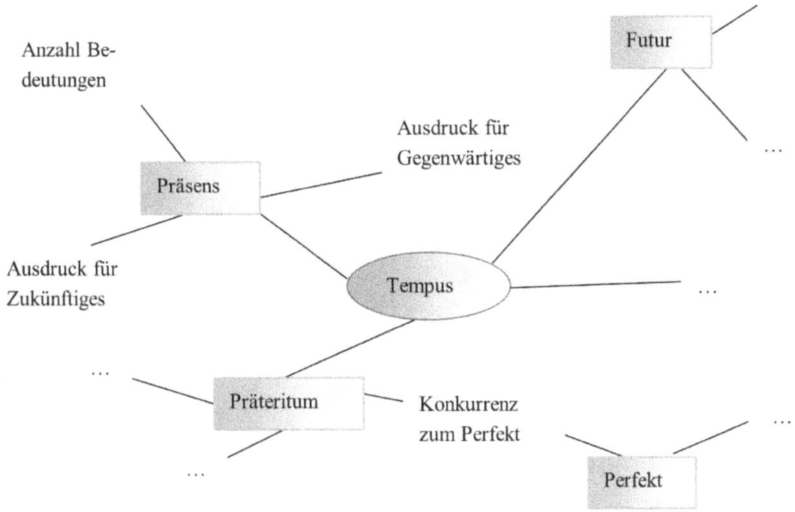

Grobes Cluster als Überblick zu möglichen Themen

Nehmen wir nun an, Sie entscheiden sich für das Präsens als Thema. Bei der Durchsicht der Literatur stoßen Sie neben den oben genannten Punkten auch auf seine Funktion als historisches Präsens und auf die Frage, wie es in dieser Funktion zu beschreiben ist. Damit lässt sich das Cluster in diesem Punkt weiter präzisieren:

Beispiel:

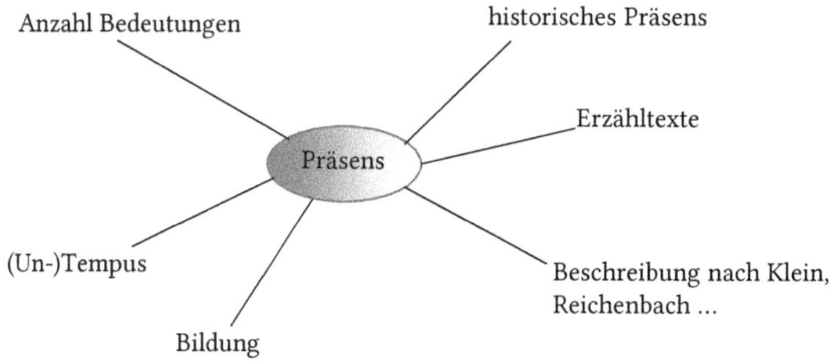

Präziseres Cluster nach grober Themenwahl

Nun lässt sich der Themenkomplex des Präsens noch enger eingrenzen. Wer sich etwa mit der Zahl seiner Bedeutungen auseinandersetzen will, wird nach dem Zusammenspiel von Semantik und Pragmatik fragen und die verschiedenen Modellierungen der Präsensbedeutung nach den Theorien von Wolfgang Klein (1994), Hans Reichenbach (1947) und anderen vergleichen müssen. Das Cluster sieht dann wie folgt aus:

Beispiel:

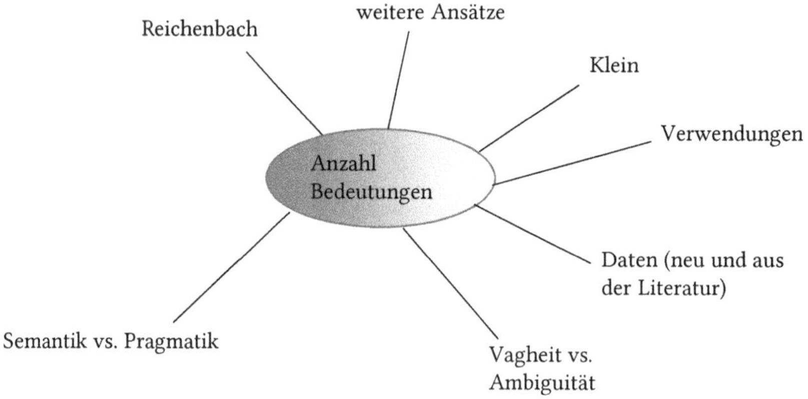

Präzisiertes Cluster nach Eingrenzung des Themenkomplexes

Die durch die Eingrenzung gesammelten Punkte können nun durch die **Mindmap-Methode** geordnet werden. **Mindmaps** sind Strukturbäume, mit denen Sie die verschiedenen gefundenen Aspekte des Clusters graphisch ordnen können. Sie funktionieren so, dass die einzelnen Begriffe systematisch unter übergeordneten Punkten zusammengefasst werden, die in bestimmten Abhängigkeitsbeziehungen zueinander stehen können. Das folgende Beispiel zeigt eine mögliche Mindmap.

Beispiel:

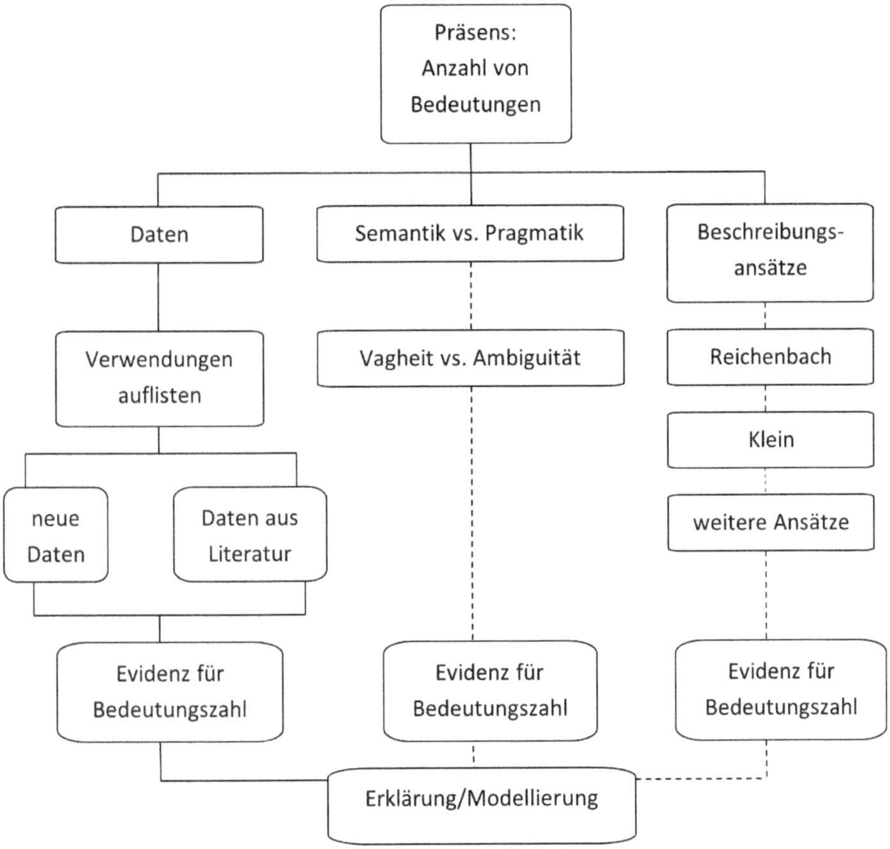

Mindmap: Ordnen der durch Eingrenzung gefundenen Einzelpunkte

Diese Mindmap kann nun **linear strukturiert**, also numerisch gegliedert werden; so kann sie unter Umständen schon als vorläufige Gliederung für die Arbeit dienen. Diese Methode nutzen Sie also vor allem, wenn Sie Ihr Thema schon gefunden haben.

Beispiel:

1. Einleitung
2. Die Datenlage
    2.1 Daten aus der Literatur
    2.2 Neue Daten
3. Beschreibungsansätze
4. Semantik vs. Pragmatik
    4.1 Vagheit
    4.2 Ambiguität
5. Ein neuer Beschreibungsansatz
6. Zusammenfassung

In der Gliederung Ihrer Arbeit sollte sich die Fragestellung widerspiegeln, die Sie in der Einleitung benennen und die Ihre Argumentationskette strukturiert. Dies ist dann der Fall, wenn jedes Teilkapitel dazu beiträgt, die Fragestellung Ihrer Arbeit zu beantworten. Diese soll möglichst präzise gefasst sein und das Thema der Arbeit auf den wesentlichen Kern zuspitzen. Für unser obiges Beispiel könnte die Fragestellung folgendermaßen formuliert werden:

Beispiel:
In der vorliegenden Arbeit möchte ich einen neuen Beschreibungsansatz für das deutsche Präsens entwickeln, der auf einer einzigen übergreifenden Grundbedeutung beruht.

Alternativ können Sie bei der Themensuche auch assoziativ fragend vorgehen: Sie gehen nicht von der Forschungsliteratur aus, sondern entwickeln zu einem Thema selbstständig Fragen. Anschließend werden weniger relevante oder interessante Fragen sowie Doppelungen gestrichen und die verbleibenden Fragen sortiert und hierarchisiert. Im nächsten Schritt kann durch gezielte Lektüre der Themenkatalog vergrößert und dann ein Themenschwerpunkt ausgewählt werden. Die Themenfindung endet wiederum mit einer numerischen Gliederung.

Vergegenwärtigen wir uns dieses Vorgehen am Beispiel des Themas Gebärdensprache. Zunächst ergibt sich folgender assoziativ gesammelter Fragenkatalog:

Beispiel:
Assoziativ gesammelte Fragen zum Thema Gebärdensprache

Gebärdensprache

Was sind Gebärdensprachen?
Wie funktionieren Gebärdensprachen?
Wer verwendet Gebärdensprachen?
Wie erlernt man Gebärdensprachen?
Was macht eine Gebärdensprache aus?
Wie entstehen Gebärdensprachen?
Wozu benötigt man Gebärdensprachen?
Welche sprachlichen Ebenen gibt es in Gebärdensprachen?
Sind Gebärdensprachen mit anderen Sprachen vergleichbar?
Wie verschriftlicht man Gebärdensprachen?
Gibt es nationale Gebärdensprachen?
…

Nun werden Doppelungen gestrichen:

Beispiel:
Streichungen

Gebärdensprache

Was sind Gebärdensprachen?
~~*Wie funktionieren Gebärdensprachen?*~~
Wer verwendet Gebärdensprachen?
Wie erlernt man Gebärdensprachen?
~~*Was macht eine Gebärdensprache aus?*~~
Wie entstehen Gebärdensprachen?
~~*Wozu benötigt man Gebärdensprachen?*~~
~~*Welche sprachlichen Ebenen gibt es in Gebärdensprachen?*~~
Sind Gebärdensprachen mit anderen Sprachen vergleichbar?
Wie verschriftlicht man Gebärdensprachen?
Gibt es nationale Gebärdensprachen?
…

Die verbleibenden Fragen können nun wie folgt sortiert werden:

Beispiel:
Sortierung der Fragen

Gebärdensprache
Definition

- *Was sind Gebärdensprachen?*
- *Wer verwendet Gebärdensprachen?*
- *Sind Gebärdensprachen mit anderen Sprachen vergleichbar?*
- *Gibt es nationale Gebärdensprachen?*

Erwerb und Entstehung

- *Wie erlernt man Gebärdensprachen?*
- *Wie entstehen Gebärdensprachen?*

Verschriftlichung

- *Wie verschriftlicht man Gebärdensprachen?*

Nun lässt sich der Fragenkatalog durch die Lektüre einführender Literatur ergänzen. Beispielsweise kann die linguistische Modellbildung zu Gebärdensprachen eingeführt werden. Im nächsten Arbeitsschritt geht es darum, aus dem Katalog einen oder mehrere Fragenkomplexe auszuwählen. Das kann beispielsweise die Definition von Gebärdensprachen sein. Hierzu können Sie sich je nach Bedarf weitere Fragen ausdenken oder solche durch vertiefende Literatur erarbeiten. Die numerische Gliederung könnte dann wie folgt aussehen:

Beispiel:
Numerische Gliederung

Definition von Gebärdensprachen

1. *Einleitung*
2. *Was sind Gebärdensprachen?*
   2.1 *Definition*
   2.2 *Verwendung*
   2.3 *Sind Gebärdensprachen mit anderen Sprachen vergleichbar?*
3. *Gibt es nationale Gebärdensprachen?*
4. …

Wenn Sie Ihr Thema gefunden haben – bzw. schon im Auswahlprozess – müssen Sie sich überlegen, mit welchem Ziel Sie dieses Thema angehen wollen. Darauf und auf die

Frage, inwieweit Thema und Zielstellung einander bedingen, gehen wir im nächsten Kapitel ein.

Aufgaben:

1. Sie machen ein Schulpraktikum. In der Fußgängerzone nahe der Schule sehen Sie an einem Geschäft folgende Beschriftung: *Fahrrat abstellen verboten.* Die gleiche Schreibung des Wortes finden Sie später in einigen Schulheften. Leiten Sie aus dieser Beobachtung in den oben dargestellten Schritten eine Fragestellung ab.

Weiterführende Literatur:

Eco, U. (2010): *Wie man eine wissenschaftliche Abschlussarbeit schreibt.* Wien: facultas.

6 Linguistisch zielen

Wer linguistisch forscht, muss sich auf ein Ziel festlegen. Damit ist nicht nur gemeint, dass ein Thema z. B. empirisch oder theoretisch, konstruktionsgrammatisch oder generativ, synchron oder diachron angegangen wird. Sie müssen auch festlegen, worauf Sie hinauswollen. Denkbar ist beispielsweise ein Überblick wie bei Trotzke (2017):

Beispiel:
Das vorliegende Studienbuch ist die erste deutschsprachige Einführung zum Thema der Sprachevolution. Es bietet eine Orientierungshilfe für die Einordnung und das Verständnis der vielfältigen Positionen, die innerhalb der aktuellen Forschung zu diesem Thema bestehen, und richtet sich vor allem an Studierende der Sprachwissenschaften.
(Trotzke 2017: VII)

Generell wird zwischen Grundlagen- und anwendungsorientierter Forschung unterschieden: **Grundlagenforschung** zielt darauf, neue Erkenntnisse zu gewinnen, wobei es nicht notwendigerweise um ihren direkten praktischen Nutzen geht. **Anwendungsorientierte Forschung** fokussiert ebendiesen praktischen Nutzen. Als ein Beispiel für Grundlagenforschung mag die Graphematik gelten, die die Strukturen des Schriftsprachsystems untersucht; ihre Anwendungsmöglichkeiten liegen im Bereich der Rechtschreibdidaktik. Dass die beiden Forschungsrichtungen nicht immer klar trennbar sind und sich sogar häufig wechselseitig beeinflussen, belegt folgendes Beispiel:

Beispiel:
Ausführungen zur Geschichte der Orthographiedidaktik bzw. -methodik (vgl. ausführlich: Ossner 2006, 2010; Reißig 2015) kommen nicht ohne einen Blick in die Geschichte der schriftlinguistischen Forschung aus, denn in weiten Teilen und über viele Jahrzehnte hinweg gibt es zwischen beiden Disziplinen eine große Nähe, beginnend mit Adelung (1732-1806), „der mit seinen grammatischen und orthographischen Schriften explizit auf die Unterweisung in den Schulen zielt“ (Ossner 2010, 47). In dieser Tradition blieb orthographietheoretische Grundlagenforschung entweder gänzlich aus – oder wurde zugleich mit Fragen der Lernbarkeit von Orthographie und Interpunktion verknüpft. Schriftsprache war deshalb bis ins 20. Jahrhundert hinein – seit dieser Zeit vor allem durch den Einfluss der von Saussure geprägten Sprachwissenschaft, die Schrift als

„Verkleidung“ (Saussure 1931/1967, 35) des Gesprochenen betrachtete – kein ernstzunehmender Forschungsgegenstand der Linguistik, sondern einzig für die Unterrichtspraxis relevant.
[...] Erst mit den Veröffentlichungen von Riehme seit 1974 werden vermittelnde Positionen möglich, denn er betrachtet neben den linguistischen Grundlagen der Orthographie (= Sachorientierung) lernpsychologische Komponenten (= Lernerorientierung) als Basis unterrichtlich angeleiteter Lernprozesse (vgl. Riehme 1986). [...]
Unter dem Einfluss andauernder Überlegungen zur Reform der Orthographie hat sich im letzten Drittel des 20. Jahrhunderts die Situation in der schriftlinguistischen Forschung grundlegend geändert. Die spezifischen Gesetzmäßigkeiten des Schriftsystems werden seit Mitte der 1980er Jahre intensiv untersucht und beschrieben (für die Orthographie: vgl. Eisenberg seit 1983, Günther seit 1988, Maas seit 1992; für die Interpunktion: Bredel seit 2008). Die Orthographiedidaktik kann damit derzeit auf ein solides sachanalytisches Fundament zurückgreifen, auf dem Analyse und Modellierung orthographischer Lehr-Lern-Prozesse (vgl. z. B. Röber-Siekmeyer 1993 und 1999; Bredel 2009; Hinney 2015) aufbauen kann.
In dieser Folge entwickelte sich in den letzten Jahren eine Rechtschreibdidaktik, die sich mit Ossner (2011) so zusammenfassen lässt: „Heute setzt man auf die sprachanalytische Tätigkeit des Kindes, das das System entdecken soll“ (ebd., 59).
(Bangel et al. 2018: 288–289)

Bei der Grundlagen- und Anwendungsforschung sind mehrere Ziele denkbar, zum Beispiel ein Überblick (wie etwa bei Trotzke 2017, s. o.), die Überprüfung bestimmter Forschungsergebnisse anhand weiterer Daten, die Schließung von Forschungslücken, ein Vergleich konkurrierender Studien, die Übertragung von Einsichten zu einem Thema auf ein anderes und/oder der Versuch einer eigenen Modellierung.

Zu manchen Themen wird so viel geforscht, dass ein **Forschungsüberblick** bereits eine eigene Forschungsleistung darstellt. Solche Vorhaben sind nur sinnvoll, wenn es zu dem betreffenden Thema keinen extensiven Forschungsüberblick gibt. Nora Wiedenmann (1998) hat beispielsweise die Literatur zu Versprechern und die Versuche zu ihrer Erklärung auf ungefähr 200 Seiten gruppiert und zusammengefasst. Für linguistische Hausarbeiten, die zu Beginn des Studiums geschrieben werden, ist ein solches Projekt bei Weitem zu komplex.

Beispiel:
Ziel dieser Arbeit ist es, einen Überblick über die Forschungsliteratur zu Versprechern zu geben, und zwar unter dem einschränkenden Aspekt, Erklärungsversuche für Versprecher aufzuspüren.
(Wiedenmann 1998: 3)

Zu manchen Themen sind zunächst **Dokumentationen** notwendig, an die dann weitere Forschungsarbeiten anschließen können. Beispielsweise hat Utz Maas in jahrzehntelanger Forschungsarbeit die Verfolgung und Auswanderung deutschsprachiger Sprachwissenschaftler und Sprachwissenschaftlerinnen in den Jahren 1933 bis 1945 dokumentiert und ausgewertet.

Beispiel:
Die Datenbank stellt Biografien und wissenschaftliche Profile von Sprachforscherinnen und Sprachforschern vor, die im Nationalsozialismus aus rassistischen oder politischen Gründen verfolgt wurden. Bei vielen führte dies zur Emigration oder zum Leben im Untergrund, für einen Großteil der Betroffenen bedeutete es Ermordung oder Freitod. Die Einträge stellen heraus, welchen Beitrag die untersuchten Wissenschaftlerinnen und Wissenschaftler zu einer über die Kerngebiete der Linguistik hinausgehenden Sprachforschung geleistet haben.
(Begründet von Utz Maas, zflprojekte.de/sprachforscher-im-exil/index.php; gesehen am 21.12.2020)

Solche Dokumentationen können sich auch auf bisher nicht erschlossene Datensätze beziehen; so können etwa noch nicht dokumentierte Sprachen beschrieben werden. Bei der **Überprüfung** testet man beispielsweise eine linguistische Theorie anhand bekannter oder von der Forschung noch nicht berücksichtigter Daten. Zum Beispiel untersucht Reis (1976) den grammatischen Status von Hilfsverben und diskutiert in diesem Zusammenhang auch eine Analyse der Hilfsverben als Vollverben, die Ross (1969) in die Diskussion gebracht hat. Hilfsverben sind im Deutschen die Verben *sein*, *haben* und *werden*. Sie haben im Gegensatz zu Vollverben unter anderem eine abgeschwächte Semantik und keine Imperativformen. So zeigt *haben* in *Er hat geschlafen* keinen Besitz an wie die Vollverbvariante *Er hat Geld*; ein Imperativ ist nicht möglich *(*Habe geschlafen!)*. Ross behauptet nun, dass Hilfsverben dennoch als Vollverben analysiert werden könnten. Reis weist diese Hypothese aufgrund der deutschen Daten zurück:

Beispiel:
Welche von diesen angedeuteten Möglichkeiten die richtige ist, ob und in welcher Weise sie in einem richtigen Lösungsansatz zu kombinieren wären, ob sich überhaupt der richtige Ansatz darunter befindet, das weiß im Moment der Himmel. Mir ist nur eines offenbar: Eine radikale Revision der klassischen generativen Grammatik ist unvermeidlich.
(Reis 1976: 80)

Andere Arbeiten beziehen sich auf **Forschungslücken**: Casper de Groot (2000) und Petra Vogel (2007) etwa sammeln Daten aus vielen europäischen Sprachen zu einer bisher relativ unbekannten Konstruktion: dem Absentiv. Gemeint sind Bildungen des Typs *Anna ist essen*. Sie bringen zum Ausdruck, dass die mit dem Subjekt bezeichnete Person vom Sprechort abwesend ist und nach der mit dem Infinitiv beschriebenen Tätigkeit dorthin zurückkehren wird.

Beispiel:
In die Grammatiken der jeweiligen Einzelsprachen hat der Absentiv allerdings noch kaum Eingang gefunden.
(Vogel 2007: 254)

Bei einem **Vergleich konkurrierender Studien** geht es darum, verschiedene sprachwissenschaftliche Theorien zu einem oder mehreren sprachlichen Phänomenen gegeneinander abzuwägen. Zu diskutieren ist hier insbesondere die Beschreibungsadäquatheit der Modelle in Bezug auf das jeweilige sprachliche Phänomen. Konkret stellt sich folgende Frage: Können die jeweiligen Modelle das betreffende sprachliche Phänomen vollständig erklären? Beispielsweise hat Meibauer (2003) in einem Aufsatz zu Phrasenkomposita wie *Abgerechnet-wird-am-Schluss-Taktik* Modelle zur Schnittstelle von Syntax und Morphologie miteinander verglichen und überprüft, welches dieser Modelle der Datenlage, also den Beispielen, am ehesten gerecht wird.

Beispiel:
In Abschnitt 2 werden die bekannten formalen Eigenschaften von Phrasenkomposita systematisch zusammengestellt. In Abschnitt 3 diskutiere ich kritisch drei Theorien über Phrasenkomposita [...].
(Meibauer 2003: 155)

Man kann auch **Forschungsergebnisse auf ein anderes Thema übertragen**, also beispielsweise einen für ein bestimmtes Phänomen entwickelten Ansatz auf weitere Datentypen oder Fragestellungen anwenden. So nutzt López Ruá (2002) die Prototypentheorie, die ursprünglich für die lexikalische Semantik entwickelt wurde, für die Analyse von Akronymen (ZDF, BRD, ...). Mit dieser Theorie lassen sich prototypische von peripheren Vertretern einer Wortfamilie trennen. Beispielsweise sind Rotkehlchen prototypische Vertreter der Gattung Vögel, weil sie fliegen, singen und Flügel haben. Pinguine fliegen und singen nicht, haben aber Flügel. Daher sind sie periphere Vertreter. López Ruá stellt in ihrer Untersuchung der Akronyme fest, dass es unter diesen ebenfalls eher typische und eher untypische Vertreter gibt.

Beispiel:
The main purpose of this research is to explore the possibility of applying prototype theory to the analysis of a set of metalinguistic categories of a morphological nature – *acronyms, alphabetisms, clippings,* and *blends* – in the English language.
(López Ruá 2002: 33)

Besonders fortgeschrittene Studierende könnten auch versuchen, ein **eigenes Modell** zur Erklärung von Daten zu entwickeln. Prince & Smolensky (1993) haben beispielsweise einen damals wegweisenden Ansatz innerhalb der Phonologie entwickelt, der häufig rezipiert wurde und den Gereon Müller sehr schön zusammenfasst:

Beispiel:
Da die StVO allen Lesern vertraut ist, bietet sie sich für eine Darstellung der Grundkonzepte der Optimalitätstheorie an. Die Aufgabe der StVO [...] im Bereich der Vorfahrtsregelung ist es, für Situationen, die sich bei gleichzeitiger Ankunft von zwei oder mehr Verkehrsteilnehmern an einer Kreuzung (bzw. Einmündung) ergeben, eindeutige Strategien zur Auflösung dieser Situationen vorzugeben, also normalerweise einem Verkehrsteilnehmer die Vorfahrt zuzuweisen. Die Ausgangssituationen können wir *Inputs* nennen; die zunächst einmal denkbaren Strategien zur Auflösung sind dann *Outputs.* Zwischen den Outputs besteht ein Wettbewerb. Derjenige Output, der aus dem Wettbewerb als Gewinner hervorgeht und somit die korrekte („grammatische") Strategie repräsentiert, heißt *optimaler Output*; alle nicht optimalen Outputs sind Verstöße gegen die StVO (somit gleichermaßen „ungrammatisch"). Wie gewinnt nun ein Output den optimalitätstheoretischen Wettbewerb? Er muß in optimaler Weise, d. h. besser als alle konkurrierenden Outputs (die auf denselben Input zurückgehen), die verletzbaren und gewichteten Vorfahrtsregeln der StVO erfüllen (genauer: im Vergleich mit jedem konkurrierenden Output bei der höchstgeordneten Regel, wo sich die beiden unterscheiden, besser abschneiden). Ein optimaler Output muß aber *nicht*, und dies ist entscheidend, alle Regeln erfüllen.
(Müller 2001: 11)

Sprachwissenschaftliche Studien können prinzipiell auf die Struktur, die Bedeutung, die Funktion und/oder die Anwendung sprachlicher Einheiten zielen und dabei eine rein linguistische oder eine interdisziplinäre Perspektive einnehmen. Das Ziel der Arbeit und deren sprachwissenschaftliches Thema bedingen sich **wechselseitig**. Im folgenden Beispiel etwa ergibt sich die Notwendigkeit einer fächerverbindenden Zielsetzung aus dem Gegenstand:

Beispiel:
Hexenverhörprotokolle tragen als Schriftzeugen aus der Frühen Neuzeit nicht nur wesentlich zur Erschließung der kulturellen, sozialen, rechtlichen und professionellen Aspekte des Zusammenlebens dieser Zeit bei, sondern sind auch sprachgeschichtlich höchst aufschlussreich [...]. Dabei erfordert die Arbeit mit Hexenverhörprotokollen als einem sprachhistorischen Korpus einen interdisziplinären, kultur-, sozial- sowie rechtsgeschichtlich kundigen Zugang, auch um dem besonderen Entstehungskontext – der intensiven Hexenverfolgung, die im sog. Heiligen Römischen Reich deutscher Nation mehr als 25.000 Opfer gefordert hat [...] – gerecht zu werden. [...] Dieser Band verfolgt das Ziel, das Potential der Hexenverhörprotokolle als sprachhistorisches Korpus aufzuzeigen, bei dessen Analyse sowohl der besondere Entstehungskontext und die juristische Zweckbindung als auch die korpuslinguistische Aufbereitung bedacht und fruchtbar gemacht werden können [...].
(Dücker et al. 2020: 2)

Wie auch immer Sie die Zielsetzung Ihrer Arbeit fassen: Achten Sie darauf, **nicht über Ihr Ziel hinauszuschießen**. Sie sollten keine Annahmen oder Vorhersagen formulieren, die Ihr eigentliches Thema überschreiten. Darauf weist auch Jörg Meibauer in der Fortsetzung des obigen Zitats explizit hin.

Beispiel:
In dieser Arbeit geht es nicht primär darum, anhand der Phrasenkomposita für die Richtigkeit eines dieser Modelle zu plädieren. Das wäre angesichts der Komplexität der Frage auch verfehlt.
(Meibauer 2003: 155)

Vergegenwärtigen wir uns diese letzten beiden Punkte anhand eines Beispiels aus einer unserer Sprechstunden. Im Rahmen des von der Robert Bosch Stiftung geförderten Lehr-Lern-Projekts *Sprachwerk* wollte eine Schüler-Studierenden-Gruppe zunächst Gründe für den Tod von Sprachen untersuchen. Im ersten Sprechstundengespräch erwies sich ihr Thema als zu komplex und breit, um es in einer kurzen Präsentation adäquat zu erfassen. Einige Wochen später hatte die Gruppe ihre Fragestellung präzisiert: Statt um den Tod von Sprachen allgemein sollte es nun um das Aussterben des Lateinischen als gesprochene Sprache gehen. Auch hier zeigte sich schnell, dass die thematische Komplexität die Gruppe überfordern würde. Vor allem hätte sie zu diesem Thema vermutlich nichts Eigenes beitragen, sondern nur die zahlreichen bereits zum Aussterben des gesprochenen Lateinisch verfassten Studien auswerten können. Im darauf folgenden Sprechstundengespräch hatte die Gruppe ihre Zielsetzung stark eingegrenzt. Es ging immer noch um den möglichen Tod von Sprachen, aber nun unter einer sehr konkreten Fragestellung: Die Gruppe hatte eine sprachliche Varietät aus dem Bochumer Raum ausfindig gemacht, das sogenannte Stiepeler Platt, das von einem Heimatverein vor dem Aussterben geschützt wird. Die Gruppe wollte die einzelnen Vereinsmitglieder dazu interviewen, wie sie selbst die Möglichkeiten und Grenzen ihrer Vereinsaktivitäten einschätzen.

Dieser Fall zeigt beispielhaft, wie sich aus einem zunächst sehr weiten Thema im Zuge der Beschäftigung damit zunehmend eine bearbeitbare Fragestellung entwickelte, sodass ein Forschungsdesiderat identifiziert und sogar eine Forschungslücke geschlossen werden konnte. Durch die eingegrenzte und sehr konkrete Zielsetzung wurde die Literatur überschaubar; zudem ließ sich daraus gut eine Forschungsmethodik ableiten.

Aufgaben:

1. Formulieren Sie mögliche Forschungsziele zur *Fahrrat-Aufgabe* des letzten Kapitels.

7 Linguistisch argumentieren

Wer wissenschaftlich arbeitet, muss andere überzeugen. Das erfordert eine klare These – wie im folgenden Beispiel – und gute Argumente.

> **Beispiel:**
> Ich verteidige in diesem Aufsatz die These, daß die Kernbedeutung des deutschen Perfekts ein Extended Now im Sinne von McCoard (1978) ist. [...] Ein solcher Ansatz ist für das Deutsche nach meiner Kenntnis nur in Fabricius-Hansen (1986) vertreten worden, die diese Intervalle den unechten Vergangenheitsbereich und unechten Zukunftsbereich nennt. Diese Analyse scheint mir richtig zu sein, und ich knüpfe daran an.
> (von Stechow 1999: 86)

Andere zu überzeugen gelingt nur, wenn die eigene Argumentation logisch aufgebaut und für den Leser oder die Leserin nachvollziehbar ist. In diesem Kapitel zeigen wir Ihnen, wie Sie linguistische Argumente gestalten und in Ihre Hausarbeit integrieren können.

7.1 Linguistische Argumentation

Eine Argumentation beginnt mit einer These, d. h. einer Behauptung. Diese wird dann durch Belege gestützt. Oder Sie präsentieren Gegenbelege und widerlegen damit die These. Abschließend folgt eine kurze Zusammenfassung. Die Argumentation muss schlüssig und widerspruchsfrei sein. Die folgenden drei Graphiken verdeutlichen dieses Vorgehen.

These
Belege
Zusammenfassung

Tab. 7-1: Möglicher Argumentationsgang 1

These	
Belege	Gegenbelege
Zusammenfassung	

Tab. 7-2: Möglicher Argumentationsgang 2

These
Widerlegung
Zusammenfassung

Tab. 7-3: Möglicher Argumentationsgang 3

Dieses Vorgehen lässt sich gut an einem Aufsatz von Claudia Maienborn über das sogenannte Zustandspassiv *(das Bild ist aufgehängt)* illustrieren. Im nachfolgend zitierten Abschnitt weist sie die These zurück, dass das Zustandspassiv eine Ellipse (eine Verkürzung) des Vorgangspassivs *(das Bild ist aufgehängt worden)* sei.

Beispiel:

These	Das Zustandspassiv als Vorgangspassiv-Ellipse: [...] Dem Zustandspassiv liegt demnach ein Vorgangspassiv im Perfekt mit getilgtem Partizip II des Passiv-Auxiliars *worden* zugrunde; s. (5).
Beleg	(5) Der Brief ist geöffnet ~~worden~~. [Part. II: Verbform + (getilgtes) *worden*: Passiv-Auxiliar + sein: Perfekt-Auxiliar]
Widerlegung	Die [...] Ellipsen-Theorie macht die Vorhersage, dass beim Zustandspassiv immer eine Ergänzung des (getilgten) *worden* möglich sein sollte, ohne Auswirkungen auf Grammatikalität und Interpretation des Gesamtausdrucks. Die folgenden Diagnostiken zeigen, dass dies nicht zutrifft. Diagnostik I: Temporaladverbiale [z. B. gestern, heute etc., B.R., L.S., A.B. & C.S.] (z. B. Rapp 1998: 236). Das Zustandspassiv ist mit Zeitdaueradverbialen wie *seit zwei Stunden* kombinierbar, die Vorgangspassiv-Variante nicht; s. (10). Umgekehrt finden Temporaladverbiale wie *vor zwei Stunden*, die das vom Verb eingeführte Ereignis zeitlich einordnen, nur bei der Vorgangspassiv-Variante Anschluss; s. (11). Offenbar bezeichnet das Zustandspassiv eben nicht ein solches Ereignis, sondern einen daran anschließenden Zustand. (10) a. Das Fenster ist seit zwei Stunden geöffnet. b. *Das Fenster ist seit zwei Stunden geöffnet worden. (11) a. *Das Fenster ist vor zwei Stunden geöffnet. b. Das Fenster ist vor zwei Stunden geöffnet worden. [...]
Zusammenfassung	Die Liste der hier einschlägigen Diagnostiken ließe sich fortsetzen. Sie alle zeigen, dass das Zustandspassiv weder in seinen formalen Eigenschaften noch hinsichtlich seiner Interpretation

	via *worden*-Ellipse auf das Vorgangspassiv zurückgeführt werden kann. (Maienborn 2007: 85–89)

Im Bereich der Linguistik gibt es im Wesentlichen zwei Möglichkeiten, eine wissenschaftliche These zu belegen oder zu widerlegen: Entweder kann durch empirische Evidenz gezeigt werden, dass die These haltbar oder nicht haltbar ist. Dazu zählen etwa Beispiele, Ergebnisse von Experimenten, Quellen usw. Oder es können theoriebasierte Argumente dafür angeführt werden, dass die These richtig oder falsch ist. Für beide Möglichkeiten gilt der oben skizzierte Aufbau. Sie können Thesen also beispielsweise linguistisch überprüfen, indem Sie sie auf **neue, bisher unberücksichtigte Daten** (gewonnen durch Korpuslinguistik, Experimente, Beobachtung, Interviews ...) beziehen oder auch Daten aus anderen Sprachen heranziehen. Wenn Sie etwa eine Arbeit zum Präsensperfekt schreiben, stoßen Sie immer wieder auf Studien, die das Deutsche und das Englische miteinander vergleichen. So wird in der Regel behauptet, dass die übereinzelsprachlichen Unterschiede zwischen Englisch und Deutsch im Falle des Präsensperfekts auf das Präsens zurückzuführen sind. Im folgenden Beispiel wird dies mit Fällen aus dem Schwedischen kontrastiert:

Beispiel:

These	What one should generally expect according to such a proposal [Perfektverwendung ist abhängig vom Präsens, B.R., L.S., A.B. & C.S.] is that languages with similar present tenses have similar present perfects.
Widerlegung	This, however, is not the case, as has been argued by Rothstein (2006). While the Swedish present tense patterns systematically with the German present tense against the English present, the Swedish present perfect behaves like the English present perfect, e.g. in not allowing for a past adverbial to apply to the present perfect: (14) a. *Sigurd har kommit igår.[...] [Swedish] S. has come yesterday. b. *Sigurd has arrived yesterday. c. Sigurd ist gestern gekommen. [German] S. is yesterday come.
Zusammenfassung	Based on the Swedish data, Rothstein concludes that the behavior of the present tense in a language is not correlated with the behavior of the present perfect in the same language. (Schaden 2009: 121)

Es lässt sich auch die **empirische Richtigkeit bisher verwendeter Daten** diskutieren: Maienborn (2007) diskutiert etwa Daten des Typs *die Prinzessin ist geheiratet*, die in früheren Studien als ungrammatisch eingestuft wurden.

Beispiel:

These	Beim Blick auf die einschlägige Literatur zum Zustandspassiv fällt auf, wie sehr die Grammatikalitätsurteile hier schwanken und wie willkürlich gefällt sie zuweilen anmuten. [...] In (55) sind einige mehr oder weniger zufällig ausgewählte Belege aufgeführt. (55) a. *Die Antwort ist gewusst. (Kratzer 2000: 5) b. *Carola ist (seit letztem Sommer) geheiratet. (Rapp 1998: 253)
Widerlegung	[...] Recht instruktiv für die weiteren Überlegungen ist der Fall von *geheiratet sein*. Rapp (1997: 185, 1998: 253) stellt fest, dass *heiraten* [...] kein Zustandspassiv bildet. Wegen der Existenz der Konkurrenzform verheiratet komme es hier vielmehr zu einer lexikalischen Blockade. Die beiden Belege (56d, e) zeigen allerdings, dass es durchaus Kontexte gibt, in denen sich kein solcher Blockade-Effekt einstellt und *geheiratet sein* neben *verheiratet sein* offenbar systematisch verfügbar ist. [...] (56') e. Formel zur Geringhaltung der Lebenshaltungskosten: „Mein Haus ist gemietet, mein Auto ist geleast, und meine Frau ist verheiratet."
Zusammenfassung	[...] Die bisherige Diskussion der Daten in (55) und (56) weist darauf hin, dass es nicht in erster Linie die Grammatik ist, die über die Zulässigkeit des Zustandspassivs entscheidet [...], sondern dass hier offenbar maßgeblich pragmatische Bedingungen beteiligt sind. (Maienborn 2007: 102–104)

7.2 Aufbau linguistischer Arbeiten

Der inhaltliche **Aufbau** wissenschaftlicher Arbeiten ist in der Regel von der jeweiligen Disziplin festgelegt. Er ist kein Selbstzweck, sondern letztlich Teil der verfolgten Argumentation: Die Studie ist nur überzeugend, wenn die Argumente schlüssig aufeinander aufbauen. Die **Einleitung** nennt Thema und Zielsetzung der Arbeit, begründet sie, formuliert die Fragestellung bzw. die Untersuchungshypothese, erläutert das sachliche und methodische Vorgehen und skizziert knapp den Aufbau der Arbeit. Auf die Einleitung folgt zumeist ein Kapitel zum **Forschungsstand**, das einen Überblick zu der für Sie relevanten und wichtigsten Literatur gibt. Der

Forschungsstand ist eine Momentaufnahme der Fachliteratur zu einer bestimmten Fragestellung. Sie sollten die verwendete Literatur so exakt wie möglich wiedergeben und keinesfalls den Autorinnen und Autoren der Texte Unrecht tun. Bei der Darstellung des Forschungsstands helfen Ihnen folgende Fragen: Vertreten die Texte die gleiche These? Folgen sie dem gleichen Ansatz (z. B. einem strukturalistischen)? Wenden sie die gleiche Methode an (empirisch, theoretisch)? Nennen sie die gleichen Ziele? Nutzen sie die gleichen Quellen? Ein typischer Fehler beim Verfassen des Forschungsstands ist, dass wahllos einzelne Studien aufgezählt werden, ohne sie zueinander in Beziehung zu setzen. Man bezeichnet dies auch als **additiven Forschungsstand**. Würden Sie eine Arbeit zum deutschen Perfekt schreiben, sollte Ihr Literaturüberblick nicht so aussehen:

Beispiel:
Musan (2002) stellt eine temporal-aspektuelle Analyse vor, die ... Bei Ehrich (1992) ist das deutsche Perfekt ... Nach Klein (1994) ist das deutsche Perfekt ...

Sinnvoller ist eine thematische Gliederung. Einen solchen **gruppierenden** oder auch **systematischen Forschungsüberblick** bietet etwa Veronika Ehrich in ihrer Diskussion des deutschen Perfekts:

Beispiel:
Zum Perfekt und Präteritum im Deutschen gibt es in der sprachwissenschaftlichen Diskussion vier verschiedene Hypothesen:

A. <u>Die Äquivalenzhypothese</u>

Gemäß dieser Hypothese gibt es zwischen Perfekt und Präteritum keinen semantischen Unterschied. Beide Formen werden als Tempora mit der Bedeutung ‚Vergangenheit' analysiert (vgl. z. B. Admoni 1966). Vertreter der Äquivalenzhypothese leugnen nicht, daß es andere als semantische Unterschiede zwischen Perfekt und Präteritum gibt, erklären diese aber – in synchroner Betrachtungsweise – pragmatisch oder – in diachroner Orientierung – dialektologisch. [...]

B. <u>Die Differenzhypothese</u>

Der Äquivalenzhypothese steht die Differenzhypothese gegenüber, wonach Präteritum ein Tempus, das Perfekt hingegen ein Aspekt ist (Watermann 1956). Die Bedeutung des Perfekts als Aspekt wird unterschiedlich angegeben, als ‚Vollzug' (u. a. Brinkmann 1962; Glinz 1970; Heidolph et al. 1981) oder als ‚Gegenwartsrelevanz' (Comrie 1976). [...]

C. Die Ambiguitätshypothese

Diese Hypothese weist dem Perfekt zwei Bedeutungen zu, eine (mit dem Präteritum äquivalente) als Tempus mit der Bedeutung ‚Vergangenheit' und eine (vom Präteritum unterschiedene) als Aspekt. In der jüngeren Linguistik ist die Ambiguitätshypothese z. B. von Wunderlich (1970) vertreten worden. [...]

D. Die Komplexitätshypothese

Dieser Hypothese zufolge vereinigt das Perfekt in sich zwei Bedeutungskomponenten, eine temporale mit der Bedeutung ‚Gegenwart' und eine aspektuelle mit der Bedeutung ‚Vollzug' bzw. ‚Abschluß'. Beide Komponenten sind in der komplexen Form ‚Finites Auxiliar + Partizip' durch jeweils ein Element vertreten: die temporale Komponente durch das Finitum, die aspektuelle durch das Partizip. [...]
(Ehrich 1992: 88–94)

Anschließend können Sie Ihre **Hypothese** vorstellen und, wenn Sie empirisch, d. h. mit systematisch erhobenen Beispielen arbeiten, auch Ihre **Forschungsmethodik**, d. h. Ihr planmäßiges und systematisches Vorgehen. Sie ermöglichen dadurch allen Beteiligten nachzuvollziehen, wie diese Ergebnisse wissenschaftlich zustande gekommen sind. Zum Beispiel können Sie angeben, mit welchen Korpora Sie gearbeitet haben und wie Sie vorgegangen sind. Bei einer empirischen Arbeit folgen anschließend **Auswertung** und **Diskussion** der Beispiele nach Kriterien, die Sie vorab festgelegt und im Methodenteil erklärt haben. Dabei umfasst das Kapitel Auswertung lediglich eine Bestandsaufnahme dessen, was Sie auswerten. Interpretiert werden die ausgewerteten Beispiele dann in der Diskussion. In theoretischen, d. h. nicht empirischen Arbeiten gibt es keine Kapitel zu Forschungsmethodik, Auswertung und Diskussion, vielmehr ergeben sich die einzelnen Kapitel aus der Logik des zu erforschenden Sachverhalts. Für beide Arten von Arbeiten gilt, dass die linguistische Argumentation sich an dem oben Gesagten orientieren soll. Das **Schlusskapitel** enthält eine knappe Zusammenfassung, greift die Fragestellung und die Forschungshypothese aus der Einleitung auf und diskutiert sie im Licht der Ergebnisse. Hier werden auch etwaige Forschungsdesiderate formuliert. Auf den Schlussteil folgt in der Regel das **Literaturverzeichnis**.

Aufgaben:

1. Welcher der Tabellen 7-1 bis 7-3 entspricht der folgende Abschnitt?

Beispiel:
Wie wird Kohärenz [inhaltlicher Zusammenhang von Teilen eines Texts, B.R., L.S., A.B. & C.S.] hergestellt? [...] Die einfachste Antwort wäre, Kohärenz entstehe dadurch, dass Textbestandteile durch Kohäsionsmittel [sprachliche Verweise zwischen Teilen eines Texts, B.R., L.S., A.B. & C.S.] verbunden werden, wie in (18), wo die Anaphern *der, sie, seiner* und die Lexemwiederholung *die Frau* sowie die Konnektoren *da* und *und* offenbar für Kohärenz sorgen:

(18) Es war einmal ein reicher Mann, *der lebte* lange Zeit vergnügt mit *seiner* Frau, *und sie* hatten ein einziges Töchterlein zusammen. *Da* ward *die Frau* krank [...]. (Aschenputtel)

Diese Ansicht kann als der textgrammatische Ansatz zusammengefasst werden. [...] Jedoch sollte danach auch (19) einen kohärenten Text bilden, treten dort doch dieselben Kohäsionsmittel wie in (18) auf und sind doch die einzelnen Teilsätze durchweg grammatisch und sinnvoll. Dennoch würde man (19) nur schwerlich als kohärenten Text einstufen.

(19) Es war einmal ein reicher Mann, *der* stand Kopf und jonglierte und *seine* Frau verkaufte Obst auf dem Markt, *und sie* schrieben lange Briefe an die Zeitung. *Da* ging *die Frau* in den Wald spazieren.

Kohäsionsmittel allein sind es somit nicht, die Kohärenz herstellen.
(Averintseva-Klisch 2013: 13)

Weiterführende Literatur:

Stephany, U. & Froitzheim, C. (2009): *Arbeitstechniken Sprachwissenschaft.* Paderborn: Fink.

8 Linguistisch erheben und auswerten

Wer wissenschaftlich arbeitet, muss nicht nur andere mit Belegen überzeugen, sondern dabei auch wissenschaftliche Standards befolgen (vgl. dazu auch die Standards der Deutschen Forschungsgemeinschaft, DFG 2019). Teilweise kann man auf bereits vorliegende bzw. veröffentlichte Beispiele zurückgreifen. In anderen Fällen ist es notwendig, eigene, auf die Fragestellung zugeschnittene Daten zu erzeugen, sie auszuwerten und für die Forschung zu nutzen. In diesem Kapitel zeigen wir, was es im Umgang mit linguistischen Daten zu beachten gilt. Dabei geht es einerseits um die Arbeit mit Beispielen anderer Autorinnen und Autoren und die Glossierung solcher Beispiele (Kap. 8.1 und 8.2). Andererseits zeigen wir Ihnen auch, wie Sie eigene Studien durchführen können; das ist meist bereits in Hausarbeiten möglich. Dazu möchten wir Ihnen ein grundlegendes Verständnis von empirischem Arbeiten vermitteln (Kap. 8.3 und 8.4). Damit Sie eigene Studien planen können, erläutern wir anschließend verschiedene Erhebungsverfahren, mit denen Sie Daten generieren können (Kap. 8.5), sowie weitere Verfahren zu ihrer Aufbereitung (Kap. 8.6) und Auswertung (Kap. 8.7). Dabei weisen wir auch auf einige Schwierigkeiten hin, die zu bedenken sind, wenn Sie eine Studie im Rahmen einer Hausarbeit planen. Darüber hinaus führen wir in Kapitel 8.7.4 einige grundlegende Begriffe statistischer Verfahren ein. Das soll Ihnen vor allem die Lektüre entsprechender linguistischer Studien erleichtern.

Beispiel:
Ich würde hoffen, dass wir LinguistInnen uns recht schnell auf den Konsens einigen können, dass alle Arten von Daten, die bisher verwendet worden sind, im Prinzip für unsere Wissenschaft relevant sind, und dass die Auswahl der empirischen Methode schlicht von der Fragestellung und den vorhandenen Mitteln abhängt.
(Haspelmath 2009: 157)

8.1 Beispiele

Beispiele dienen dazu, theoretische Erkenntnisse zu illustrieren und Argumente zu stützen. Sie ersetzen jedoch keinesfalls die wissenschaftliche Argumentation. Achten Sie darauf, dass Sie in Ihren Arbeiten nicht einfach Beispiele willkürlich aneinanderreihen. Setzen Sie sie vielmehr sparsam und gezielt ein, um Ihre Argumente zu belegen. Wichtig ist auch, dass Sie dafür qualitativ hochwertige Beispiele auswählen. „Gute“ Beispiele sind einprägsam, prototypisch für ein bestimmtes Phänomen, authentisch und angemessen kurz.

Beispiele können in den eigenen Text integriert oder eingerückt als eigener Abschnitt aufgeführt werden. Im ersten Fall setzt man Beispiele am besten kursiv, um sie vom übrigen Text abzusetzen.

Beispiel:
Um einen (neuen) Satz oder neu gebildete Wörter zu verstehen, genügt es nicht, die wörtlichen Bedeutungen seiner Einzelteile aufzulisten. Wichtig für die Interpretation ist auch die Art der Verknüpfung der einzelnen Wörter. Dies kann man sich an folgendem einfachen Beispiel verdeutlichen: Obwohl die beiden Sätze *Sabine wurde von Stefan gesehen* und *Stefan wurde von Sabine gesehen* genau dieselben Wörter enthalten, bedeuten sie nicht dasselbe.
(Steinbach 2002: 163)

Optisch abgesetzte Beispiele stehen zumeist eingerückt in kleinerer Schrift und nicht immer (durchgängig) kursiv; in dem Fall werden sie nummeriert. Die Nummern stehen unmittelbar vor dem jeweiligen Beispiel; jede Nummer wird nur einmal vergeben. So kann man sich auf ein Beispiel beziehen, ohne es wiederholen zu müssen.

Beispiel:
Diese Verwendung des Indikativs I ist nicht ausschließlich auf die abhängige indirekte Rede beschränkt – vgl. (2) –, sondern auch in unabhängiger indirekter Rede zu beobachten, allerdings aus Gründen der Eindeutigkeit nur vereinzelt. Ein Beispiel wären die kursivierten Sätze in (3):

(2) Hans sagte, *es stört ihn nicht*, dass er zu spät kommt.
(3) Im Falle eines Wahlsieges der SPD bei den Landtagswahlen im nächsten Jahr, kündigte Lafontaine an, werde er im Zweifel mit den Grünen koalieren. *Sie sollen mitregieren. Tolerieren genügt nicht, der Schwanz darf nicht mit dem Hund wedeln.*

(Fabricius-Hansen 1999: 125)

Typische Verweise auf durchnummerierte Beispiele sind:

- vgl. (2)
- s. (2)
- (2) zeigt, dass ...
- In (2) ...
- das Beispiel (2)

Bei thematisch eng zusammengehörigen Beispielen wird die Nummer zusätzlich mit einem Buchstaben kombiniert. Üblicherweise steht zwischen so gezählten Beispielen kein Text.

Beispiel:

(8) a. Hans hat den Kuchen morgen gegessen.
b. *Hans hat morgen von dem Kuchen gegessen.

(Ehrich 1992: 70)

Zur korrekten Form eines sprachlichen Beispiels zählt auch, dass es orthographisch und sprachlich dem Original entsprechen muss. Das ist insbesondere bei historischem Sprachmaterial oder bei Spracherwerbsdaten wichtig. Demnach wird aus dem Nibelungenlied original zitiert:

Beispiel:
Uns ist in alten mæren wunders vil geseit
von helden lobebæren, von grôzer arebeit,
von fröuden, hôchgezîten, von weinen und von klagen,
von küener recken strîten muget ir nu wunder hœren sagen.

(Nibelungenlied: 1)

Gelegentlich werden auch ungrammatische Beispiele aufgeführt, etwa um zu zeigen, dass die vertretene grammatische Theorie sie korrekt ausschließt. Ungrammatische Beispiele kennzeichnet man durch einen vorangehenden hochgestellten Asterisk (*), grammatisch fragwürdige Beispiele durch ein hochgestelltes Fragezeichen ($^?$).

Beispiel:

(1) *Gestern er geht ins Kino.
(2) $^?$Du hast das Gesicht geschminkter als ich.

Auch Beispiele werden als geistiges Eigentum der Person betrachtet, die sie gefunden hat. Wenn Sie also Beispiele anderer Autorinnen und Autoren zitieren, müssen Sie diese als Quelle angeben (vgl. Kap. 3.1 und 3.2).

Beispiel:
Chomsky (1970) has pointed out the following contrast:

(11) a. ?Einstein has visited Princeton.
b. Princeton has been visited by Einstein.

Example (11a) is odd because it suggests that Einstein is still alive.
(Portner 2003: 464)

8.2 Glossierung

Manchmal beziehen sich linguistische Studien auch auf Sprachen, die der Leser oder die Leserin nicht beherrscht. Die Sprache, die in einer linguistischen Arbeit analysiert wird, nennt man **Objektsprache**. Ihre Beschreibung erfolgt **metasprachlich**, d. h. man spricht oder schreibt *über* diese Sprache. Wenn nun davon auszugehen ist, dass die Lesenden die Objektsprache nicht beherrschen, ist es wichtig, bei der Anführung von Beispielen neben ihrer Übersetzung auch eine Art metasprachlicher Wort-für-Wort-Übersetzung bereitzustellen. Solche Wort-für-Wort-Übersetzungen der Objektsprache in die Metasprache heißen **Glossen**. Damit dies nicht in einem Chaos von individuellen, nicht nachvollziehbaren Übersetzungen endet, verwendet man zur Glossierung ein regelgebundenes System. Ein solches bilden die *Leipzig Glossing Rules*. Für Studienanfänger und -anfängerinnen sind sie vermutlich schwer zu verstehen, denn die Glossierung erfordert eine komplexe linguistische Analyse der objektsprachlichen Daten. Wir geben daher nur ein kurzes Beispiel und verweisen auf Lehmann (1982), Croft (2003) und folgende Internetquelle: www.eva.mpg.de/lingua/pdf/Glossing-Rules.pdf; gesehen am 03.06.2021.

Die *Leipzig Glossing Rules* sind interlinear morphologisch aufgebaut, mit anderen Worten: Sie geben die Bedeutung und die grammatischen Eigenschaften aller Morpheme der Objektsprache wieder. Eine vollständige Glossierung besteht bei einem einzeiligen Beispiel aus insgesamt vier Zeilen mit folgendem **Aufbau**: In der ersten Zeile stehen die Nummer des jeweiligen Beispiels und der Name der Sprache. Dann folgt das kursiv gesetzte objektsprachliche Beispiel und in der nächsten Zeile die Glosse. In der vierten Zeile steht eine sinngemäße Übersetzung in einfachen Anführungszeichen. Spielen wir das einmal an einem westgrönländischen Beispiel durch:

Beispiel:
Westgrönländisch (Fortescue 1984: 127)

palasi=lu	*niuirtur=lu*
priest=and	shopkeeper=and

'sowohl der Priester als auch der Ladenbesitzer'

Die im Beispiel verwendeten Gleichheitszeichen geben an, dass es sich bei *lu* um ein Klitikum handelt, also um ein schwach betontes Morphem, das sich an das benachbarte Wort gewissermaßen anlehnt (vgl. *ll* in *you'll see*). Wer die *Leipzig Glossing Rules* beherrscht, kann folglich den Aufbau solcher Beispiele verstehen, auch wenn er oder sie die betreffende Sprache nicht beherrscht.

Damit die Morpheme des objektsprachlichen Beispiels und die jeweilige Glossierung unmittelbar übereinanderstehen, kann man entweder mit Tabellen ohne sichtbare Gitternetzlinien arbeiten oder Tabstopps setzen. Die *Leipzig Glossing Rules* erlauben eine einfache und flexible Glossierung von Beispielen. Häufig kann ein Beispiel auf verschiedene Weisen glossiert werden. Dies ist insbesondere dann der Fall, wenn die objektsprachlichen Daten ambig sind. Wenn Sie den Satz *ich gehe* kontextlos betrachten, kann *gehe* entweder als indikativische Präsensform des Verbs *gehen* analysiert werden *(ich gehe jetzt)* oder als Konjunktiv I *(er behauptet, ich gehe fremd).* Glossierung ist also in gewisser Weise auch eine Interpretation der objektsprachlichen Daten.

Die zehn Regeln der *Leipzig Glossing Rules*

Regel 1: Wort-für-Wort-Anordnung

Interlineare Glossen folgen dem objektsprachlichen Beispiel Wort für Wort von links nach rechts:

Beispiel:
Indonesisch (Sneddon 1996: 237)

Mereka	*di*	*Jakarta*	*sekarang.*
Sie	in	Jakarta	jetzt.

'Sie sind in Jakarta jetzt.'

Regel 2: Morphemkorrespondenz

Segmentierbare, d. h. voneinander unterscheidbare Morpheme werden sowohl im Beispiel als auch in der Glosse durch Bindestriche getrennt.

Beispiel:
Lesgisch (Haspelmath 1993: 207)

Gila	*abur-u-n*	*ferma*	*hamišaluğ*	*güğüna*	*amug'-da-č.*
Now	they-OBL-GEN	farm	forever	behind	stay-FUT-NEG

'Ihre Farm wird ab jetzt nicht immer hinterherhinken.'

Die Grenzen von Klitika werden durch Gleichheitszeichen markiert, sowohl in der Objektsprache wie in der Glosse. Klitika sind schwach betonte Morpheme, die sich an ein benachbartes Wort bildlich gesprochen anlehnen: *you'll see* (engl.) (du wirst sehen).

Beispiel:
Westgrönländisch (Fortescue 1984: 127)

palasi=lu	*niuirtur=lu*
priest=and	shopkeeper=and

'sowohl der Priester als auch der Ladenbesitzer'

Epenthetische (grob: aus lautlichen Gründen eingefügte) Segmente vor einer Morphemgrenze sollten dem vorhergehenden oder dem nachfolgenden Morphem zugeordnet werden. Ein Beispiel dafür ist das *t* in *hoffen-t-lich*, das als Gleitlaut zwischen den beiden Morphemen *hoffen* und *lich* fungiert und sich nicht etymologisch erklären lässt. Da für diese Zuordnung verschiedene Prinzipien gelten, enthalten die *Leipzig Glossing Rules* hierzu keine Regel.

Regel 3: Bezeichnung der grammatischen Kategorien
Bei der Angabe der grammatischen Kategorien ist es aus Platzgründen sinnvoll, statt der vollen Bezeichnung Abkürzungen zu verwenden. Grammatische Morpheme wie *-e* in *geh-e* werden in der Regel durch Abkürzungen in Kapitälchen erfasst.

Beispiel:

ich	*gehe*
ich	geh-PRS

Am Ende dieses Teilkapitels finden Sie eine Liste von Abkürzungen. Da die *Leipzig Glossing Rules* Internationalität anstreben, beziehen sich diese Abkürzungen auf die englische Grammatikterminologie. Die *Leipzig Glossing Rules* erlauben aber, die Abkürzungen zu verändern oder zu vereinfachen, etwa wenn eine bestimmte grammatische Kategorie in einer Sprache hochfrequent ist. So kann man PERFECT durch PF anstelle von PRF abkürzen. Bei sehr seltenen Kategorien, die nicht in der Abkürzungsliste auftreten, ist es hingegen besser, wenn man sie gar nicht abkürzt.

Es ist auch möglich, auf eine Kategorienbezeichnung wie PERFECT, PRF oder PF zu verzichten und stattdessen einen anderen Ausdruck zu verwenden. Im folgenden Beispielpaar wurde die Bezeichnung INS für den russischen Kasus Instrumental durch ein passendes deutsches Wort ersetzt:

Beispiel:
Russisch (Leipzig Glossing Rules 2015: 3)

My	*s*	*Marko*	*poexa-l-i*	*avtobus-om*	*v*	*Peredelkino.*
1PL	COM	Marko	geh-PST-PL	Bus-INS	ALL	Peredelkino.

'Marko und ich fuhren im/mit dem Bus zum Peredelkino.'

Russisch

My	*s*	*Marko*	*poexa-l-i*	*avtobus-om*	*v*	*Peredelkino.*
wir	mit	Marko	geh-PST-PL	Bus-mit	zu	Peredelkino.

'Marko und ich fuhren im/mit dem Bus zum Peredelkino.'

Regel 4: „Eines entspricht vielen“
Manche sprachlichen Einheiten haben gleichzeitig mehrere Funktionen. In einem Satz wie *Ich danke unseren Vätern* markiert das *n* in *Vätern* zugleich den Dativ und die Mehrzahl. Wenn ein einziges objektsprachliches Element durch mehrere metasprachliche Einheiten (Wörter und/oder Abkürzungen) wiedergegeben wird, so schreibt man diese zusammen und trennt sie nur durch Punkte voneinander. Bei der Glossierung von *Vätern* aus *unseren Vätern* wird also zwischen DAT und PL, die für Dativ bzw. Plural stehen, ein Punkt gesetzt; die Reihenfolge ihrer Angabe ist beliebig. Die Regel 4 enthält dazu fünf optionale Unterregelungen, auf die wir hier nicht weiter eingehen.

Beispiel:
Deutsch (Leipzig Glossing Rules 2015: 4)

unser-n	*Väter-n*
unser-DAT.PL	vater.PL.DAT.PL

Regel 5: Personen- und Numerusbezeichnungen
Folgen die Affixe für Person und Numerus in der Objektsprache unmittelbar aufeinander, so steht bei ihrer Glossierung kein Punkt dazwischen.

Beispiel:
Italienisch (Leipzig Glossing Rules 2015: 6)

and-iamo
geh-PRS.1PL (nicht: geh-PRS.1.PL)
'wir gehen'

Die Regel 5 kann auch auf andere Morphemkombinationen ausgeweitet werden.

Regel 6: Nicht-overte Elemente
Das lateinische Nomen *puer* ‚Junge' hat in jedem Kasus und Numerus eine bestimmte formale Endung, im Nominativ Singular jedoch nicht:

	Singular	Plural
Nominativ	puer	puer-i
Genitiv	puer-i	puer-orum
Dativ	puer-o	puer-is
Akkusativ	puer-um	puer-os
Ablativ	puer-o	puer-is

Tab. 8-1: Deklination des lateinischen *puer*

Diese fehlende lautliche Endung des Nominativ Singular analysieren manche Sprachwissenschaftler und Sprachwissenschaftlerinnen als Nullendung, also als *puer* plus ein lautlich nicht realisiertes Morphem. Man bezeichnet dies auch als nicht-overtes Morphem, das durch das Symbol Ø repräsentiert wird; lautlich realisierte Morpheme werden als overt bezeichnet. Eine solche Analyse erlaubt, den Nominativ Singular *puer* ebenso zu behandeln wie die anderen Formen, die allesamt Endungen aufweisen. Damit ergibt sich folgendes Bild:

	Singular	Plural
Nominativ	puer-Ø	puer-i
Genitiv	puer-i	puer-orum
Dativ	puer-o	puer-is

Akkusativ	puer-um	puer-os
Ablativ	puer-o	puer-is

Tab. 8-2: Nicht-overte und overte Morpheme in der Deklination von *puer*

Ob diese Analyse tatsächlich immer von Vorteil ist, sei dahingestellt. Angenommen, man entscheidet sich, *puer* als eine Form mit lautlich nicht realisiertem Flexionsmorphem zu behandeln, so gibt es für die Glossierung zwei Möglichkeiten: Wenn sie Morphem für Morphem wiedergibt, kann ein Element, das im Beispiel keine overte Entsprechung hat, entweder in der Glosse in eckige Klammern gesetzt oder in der Objektsprache durch ein mit Bindestrich angefügtes ‚Ø' angegeben werden.

Beispiel:
Latein (Leipzig Glossing Rules 2015: 6)

puer	oder	*puer-Ø*
junge[NOM.SG]		junge-NOM.SG
'Junge'		'Junge'

Regel 7: Inhärente Kategorien
Inhärente Kategorien sind solche, die unveränderlich und weitgehend kontextunabhängig sind. Ein Beispiel ist das Genus im Deutschen. Es ist bei Nomen ein unveränderliches Merkmal. So ist *Haus* immer ein Neutrum *(das Haus)*, es kann nicht zu einem Femininum *(die Haus)* werden. Zumindest bei Nomina wie [das!] *Haus*, [die!] *Maus* und [der!] *Graus* gibt es auch keine bestimmte Endung, die ein bestimmtes Genus verlangt. Das Genus ist damit ein nicht-overtes Merkmal, das man allerdings anhand des bestimmten Artikels identifizieren kann. Im Spanischen dagegen zeigt die Endung eines Nomens in der Regel auch dessen Genus an. Wörter auf *-a* sind mit wenigen Ausnahmen feminin: *la casa, la chica* usw. Inhärente Merkmale können in der Glosse mit Hilfe von runden Klammern angegeben werden.

Im folgenden Beispiel aus dem Hunzib wird bei dem Wort für *Baum* angezeigt, dass sein Genus zur vierten Genusgruppe (G4) gehört. Die Klammerung besagt, dass das Genus inhärent ist.

Beispiel:
Hunzib (van den Berg 1995: 46)

ož-di-g	*xõxe*	*m-uq'e-r*
Junge-OBL-AD	Baum(G4)	G4-biegen-PRET

'Aufgrund des Jungen bog sich der Baum.'

Da Hunzib eine Reihe von Eigenschaften aufweist, die die Standardabkürzungen der *Leipzig Glossing Rules* nicht erfassen, nutzt man bei der Glossierung zusätzliche Abkürzungen. In diesem Beispiel sind das:

G4	=	vierte Genusgruppe
AD	=	Adessiv
PRET	=	Präteritum

Solche Ergänzungen können in einer Fußnote oder zu Beginn bzw. am Ende der Arbeit in einer Tabelle angegeben werden. Was man genau unter Adessiv versteht, lassen wir aus Gründen der Vereinfachung hier beiseite.

Regel 8: Zweiteilige Elemente

Ein Beispiel für zweiteilige Elemente sind Zirkumfixe, die zu den diskontinuierlichen Morphemen gehören: Sie bestehen aus zwei räumlich voneinander getrennten Morphemteilen, die zusammen ein Morphem ergeben. Das Perfektpartizip *gesehen* in *ich habe sie gesehen* beispielsweise ist mit dem Zirkumfix *ge-...-en* gebildet, das den Verbstamm *seh* umschließt. Glossiert man Morphem für Morphem, so ergibt sich bei Zirkumfixen das Problem, wie man die beiden Morphemteile als zusammengehörig markiert. Nach den *Leipzig Glossing Rules* können grammatische oder lexikalische Elemente, die aus zwei verschiedenen morphologischen Teilen bestehen, auf zwei verschiedene, aber gleichwertige Arten behandelt werden: Erstens lassen sich zweiteilige Elemente durch Wiederholung der Glosse angeben. Im folgenden Beispiel werden *ge* und *en* jeweils einzeln durch PTCP glossiert, die Angabe für die Partizipmorphologie.

Beispiel:
Deutsch (Leipzig Glossing Rules 2015: 7)
ge-seh-en
PTCP-seh-PTCP
'gesehen'

Die andere Möglichkeit ist, den zweiten Teil der Glosse mit der passenden morphologischen Kategorie zu bezeichnen. Bei Zirkumfixen ist dies die Abkürzung CIRC für *circumfixe.*

Beispiel:
Deutsch (Leipzig Glossing Rules 2015: 7)

ge-seh-en
PTCP-seh-CIRC
'gesehen'

Regel 9: Infixe
Eine weitere Regel bezieht sich auf die Behandlung von Infixen. Das sind Wortbildungsmorpheme, die in den Stamm eingeführt werden. Infixe werden sowohl in der Objektsprache als auch in der Glosse in „<" und „>" eingeschlossen:

Beispiel:
Latein (Leipzig Glossing Rules 2015: 7)

reli<n>qu-ere (Stamm: *reliqu-*)
verlassen<PRS>-INF
'verlassen'

Regel 10: Reduplikation
Als Reduplikation bezeichnet man die Verdoppelung von anlautenden Silben einer Wurzel oder eines Stammes. Im folgenden hebräischen Beispiel wird *rak* verdoppelt – oder linguistisch gesprochen: redupliziert –, um eine attenuative (grob: abschwächende, einschränkende) Bedeutung zu erzielen. Die Reduplikation wird in der Glosse wie die Affigierung (Anfügen eines Affixes an den Wortstamm) behandelt, anstelle eines Bindestrichs steht jedoch das Zeichen ~.

Beispiel:
Hebräisch (Leipzig Glossing Rules 2015: 8)

yerak~rak-im
grün~ATT-m.pl
'einige grünliche' (ATT = attenuativ)

Dieser kurze Durchgang durch die *Leipzig Glossing Rules* hat sicherlich nicht nur deutlich gemacht, wie komplex und schwierig eine detaillierte Glossierung ist, sondern auch, dass mit sehr vielen **Abkürzungen** gearbeitet wird. Sie werden in der folgenden Tabelle mit deutscher Übersetzung wiedergegeben. Die einzelnen Termini zu erklären ist an dieser Stelle nicht möglich; sie können aber in jedem guten sprachwissenschaftlichen Wörterbuch (z. B. Bußmann 2008) nachgeschlagen werden.

1	erste Person	INS	Instrumental
2	zweite Person	INTR	Intransitiv
3	dritte Person	IPFV	Imperfektiv
A	agentivähnliches/-artiges Argument eines kanonischen transitiven Verbs	IRR	Irrealis
		LOC	Lokativ (= locative)
		M	Maskulinum
ABL	Ablativ	N	Neutrum
ABS	Absolutiv	N-	Nicht- (z. B. NSG: Nicht-Singular)
ACC	Akkusativ	NEG	Negation, Negativ
ADJ	Adjektiv	NMLZ	Nominalisierer/Nominalisierung
ADV	Adverb(ial)	NOM	Nominativ
AGR	Agreement	OBJ	Objekt
ALL	Allativ	OBL	Oblique
ANTIP	Antipassiv	P	patiensähnliches/-artiges Argument eines kanonischen transitiven Verbs
APP	Applikativ		
ART	Artikel	PASS	Passiv
AUX	Hilfsverb (= auxiliary)	PFV	Perfektiv
BEN	Benefaktiv	PL	Plural
CAUS	Kausativ (= causative)	POSS	Possessiv
CLF	Klassifizierer (= classifier)	PRED	Prädikativ (= predicative)
COM	Komitativ	PRF	Perfekt
COMP	Komplementierer (= complementizer)	PRS	Präsens
		PROG	Progressiv
COMPL	Kompletiv	PROH	Prohibitiv
COND	Konditional (= conditional)	PROX	Proximal
COP	Kopula (= copula)	PST	Vergangenheit/vergangen (= past)
CVB	Konverb (=converb)	PTCP	Partizip (= participle)
DAT	Dativ	PURP	Purposiv
DECL	Deklarativ (= declarative)	Q	Fragepartikel/-markierer (question particle/marker)
DEF	Definit		
DEM	Demonstrativ (= demonstrative)	QUOT	Quotativ
DET	Determinierer	RECP	Reziprok (= reciprocal)
DIST	Distal	REFL	Reflexiv
DISTR	Distributiv	REL	Relativ
DU	Dual	RES	Resultativ
DUR	Durativ	S	einziges Argument eines kanonischen intransitiven Verbs (= single argument of canonical intransitive verb)
ERG	Ergativ		
EXCL	Exklusiv (= exclusive)		
F	Femininum		
FOC	Fokus (= focus)	SBJ	Subjekt
FUT	Futur (= future)	SBJV	Subjunktiv
GEN	Genitiv (= genitive)	SG	Singular
IMP	Imperative (= imperative)	TOP	Topik
INCL	Inklusiv (= inclusive)	TR	Transitiv
IND	Indikativ	VOC	Vokativ (= vocative)
INDF	Indefinit		
INF	Infinitiv		

Tab. 8-3: Abkürzungen der *Leipzig Glossing Rules*

Die Kapitel 8.1 und 8.2 haben deutlich gemacht, dass linguistische Studien sich stark auf Beispiele stützen. Wie solche empirischen Belege erhoben (grob: gefunden) werden und welchen Kriterien ihre Erhebung genügen muss, behandeln die folgenden Abschnitte.

8.3 Empirie in der Linguistik

In den vergangenen Jahrzehnten hat sich die Linguistik mehr und mehr zu einer empirischen Wissenschaft weiterentwickelt. Zwar deuten die folgenden Zitate an, dass Belege stets eine Rolle gespielt haben; die Verfahren der Erhebung, Aufbereitung und Auswertung von Daten wurden jedoch erst im Laufe der Zeit systematisiert.

Beispiel:
Schon vor mehreren Jahren war ich zur Ueberzeugung gekommen, daß man sich nicht regellos verspricht, sondern daß die häufigeren Arten sich zu versprechen auf gewisse Formeln gebracht werden können. [...] Man ist gewiß sehr geneigt, die Sprechfehler in Bezug auf Häufigkeit des Vorkommens zu unterschätzen. Hat man erst einmal darauf achten gelernt, dann sieht man, wie sehr man sich getäuscht hat. Wenn es in einer Gesellschaft etwas lebhafter wird und Rede und Gegenrede rascher wechseln, dann stellen sie sich mit Bestimmtheit ein. [...] Ich habe im Kollegium der philosophischen Fakultät in Wien, wo doch gewiß geübte Sprecher sind, merkwürdige Versprechen gehört und notiert und hätte sehr viel mehr notieren können, wenn ich nicht als einer der Protokollführer zu sehr auf den Sinn der Reden hätte achten müssen.
(Meringer & Mayer 1895: 9–10)

Beispiel:
Aufmerksam geworden auf den hier insbesondere zu diskutierenden Typus der Verschränkung ikonischer Elemente mit Manifestationen geschriebener Sprache bin ich auf einer Reise durch die USA im Greyhound-Bus. Dabei begegneten mir Verkehrsschilder mit der Aufschrift NO U-TURN oder DEER XING.
(Brekle 1981: 172)

Empirisches Arbeiten in der Linguistik bedeutet, dass ein systematisches datenbasiertes Vorgehen gewählt und auch transparent gemacht wird, das darauf abzielt, eine Forschungsfrage zu beantworten (vgl. Albert & Marx 2016: 11 f.). Der Begriff der Empirie ist von seinem Ursprung her mit ‚Erfahrung' gleichzusetzen. Empirisches Arbeiten ermöglicht, durch Beobachtung der Wirklichkeit Erkenntnisse zu gewinnen (vgl. Schieferdecker 2018: 93).

Die Beobachtung der Wirklichkeit darf allerdings nicht willkürlich sein, sondern muss geplant stattfinden und die Kriterien wissenschaftlicher Qualität einhalten. Darunter fällt nach Döring & Bortz (2016: 89–93) die inhaltliche Relevanz der Studie für den wissenschaftlichen Erkenntnisfortschritt, methodische und ethische Strenge bei der Umsetzung sowie eine hohe Qualität der Präsentation. Vorüberlegungen und Planung betreffen sowohl die Auswahl der Studienteilnehmenden (Anzahl der Personen, Zusammensetzung der Gruppe/n) als auch den Zeitpunkt bzw. Zeitraum für die Durchführung der Studie sowie die Frage, welche Daten überhaupt gesammelt werden sollen. Alle diese Überlegungen müssen nachvollziehbar, fundiert und auf die Fragestellung abgestimmt sein.

Die Größe der Gruppe und der Zeitraum der Datenerhebung sind Teil des **Forschungsdesigns**. Dieses wird vor allem durch die grundsätzliche Herangehensweise an die empirische Forschung bestimmt. Dabei werden maßgeblich zwei Ansätze unterschieden: **qualitativ ausgerichtete und quantitativ ausgerichtete Forschung**. Erstere möchte insbesondere Untersuchungsgegenstände besser verstehen, über die noch wenig bekannt ist, und sammelt dazu „möglichst reichhaltige Daten von einer sehr begrenzten Gruppe von Personen [...], aus denen man dann Erklärungsansätze entwickeln kann“ (Albert & Marx 2016: 13). Demgegenüber zielt die quantitative Forschung auf verallgemeinerbare Aussagen und versucht einen Zustand oder Zusammenhang zu beschreiben bzw. zu erklären. Dazu zwei Beispiele, die eine recht ähnliche Fragestellung aus unterschiedlichen Perspektiven behandeln: Im Rahmen einer sogenannten Linguistic-Landscape-Studie wird erstens untersucht, welchen Stellenwert das Deutsche in den ostbelgischen Orten Eupen und St. Vith im Vergleich zum Französischen hat. Hierzu wird quantitativ die Anzahl der deutsch- und/oder französischsprachigen Beschilderungen im öffentlichen Raum ermittelt und verglichen. Grundlegend hierfür ist die Annahme der linguistischen Landschaftsforschung, dass durch öffentliche Beschilderungen die regionale Bedeutsamkeit einer Sprache „mit vergleichsweise wenig Sprache im quantitativen Sinn verbalisiert“ wird (Schiedermair 2015: 73).

Beispiel:
Obwohl Deutsch an beiden Orten die vorherrschende Sprache ist, fällt erneut auf, dass Französisch in Eupen quantitativ stärker präsent ist (nämlich auf insgesamt 37,75% aller Einheiten) als in Sankt Vith (22,77% aller Einheiten). Hinzu kommt ein qualitativer Unterschied: Während die Informationen in Eupen in den meisten Fällen vollständig zweisprachig vorliegen [...], werden in Sankt Vith nur die Kerninformationen zweisprachig präsentiert und sind die deutschsprachigen Informationen insgesamt vollständiger. In Eupen wird in einem Fall [...] auch ausdrücklich vermerkt, dass in dem betreffenden Geschäft beide Sprachen verwendet werden können.
(Verhiest 2015: 64)

Riehl (1996) untersucht ebenfalls den Stellenwert des Deutschen in Ostbelgien, allerdings aus einer qualitativen Perspektive: Anhand von Schülertexten werden kontaktsprachliche Phänomene im deutsch-französischen Kontext untersucht und qualitativ bewertet. Dabei ermittelt sie unter anderem wechselseitige Inferenzen (grob: Einflüsse des Deutschen auf das Französische und umgekehrt):

Beispiel:
Das der folgenden Darstellung zugrundeliegende Material stammt hauptsächlich von geschriebenen und gesprochenen Texten von Schülerinnen und Schülern zwischen 16 und 19 Jahren, die ich im Zeitraum von Oktober 1993 bis Mai 1995 erhoben habe.
(Riehl 1996: 194)

Neben dieser grundlegenden Klassifikation empirischer Studien gibt es auch die Möglichkeit, bei der Untersuchung einer Fragestellung verschiedene Zugänge zum Forschungsgegenstand oder qualitative und quantitative Daten zu kombinieren; das bezeichnet man als Triangulation oder auch Mixed-Methods-Ansatz. Auf die qualitative und die quantitative Forschungsrichtung und die daran gebundenen Grundannahmen und Vorgehensweisen geht Kapitel 8.4 noch genauer ein.

Die prinzipielle Forschungsrichtung hat Auswirkungen auf das Vorgehen, die Wahl der Erhebungsmethode und auch die Verfahren, die anschließend zur Analyse der Daten verwendet werden (können). Beispielsweise hängt die **Größe und Zusammenstellung der Stichprobe** eng mit der Ausrichtung zusammen: Bei qualitativer Forschung kommt es besonders auf reichhaltige Daten an, die auch von wenigen Probanden und Probandinnen stammen können. Bei quantitativen Studien dagegen steigt mit der Größe und Repräsentativität der Stichprobe die Aussagekraft (vgl. Meindl 2011: 37). Hier ist aber zu bedenken, dass das maßgebliche Kriterium für Größe und Zusammensetzung der Probandengruppe nicht die verfügbaren Personen sind, sondern die Relevanz für die Fragestellung, denn daraus ergeben sich bestimmte Anforderungen an die Teilnehmenden (z. B. in Bezug auf das Alter, die Berufsgruppe, das Sprechen eines Dialekts, die Muttersprache usw.) (vgl. Boelmann 2018c: 177 ff.).

Unabhängig von der Forschungsrichtung, aber abhängig von der Forschungsfrage stellt sich bei der Planung einer empirischen Studie die Frage, ob eine einmalige Datenerhebung ausreicht oder eine mehrmalige Erhebung notwendig ist. Entscheidend dafür ist der Untersuchungsgegenstand: Geht es um eine Momentaufnahme **(Statusdiagnostik)** oder soll ein Verlauf erfasst werden **(Prozessdiagnostik)**? Der Unterschied zwischen diesen beiden Arten der Diagnostik lässt sich gut an diachronen und synchronen linguistischen Studien verdeutlichen: Diachrone Studien untersuchen die geschichtliche Entwicklung von Sprachen. Von einer synchronen Vorgehensweise spricht man, wenn eine Sprache zu einem bestimmten Zeitpunkt oder in einem eng umrissenen Zeitraum betrachtet wird und es nicht um ihre Entwicklung geht. Das folgende Beispiel kombiniert beide Sichtweisen:

Beispiel:
Fügungen vom Typ kommen + Partizip Perfekt sind nicht nur im Gegenwartsdeutschen geläufig, sondern bereits seit dem Mittelhochdeutschen belegt, vgl. z. B. Parzival 39,11:

(1) dô kom gevaren Kaylet.
 ‚da kam Kaylet geritten.'

[...] Das Ziel dieses Artikels ist [...] zweifacher Natur. Zum einen wird in Abschnitt 2 die Funktion der Konstruktion im Gegenwartsdeutschen näher bestimmt. Darauf aufbauend wird in Abschnitt 3 noch einmal deren historische Entwicklung „aufgerollt", insbesondere auch im Hinblick auf das Auftreten des Partizip Perfekt im Mittelhochdeutschen.
(Vogel 2005: 57–58)

Einmalige Erhebungen – auch Querschnittstudien genannt – dienen im Sinne der Statusdiagnostik dazu, Überzeugungen, Wissen, Können und Praktiken oder auch Zusammenhänge zwischen diesen Aspekten zu untersuchen. Mehrmalige Erhebungen – sogenannte Längsschnittstudien – sind hingegen darauf ausgerichtet, Veränderungen und Entwicklungen zu erfassen (Prozessdiagnostik). Dies ist zum Beispiel nötig, um im Rahmen sogenannter Interventionsstudien zu überprüfen, wie effektiv bestimmte Interventionen oder Unterrichtsformen sind. Dazu wird das Niveau der Fähigkeiten und Fertigkeiten vor und einmal oder auch mehrmals nach einer Intervention ermittelt. Das folgende Beispiel illustriert dies:

Beispiel:
Das Vorlesen von Kinderbüchern wirkt sich positiv auf die Sprachentwicklung, z. B. auf die Entwicklung des Wortschatzes (Böhme-Dürr 2001) oder von Literacy Fähigkeiten (z. B. Bertschi-Kaufmann 2007), aus. Fragestellung: Wir untersuchten in unserer Studie, ob sich die Produktion von Passivstrukturen bei fünf- und sechsjährigen Kindern durch das Vorlesen von Kinderbüchern unter gezielter Verwendung von Passivkonstruktionen steigern lässt.
[...] Die Sprachförderung bei 20 Vorschulkindern wurde zwei Mal pro Woche für jeweils 15 Minuten durchgeführt. Alle Kinder erhielten eine spezifische Passiv- sowie eine parallelisierte Aktivförderung für jeweils einen Monat. Zu vier Zeitpunkten wurde die Passivverwendung der Kinder beim Nacherzählen einer Geschichte überprüft. Die rezeptiven Fähigkeiten wurden zu drei Zeitpunkten mit dem Testteil Passiv des TROG-Ds (Fox 2006) und einem Passivverständnisscreening erhoben.
[...] Die Ergebnisse zeigten einen signifikanten Anstieg der Anzahl der Passivkonstruktionen sowie der Anzahl der unterschiedlichen im Passiv gebrauchten Verben. Dieser Fördereffekt war auch noch vier Wochen nach Studienende

auffindbar. Im Laufe der Förderungszeit produzierten die Kinder Übergeneralisierungen, die auf einen systematischen Lernprozess schließen lassen. In den Rezeptionsleistungen zeigte sich ebenfalls eine signifikante Verbesserung. (von Lehmden et al. 2013: 18)

Entsprechend den Erhebungszeitpunkten spricht man von einem **Prä-/Post-Design**, wenn die Fähigkeiten o.Ä. jeweils einmal vor und nach einer Intervention abgefragt werden. Bei einem **Prä-/Post-/Follow-up-Design** werden hingegen vor der Intervention, direkt im Anschluss an diese und mit einem gewissen zeitlichen Abstand dazu erneut Daten erhoben, um mittelfristige oder sogar langfristige Effekte zu messen.

Sowohl in status- als auch in prozessdiagnostischen Untersuchungen muss die Datenerhebung genau geplant werden. Wichtig dafür sind einerseits die dafür benötigte Zeit und die Anzahl der Testpersonen, andererseits der Zeitraum, der für die Studie zur Verfügung steht. Wenn verschiedene Probandengruppen verglichen werden sollen, muss das in der Planung ebenfalls berücksichtigt werden, denn die Erhebung ist für alle Teilnehmenden unter möglichst gleichen Bedingungen durchzuführen und bestmöglich zu kontrollieren. Bei mehrmaligen Erhebungen sind außerdem die Erhebungszeitpunkte mit Blick auf die Fragestellung festzulegen, da bestimmte Entwicklungen eine gewisse Zeit brauchen oder sich manche Effekte erst entwickeln müssen und somit erst nach einer gewissen Zeit beobachtet bzw. erfasst werden können. Ebenso sind Uhrzeit- und Wochentagseffekte zu bedenken, da beispielsweise die Konzentrationsfähigkeit in Abhängigkeit von der Tageszeit schwanken kann.

8.4 Empirisch vorgehen

Wichtig für das Gelingen einer linguistischen Studie allgemein und eigener empirischer Erhebungen im Speziellen (unabhängig davon, ob sie qualitativ oder quantitativ ausgerichtet sind) ist eine gute Planung. Das betrifft verschiedene Aspekte, von der Klärung des Untersuchungsgegenstands und dem Einlesen in den Forschungsstand sowie die theoretischen Hintergründe über die Entwicklung der eigenen Forschungsfrage bis hin zur Wahl eines dazu passenden Forschungsdesigns und den einzelnen Schritten der konkreten Durchführung.

Beispiel:
Wenn man versucht, in der Planungsphase Zeit zu sparen, zum Beispiel weil man schnell Daten erheben möchte, verliert man erheblich mehr Zeit bei der Auswertung und Interpretation, weil die falschen Versuchspersonen ausgewählt wurden, weil die Daten nicht das Phänomen abbilden, das sie abbilden sollten, oder weil man nicht

weiß, was man mit den gesammelten Daten anfangen soll. In solchen Fällen – und das passiert häufiger, als man denkt – muss man völlig neu beginnen.
(Albert & Marx 2016: 21)

Die Fragestellung inklusive der präzisen **Forschungsfrage** ist der zentrale Ausgangspunkt für die Planung des Forschungsvorhabens, daran wird alles Folgende ausgerichtet. Sie dient aber auch als Zielpunkt in dem Sinne, dass mit der eigenen Forschung versucht wird, auf diese Forschungsfrage eine (Teil-)Antwort zu finden.

Beispiel:
Nicht jede Fragestellung braucht Empirie, aber jede Empirie braucht eine Fragestellung.
(Boelmann 2018a: 8)

In Anlehnung an Albert & Marx (2016: 25) ist zwischen drei Typen von Fragestellungen zu unterscheiden:

1. **Deskriptive Fragestellungen** sind darauf ausgerichtet, eine Begebenheit zu beschreiben. Ihre Beantwortung besteht beispielsweise in der reinen (d. h. nicht normierenden oder vorschreibenden) Darstellung der grammatischen Strukturen einer Sprache, wie Peter Eisenberg sie für seine Grammatik sehr eindrücklich beschreibt:

Beispiel:
Wer sich irgendwo als Grammatiker oder Deutschlehrer zu erkennen gibt, muss damit rechnen, dass man ihn nach dem guten und richtigen Deutsch fragt. Kann man sagen **Wir fahren nach Ikea**? Heißt es richtig **dieselbe Farbe** oder **die gleiche Farbe**? Und darf man neben **am Montag abend** auch **am Montagabend**, **am Montag Abend** oder sogar **am montag Abend** schreiben? Viele Leute meinen, Grammatik sei vor allem dazu da, gutes von schlechtem und richtiges von falschem Deutsch zu unterscheiden.
[...]
Dass viele an das gute Deutsch glauben, ist noch kein Grund, eine normative Grammatik zu schreiben. Die Linguistik ist eine empirische Wissenschaft, was sonst. Eine empirisch fundierte Grammatik ist deskriptiv, nicht präskriptiv. Sie beschreibt, was ist, und nicht, was nach Meinung irgendwelcher Leute sein soll.
(Eisenberg 2020a: 9)

2. **Korrelative Fragestellungen** spüren die Zusammenhänge zwischen Variablen auf. Darum geht es beispielsweise in der typologischen Sprachwissenschaft,

wenn bestimmte grammatische Eigenschaften übereinzelsprachlich auftreten und das als nicht zufällig betrachtet wird. In Greenbergs berühmten „Universals of Language" werden solche Korrelationen zum Beispiel wie folgt erfasst:

Beispiel:

Universal 2. In languages with prepositions, the genitive almost always follows the governing noun, while in languages with postpositions it almost always precedes.

(Greenberg 1990: 68)

3. **Kausale Fragestellungen** beziehen sich auf die Gründe oder Auslöser für bestimmte Variablen, wie sie unter anderem die historische Sprachwissenschaft ermittelt. So hat beispielsweise Hanna Fischer herausgearbeitet, aus welchen Gründen das Präteritum immer seltener verwendet wird:

Beispiel:
Charakteristisch für die Geschichte der Erforschung des Präteritumschwunds sind die zahlreichen, widersprüchlichen Erklärungsansätze. [...] Als auslösender und ursächlicher Faktor des Präteritumschwunds wurde die Expansion des Perfekts benannt. [...] Verschiedene Eigenschaften der Perfekt- bzw. Präteritumformen haben diesen Prozess jedoch begünstigt und beschleunigt. Die Perfektform weist eine Reihe von Vorteilen auf, die die zunehmende Verwendung fördern. Zum einen verfügt das Perfekt über eine einfache und regelmäßige Formenbildung. [...] Diskursstrukturell ist die Perfektform vorteilhaft [...]. Das Präteritum zeigt sich vor allem aufgrund seiner komplexen und irregulären Formenbildung als nachteilig.
(Fischer 2018: 395–396)

Quantitativ ausgerichtete Studien stellen zudem in der Regel eine oder mehrere Hypothesen auf, die sich auf die Fragestellung beziehen. Es handelt sich dabei um falsifizierbare Aussagen mit einer gewissen Allgemeingültigkeit, sie beziehen sich also nicht auf einen Einzelfall. Im Rahmen der Studie wird dann empirisch untersucht, ob die Ergebnisse die formulierte(n) Hypothese(n) bestätigen, teilweise bestätigen oder gar widerlegen.

Damit die eigene Forschung wissenschaftlich bedeutsame Ergebnisse erzielen kann, muss sie bestimmte Standards erfüllen, „anhand derer die Qualität und Geltung von empirischen Erkenntnissen gemessen und abgesichert wird" (Schmidt 2018a: 115). Man spricht hier von **Gütekriterien**. Sie sollen gewährleisten, dass empirische Forschungsergebnisse transparent und gemäß den wissenschaftlichen Ansprüchen gewonnen und ausgewertet werden, damit die Forschungsgemeinschaft sie akzeptiert. Dazu zählen nach Schmidt (2018a) disziplin- und ausrichtungsübergreifend u. a. die Nachvollziehbarkeit des Forschungsprozesses für Dritte, die Anschlussfähigkeit an den Forschungsdiskurs und die gesellschaftliche Relevanz der Ergebnisse. Die Gütekriterien unterscheiden sich jedoch nach der generellen Forschungsausrichtung. Deshalb werden sie in den folgenden Ausführungen zum qualitativen und quantitativen Vorgehen jeweils genauer erläutert.

Diese Grundlagen gelten für empirische Forschung generell – trotz aller Unterschiede zwischen den Ausrichtungen. Auch das Vorgehen ist bei quantitativen und qualitativen Studien ähnlich, wie Abb. 8-1 veranschaulicht. Die schematische Darstellung zeigt beispielsweise, dass die Phasen im **Forschungsprozess** bei **quantitativ und qualitativ ausgerichteter Forschung** weitgehend übereinstimmen. Gleichzeitig werden aber auch Unterschiede deutlich: Auf der linken Seite ist der sequenziell ausgerichtete quantitative Forschungsprozess dargestellt. Durch seinen linearen Ablauf lässt er sich ab dem Zeitpunkt der Datenerhebung kaum noch verändern. Er ist stringent auf die Fragestellung und die vergleichsweise früh aufgestellte(n) Hypothese(n) bezogen. Dem steht der auf der rechten Seite abgebildete qualitative Forschungsprozess gegenüber, der teils zirkulär verläuft: Ab der Ziehung der Stichprobe erfolgt hier ein offenes, datengestütztes, exploratives Vorgehen und die einzelnen Phasen können beliebig oft wiederholt werden. Die Datenauswertung findet meist einzelfallbezogen statt, um Muster oder Typen zu erfassen und gegeneinander abzugrenzen. Erst auf der Grundlage dieser empirischen Kategorienbildung können Hypothesen gebildet und/oder Theorien entwickelt werden. In diesem Punkt unterscheiden sich qualitative Studien grundlegend von quantitativen, in denen in der Regel Hypothesen geprüft werden. Entsprechend eignen sich qualitative Studien vor allem dann, wenn der Forschungsstand zur betreffenden Frage sehr lückenhaft ist und noch keine fundierte Ableitung von Hypothesen erlaubt.

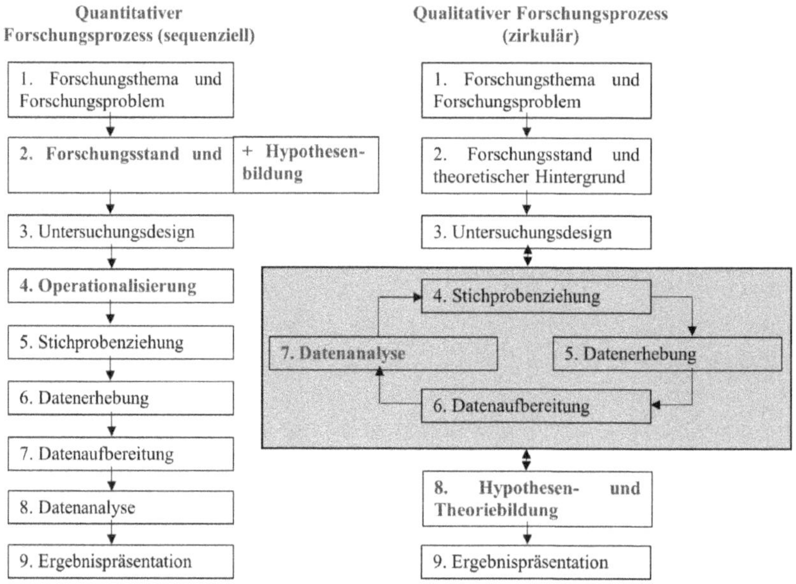

Abb. 8-1: Forschungsprozesse im Vergleich (Darstellung in Anlehnung an Döring & Bortz 2016: 27)

Die Phase der Hypothesenformulierung im quantitativen Forschungsprozess ist demgegenüber deutlich früher angesiedelt. Sie ist sehr zeitintensiv, da sie eine umfassende Literaturrecherche sowie die Operationalisierung (und ggf. Pilotierung) voraussetzt. Die Datenerhebung erfordert bei quantitativen Studien somit erhebliche Vorbereitungen. Dafür können die Daten in der Regel schnell ausgewertet und analysiert werden. Bei qualitativen Studien ist der Vorbereitungsaufwand geringer. Im Gegenzug ist hier die Datenanalyse erheblich zeitintensiver, ebenso die Hypothesen- oder Theoriebildung, die erst nach der Datenerhebung möglich ist.

Widmen wir uns nun genauer dem empirischen Vorgehen bei einer **qualitativen Studienausrichtung**. Ziel solcher Studien ist es, die „soziale Wirklichkeit im Sinne einer Erkenntnistheorie zu erklären“ (Schieferdecker 2018: 93); dabei soll ihre Komplexität nicht verloren gehen, sondern sich in den Erkenntnissen widerspiegeln. Dahinter steht die Intention, Sichtweisen, Einstellungen oder Orientierungen und ihre jeweiligen Gründe zu verstehen. Dafür nimmt die forschende Person eine Perspektive ein, die einer erkenntnistheoretischen Grundposition entspricht. Diese Perspektive muss auf den Forschungsgegenstand und das Erkenntnisinteresse abgestimmt sein, und man sollte sich ihrer bewusst sein. Auf diese Grundposition werden dann wiederum die Methoden abgestimmt. Das hilft,

> sich kontrolliert vom Untersuchungsgegenstand (in der Regel Menschen) zu distanzieren [...] [und] den Gegenstand der Forschung zu einem (beobachtbaren) Objekt zu machen, bzw. den Forschenden in die Lage zu versetzen, einen objektiven oder intersubjektiven Blick auf diesen Gegenstand ein[zu]nehmen. (Schieferdecker 2018: 95)

Schieferdecker (2018: 99) stellt drei dieser zentralen Grundpositionen einander gegenüber, die im Folgenden skizziert werden; er betont aber zugleich, dass es sich dabei um Sammelbegriffe handelt, die wiederum verschiedene Strömungen vereinen:

1. Der Symbolische Interaktionismus bildet einen Zugang zu subjektiven Sichtweisen und nutzt analysierende Verfahren. Er eignet sich u. a. für Biographieforschung oder die Analyse von Alltagswissen. Ein für die Linguistik typisches Beispiel ist der sprachbiographische Ansatz:

Beispiel:
Man kann den sprachbiographischen Ansatz als spezielle Form eines biographischen Vorgehens ansehen, das man aus den Sozialwissenschaften gut kennt: Frauenbiographien, Kriegsbiographien, Migrantenbiographien etc. wurden prominent untersucht. Bei Sprachbiographien steht thematisch das Erleben von Sprachlichem im Vordergrund, und da es sich sehr oft um Autobiographien handelt, könnte man sie treffender auch als «sprachliche Autobiographien» bezeichnen: Personen erhalten extensiv Platz, um ihre eigene Geschichte zu ihren Sprachen darzustellen, schriftlich oder mündlich in Interviews, in Kurzform oder in längeren Texten.
(Franceschini 2002: 20)

2. Die Ethnomethodologie richtet ihr Forschungsinteresse auf Prozesse der Herstellung sozialer Situationen und nutzt rekonstruierende Verfahren. Sie eignet sich beispielsweise zur Analyse von Lebenswelten und Organisationen oder zur Evaluationsforschung. Ethnomethodologische Verfahren finden häufig Anwendung in gesprächsanalytischen Untersuchungen wie der folgenden:

Beispiel:
In dieser ethnographisch-gesprächsanalytischen Studie wird die alltägliche Scherzkommunikation unter Mädchen analysiert. Basis der Studie bilden Gesprächsaufnahmen, die die Autorin über mehrere Jahre während den Freizeitaktivitäten einer Mädchengruppe erhob. Anhand von humoristischen Aktivitäten (Erzählen, Necken und nachträgliches Explizieren von Rahmen) werden konversationelle Strategien und Verfahren zur Erzeugung eines nicht-ernsten Interaktionsmodus herausgearbeitet und in Zusammenhang mit der Gruppenkultur der Mädchen diskutiert.
(Branner 2003: Klappentext)

3. Der Strukturalismus nutzt die hermeneutische Analyse tieferliegender Strukturen mittels rekonstruktiver Verfahren, um zum Beispiel Familien-, Biographie-, Generationen- oder Genderforschung zu betreiben. Im linguistischen Strukturalismus wird beispielsweise der innere Aufbau einer Sprache, d. h. die dieser zugrunde liegende Struktur herausgearbeitet, indem die Austauschbarkeit (Paradigmatik) und die Kombinatorik (Syntagmatik) sprachlicher Zeichen (z. B. Wörter) ermittelt wird. Das lässt sich systematisch testen, paradigmatisch durch Ersetzungsproben, syntagmatisch durch verschiedene Kombinationen sprachlicher Zeichen wie *Klaus kommt* im folgenden Beispiel:

Beispiel:
Die Grundzüge, die den inneren Aufbau des Sprachsystems bestimmen, hat Saussure auf zwei Relationen zurückgeführt, die als *syntagmatische* und *paradigmatische Beziehung* Gemeingut der Linguistik geworden sind. Die syntagmatischen Beziehungen bestimmen die Zusammensetzung der Elemente zu komplexen Formen und Sätzen, die paradigmatischen Beziehungen determinieren das Verhältnis der Elemente zueinander innerhalb des Sprachsystems. In dem Satz *Klaus kommt* ist die Beziehung zwischen dem Inhalt von *Klaus* und von *kommt* die syntagmatische Verbindung von Subjekt und Prädikat, die Beziehung zwischen dem Ausdruck der beiden Zeichen ist die syntagmatische Aneinanderreihung. Gleichzeitig steht jedes der Wörter in paradigmatischer Beziehung zu anderen Einheiten des Systems, die im Satz selbst nicht vorkommen, *Klaus* etwa zu *Er, Jemand, Mein Freund, Ein Fremder* usw., *kommt* zu *kam, geht, ging, entkommt.* Erst auf dem Hintergrund dieser Relationen ist der Wert,

also auch die Bedeutung des Satzes *Klaus kommt* determiniert und verstehbar. (Bierwisch 1966: 84)

Diese drei Richtungen nutzen jeweils ihnen angemessene Methoden der Datenerhebung und -auswertung, die den Zugang zu den Sprachdaten festlegen und helfen, bei der Auswertung und Interpretation die notwendige Distanz zum Untersuchungsgegenstand zu wahren. Dabei sind bestimmte Gütekriterien zu beachten, wobei es bei qualitativer Forschung schwieriger als bei quantitativer Forschung ist, von *den* Gütekriterien zu sprechen. Hinsichtlich der Frage, an welchen Maßstäben sich qualitative Studien messen lassen müssen, besteht nach Schmidt (2018a: 124 f.) Konsens u. a. über folgende Kriterien: Es muss für andere Forschende nachvollziehbar sein, wie die Ergebnisse zustande gekommen sind, der Forschungsprozess muss auf den Gegenstand abgestimmt und offen gestaltet sein und die Analyse sollte auf die Daten unvoreingenommen zugehen. In den Kapiteln 8.5.3 und 8.5.5 stellen wir zwei konkrete Erhebungsmethoden qualitativer Forschung vor, nämlich Interviews und Videographien. Die Kapitel 8.6.1 und 8.7.1 behandeln die Aufbereitung qualitativer Daten und ihre Auswertung mittels Inhaltsanalysen.

Quantitativ ausgerichtete Studien unterscheiden sich, wie aus Abb. 8-1 ersichtlich, grundlegend von einem qualitativen Vorgehen: Vor Beginn der Untersuchung wird stets eine Hypothese aufgestellt, die aus theoretischen Grundannahmen und bereits vorliegenden empirischen Erkenntnissen abgeleitet wird und durch die eigene Studie statistisch überprüft werden soll.

Quantitativ zu arbeiten bedeutet grob, bestimmte Merkmale wie z. B. sprachliche Fähigkeiten zu definieren und messbar zu machen. Es geht dabei also um „die Abbildung empirischer Strukturen auf numerische Strukturen, sodass die numerischen Strukturen die Relationen zwischen den empirischen Strukturen widerspiegeln“ (Krauss et al. 2015: 616). Verdeutlichen wir dies an einem leicht verständlichen Beispiel: Eine Merkmalsausprägung in Bezug auf die Mutter- bzw. Erstsprache wird über numerische Werte abgebildet, z. B. Deutsch = 1, Arabisch = 2, Spanisch = 3 usw., wobei der numerische Wert keine Wertung beinhaltet.

Vor allem wenn es nun um weniger greifbare Phänomene als die Erstsprache geht, also beispielsweise um die *Allgemeine Sprachkompetenz*, bildet eine klare Definition des Forschungsgegenstands und der damit verbundenen Merkmale und Eigenschaften die Grundlage für das Messen. Diese Merkmale werden wiederum in sogenannte Variablen überführt, die in spezifischen Ausprägungen vorliegen können (die Anzahl korrekt ausgefüllter Lücken im C-Test (siehe folgendes Beispiel) kann z. B. die Ausprägungen 1, 2, 3, ... annehmen). Die zuvor definierten Indikatoren (d. h. Eigenschaften) des zu messenden Konstrukts werden zu einem Messinstrument gebündelt; man spricht hier von Operationalisierung. In unserem Beispiel werden die Teilaspekte der *Allgemeinen Sprachkompetenz*, z. B. grammatische Fähigkeiten in Morphologie und Syntax sowie eine allgemeine Lesekompetenz, durch die einzelnen Items des C-Tests (in diesem

Fall also die auszufüllenden Lücken) erfasst (zu Items im Rahmen der Test- und Fragebogenkonstruktion s. auch Kap. 8.5.4). Bei der Operationalisierung

> ist im Auge zu behalten, dass die beobachteten Merkmale keine voraussetzungslosen Tatsachen, sondern immer Ergebnis eines theoretischen Konstruktionsprozesses sind [...] [und] eine Brücke zwischen den beobachtbaren Sachverhalten einerseits und der theoretischen Konzeptualisierung andererseits geschlagen werden muss. (Döring & Bortz 2016: 232)

Dies gilt insbesondere für latente Indikatoren, also solche, die nicht direkt beobachtbar sind, aber auch für manifeste, d. h. beobachtbare oder erfragbare Indikatoren.

Nachdem Sie nun bereits an einen definierten, nicht direkt beobachtbaren Forschungsgegenstand – hier beispielhaft die *Allgemeine Sprachkompetenz* – herangeführt wurden, möchten wir Ihnen anhand des C-Tests, eines etablierten Sprachtests, eine konkrete Operationalisierung zeigen:

Beispiel:
[Für C-Tests; B.R., L.S., A.B. & C.S.] werden mehrere kurze (aus etwa 60 bis 80 Wörtern bestehende) Texte unterschiedlicher Thematik gewählt. Beginnend mit dem zweiten Wort des zweiten Satzes wird in jedem Text bei jedem zweiten Wort die zweite Hälfte getilgt. Wörter mit einem einzigen Buchstaben und Eigennamen bleiben unberücksichtigt. Bei Wörtern mit einer ungeraden Anzahl von Buchstaben ist die Zahl der getilgten Buchstaben um eins höher als die Zahl der nicht getilgten Buchstaben. In jedem Text sollte die gleiche Zahl von Tilgungen vorgenommen werden. Am Textende sollte ein kurzes unversehrtes Textstück als Kontext für die Lösungsfindung stehenbleiben. (Grotjahn 2002: 211–212)

Interpretation: Allgemeine Sprachkompetenz: Kanonische C-Tests mit nicht-fachsprachlicher Textbasis sind als Instrumente zur Messung allgemeiner (fremd)-sprachlicher Kompetenz zu interpretieren (und nicht z. B. als Leseverstehenstests). (Grotjahn 2002: 225)

Das folgende Beispiel zeigt einen Text, auf den dieser Ansatz zur Testkonstruktion angewendet wurde. Er bildet einen Ausschnitt aus einem C-Test, der mit Deutschlernenden durchgeführt werden kann; die Bearbeitungszeit dafür beträgt 5 Minuten:

Beispiel:
Bei dem folgenden Text fehlt bei einer Reihe von Wörtern die zweite Hälfte. Bitte ergänzen Sie die fehlenden Teile.
Auf einer Weltkarte kann man sehen, dass Asien und Nordamerika im Norden nur durch einen schmalen Meeresstreifen voneinander getrennt sind: durch die Beringstraße. Während d___ Eiszeit herrs___ auf d___ ganzen Er___ niedrigere Temper____, und d___ Beringstraße w___ zugefroren. Üb___ das E___ gelangten

Volksg___ aus As___ auf d___ amerikanischen Kont___. Manche bli___ in Norda___ und bild___ mehr a___ tausend versch___ Stämme – jew___ mit ei___ eigenen Sprache, die anderen zogen weiter bis nach Südamerika.
(c-test.de/deutsch/index.php?lang=de&content=online_test_deutsch& section=ctest; gesehen am 08.06.2021)

Die verschiedenen Ausprägungen eines entsprechend definierten Konstrukts werden über eine **Skala** erfasst. Hier werden im Wesentlichen vier Arten von **Skalenniveaus** unterschieden (vgl. Meindl 2011: 69 ff.; Döring & Bortz 2016: 233; Bortz & Schuster 2010: 13 ff.):

1. Nominalskalen, die Objekte über Nummern bestimmten Äquivalenzklassen zuordnen. Solche Skalen erlauben lediglich Aussagen über die Gleichheit oder Verschiedenheit von Objekten (z. B. Geburtsland, Geschlecht, Muttersprache). Dabei sind nicht bestimmte Kategorien „mehr wert" als andere, sie markieren lediglich einen Unterschied.

Beispiel:
Auch die Muttersprache oder das Bestehen einer Prüfung sind Beispiele für eine nominalskalierte Variable. Für alle gilt, dass eine Person (ein Objekt) in diese Kategorie fällt oder eben nicht. Alle Objekte haben also gemeinsam, dass sie bei Gleichheit in eine Klasse kommen.
(Meindl 2011: 70)

2. Ordinalskalen, die auch starke oder weniger starke Merkmalsausprägungen unterscheidbar machen; damit lassen sich auch Größer-kleiner-Relationen angeben (z. B. Schulnoten).

Beispiel:
In der Prüfung hat Marie besser abgeschnitten als Hans, und Hans besser als Paul, eindeutig eine Rangreihe: Marie (Gold) – Hans (Silber) – Paul (Bronze) [...]. Allerdings enthält diese Rangreihe keine Angaben darüber, um wie viel Marie besser ist als Paul. Man kann die Daten also nur relativ grob ordnen. Das kann aber in der Praxis schon sehr hilfreich sein.
(Meindl 2011: 70)

3. Intervallskalen, die Merkmalsunterschiede quantifizierbar machen (z. B. Intelligenztests).

Beispiel:
Mit einer Intervallskala, der ersten metrischen Skala, kann man Aussagen über die Gleichheit oder Verschiedenheit von Differenzen treffen. Um die Länge eines Gegenstandes zu messen, könnten Sie ein Papier mehrmals in möglichst konstant gleich große Abschnitte falten. Dann zählen Sie ab, wie viele von diesen Falten Sie benötigen, um das Objekt abzudecken (Sixtl, 1967). Der Abstand der Falten ist quasi eine Maßeinheit, die willkürlich den Wert 1 annehmen könnte. Wichtig ist, dass diese Einheit eine konstante Größe ist (Gleichheit von Intervallen; intervallus (lat.) = Abstand). Gleiche Differenzen von Merkmalen haben auch die gleiche inhaltliche Bedeutung. Der Nullpunkt einer Intervallskala ist allerdings willkürlich gewählt. Deshalb kann man auch keine Aussagen über die Gleichheit von Verhältnissen machen.
(Meindl 2011: 71)

4. Verhältnisskalen, die wie Intervallskalen zu den metrischen Skalen gehören. Sie verfügen über einen absoluten Nullpunkt und ermöglichen, Merkmalsausprägungen (z. B. das Alter) zueinander in Beziehung zu setzen.

Beispiel:
Schauen wir noch einmal auf das Lebensalter. Wenn Sven 20 Jahre alt ist und Olaf 40, dann wissen Sie, dass Olaf 20 Jahre älter ist als Sven (Differenz). Genauso gut könnten Sie aber auch sagen: Olaf ist doppelt so alt wie Sven. Eine solche Variable nennt man verhältnisskaliert, weil hier offensichtlich Aussagen über Verhältnisse gemacht werden können (doppelt so, halb so, vier mal so, etc.). Dazu gehören alle intervallskalierten Variablen, die einen natürlichen Nullpunkt haben, der auch der niedrigste denkbare Wert ist. In unserem Beispiel wäre der natürliche Nullpunkt die Geburt eines Menschen.
(Meindl 2011: 71)

Je mehr Skalenniveaus es gibt, desto genauer werden die Messungen und desto vielfältiger sind die Auswertungsmöglichkeiten, die sie zulassen. Ein einfaches Beispiel soll das verdeutlichen: Bei einer Nominalskala kann nur zwischen Personen unterschieden werden, die einen Sprachtest bestanden oder nicht bestanden haben; bei einer Intervallskala dagegen können die Punktzahlen, die die Teilnehmenden beim Test jeweils erreicht haben, im Hinblick auf Mittelwerte analysiert werden (s. auch Kap. 8.7.4 zu Möglichkeiten der Anwendung statistischer Verfahren).

Durch die Auswertung quantitativer Verfahren kann die aufgestellte Hypothese überprüft werden, d. h. sie wird entweder widerlegt (falsifiziert) oder (vorläufig) bestätigt (verifiziert). Ein wesentlicher Aspekt dafür ist die **Stichprobengröße**: Sie bestimmt u. a. darüber, wie repräsentativ die erzielten Ergebnisse sind.

Beispiel:
Wenn wir eine Befragung durchführen, haben wir selten die Möglichkeit, alle Betroffenen, über die wir gern eine Aussage machen wollen, auch tatsächlich zu befragen. Wir wählen also nur einen Teil der Betroffenen aus, eine sogenannte Stichprobe (alle Betroffenen wären die „Grundgesamtheit"). [...] Was wir erreichen wollen, ist immer eine Aussage, die generell oder doch für einen möglichst großen Anwendungsbereich gilt, nicht nur für die eingeschränkte Gruppe, die wir tatsächlich untersucht haben.
(Albert & Marx 2016: 64–65)

Meindl (2011: 37) unterscheidet Einzelfall- von Gruppenuntersuchungen, die mehrere Teilnehmende umfassen, und weist darauf hin, dass in der Statistik die Anzahl der Versuchspersonen in einer Stichprobe mit N angegeben wird. Entsprechend gilt für Einzelfallstudien $N = 1$ und für Gruppenstudien $N > 1$. Je nach gewählter Methode muss N unterschiedlich groß sein, damit die Ergebnisse hinreichend aussagekräftig sind.

Sind das Untersuchungsdesign und die Operationalisierung festgelegt und die Stichprobe gezogen, beginnt die Erhebung, Aufbereitung und Analyse der Daten. Hier wird auf quantitativ ausgerichtete Methoden wie zum Beispiel Fragebögen und statistische Auswertungen zurückgegriffen (s. dazu Kap. 8.5.4 und 8.7.4). Bei all diesen Schritten sind die auf der Testtheorie beruhenden Gütekriterien quantitativer Forschung einzuhalten: **Objektivität, Reliabilität und Validität** (vgl. u. a. Meindl 2011; Döring & Bortz 2016). Das Kriterium der Objektivität soll garantieren, dass die Studienergebnisse durch standardisiertes Vorgehen z. B. von der durchführenden Person unabhängig sind. Dies betrifft die Durchführung der Erhebung, die Aufbereitung und Auswertung der Daten und ihre Interpretation, die über die Personen hinweg konstant erfolgen sollte. Die Reliabilität bestimmt die Zuverlässigkeit der Ergebnisse oder, wie Rost (2004: 33) in Bezug auf eingesetzte Tests schreibt, „wie genau der Test das misst, was er misst (egal, was er misst)". Hier geht es um die Frage, inwiefern bei einer Messwiederholung bei gleichbleibenden Eigenschaften die Ergebnisse der verschiedenen Zeitpunkte übereinstimmen. Die Validität als drittes Gütekriterium bezieht sich auf die Gültigkeit der Messung: Hier ist zu prüfen, ob tatsächlich das gemessen wurde, was intendiert war, und ob die Ergebnisse auf eine andere Stichprobe übertragen werden können (vgl. Meindl 2011: 29).

8.5 Methoden der Datenerhebung

Für die Datengewinnung stehen je nach Forschungsfrage verschiedene Methoden zur Verfügung, die gegeneinander abgewogen werden müssen. Letztlich ist bei der Auswahl entscheidend, welcher Erkenntnisgewinn und welche Art verbaler Daten (qualitativ oder quantitativ) angestrebt werden. Darüber hinaus unterscheiden sich

Methoden danach, ob sie sich auf Personen richten (Individuum vs. Gruppe) oder auf Sprachdokumentationen (z. B. Grammatikbücher, Korpora). Im ersten Fall wird weiter differenziert zwischen reaktiven und nichtreaktiven Verfahren, d. h. solchen, die eine Antwort oder Reaktion erfordern, und solchen, die das nicht tun.

Im Sinne der Datenschutzgrundverordnung ist es bei einer Personenbefragung notwendig, dass die Teilnehmenden vor der Datenerhebung eine Einverständniserklärung unterschreiben, die darüber aufklärt, dass die Daten anonymisiert behandelt, nicht an Dritte weitergegeben und ausschließlich zweckgebunden verwendet werden, also im Zuge der Datenaufbereitung und -auswertung und der Präsentation von Forschungsergebnissen in einem wissenschaftlichen Kontext. Sind die Teilnehmenden noch nicht volljährig, muss eine erziehungsberechtigte Person die Erklärung unterschreiben. Soll die Erhebung an einer Schule stattfinden, muss außerdem die Schulleitung ihr Einverständnis erklären. Auch Sprachdokumentationen können nicht ohne Weiteres verwendet werden; das gilt etwa für Korpora von Twitter-Daten. Dieses Problem können Sie vermeiden, indem Sie mit bestehenden bzw. lizenzierten Sprachdokumentationen arbeiten. Wenn Sie ein eigenes Korpus erstellen, brauchen Sie die Zustimmung aller Autorinnen und Autoren der Daten, es sei denn, diese sind ohnehin frei verfügbar.

Ein weiterer wichtiger Aspekt der Datennutzung ist, dass der zuvor festgelegte und über die Einverständniserklärung abgedeckte Verwendungszweck strikt eingehalten werden muss. Dies umfasst auch die zugesicherte Anonymisierung. Auch bei der Frage, wie genutzte personenbezogene Daten gespeichert und aufbewahrt werden, ist die Sensibilität der Daten zu beachten. Deshalb sollte möglichst mit sicheren, haltbaren und passwortgeschützten Servern und Speichermedien der Institution gearbeitet werden, an der die Daten erhoben wurden (z. B. der Universität, an der Sie studieren), und es sollten nur wenige Personen Zugriff darauf haben. Die Deutsche Forschungsgemeinschaft empfiehlt generell, Primärdaten für zehn Jahre zu speichern, wenn sie die Grundlage für Veröffentlichungen bilden (vgl. DFG 2013: 21). Speicherdauer und Löschfrist sollten auch in der Einverständniserklärung zur Studienteilnahme aufgeführt sein.

Für alle Formen der Datenerhebung, an der Personen beteiligt sind, stellt sich außerdem die sehr praktische Frage nach der Probandenakquise. Es ist nicht immer leicht, genügend Menschen zu finden, die zur Teilnahme an einer Studie bereit sind. Bei der Planung Ihrer Studie sollten Sie also darüber nachdenken, ob Sie vielleicht persönliche Kontakte zu bestimmten Institutionen (z. B. Kindertagesstätten) oder sozialen Gruppen haben (z. B. Personen, die Dialekt sprechen), die Sie nutzen können, um Versuchspersonen zu finden. Bevor Sie beginnen, Kontakt aufzunehmen und auf potentielle Studienteilnehmende zuzugehen, sollten Sie außerdem eine Präsentation Ihres Forschungsvorhabens vorbereiten. Diese sollte einerseits ausführlich und interessant sein und seriös wirken, um Interesse zu wecken und das Vertrauen potentieller Teilnehmender zu gewinnen. Andererseits müssen Sie darauf achten, dass Sie über Ihr Erkenntnisinteresse nicht zu viel verraten. Denn dies könnte das Verhalten Ihrer Probanden und Probandinnen beeinflussen und so womöglich die Daten verfälschen, die Sie erheben.

Sowohl die Probandenakquise als auch die oben beschriebenen Genehmigungsverfahren können sehr zeitaufwendig sein, gerade in größeren Institutionen. Das sollten Sie bei der Planung Ihrer eigenen Studie unbedingt bedenken und für diese Schritte genügend Zeit vorsehen.

8.5.1 Introspektion und Retrospektion

Um Beispiele zu gewinnen, praktizierte man früher oftmals die Methode der **Selbstbeobachtung** bzw. **Selbstbefragung**. Die sogenannte Introspektion basiert auf dem Verständnis, dass Denken ein intern ablaufender kognitiver Prozess verschiedener Zustände ist, auf die eine Person ihre Aufmerksamkeit richtet (vgl. Funke & Spering 2006: 651). Als introspektive Daten bezeichnet man Verbaldaten bzw. Selbstaussagen einer Person, die „Aufschluss über die mentale Organisation und Verarbeitung von Informationen" (Heine 2005: 169) bei der Durchführung einer kognitiven Handlung geben. Dazu zählen beispielsweise der Einsatz von Lesestrategien bei der Textlektüre oder der Rechenweg bei der Lösung einer komplizierten Mathematikaufgabe. Durch introspektive Methoden können die Forschenden Einblicke in Abläufe und Prozesse gewinnen, die der reinen Beobachtung von außen nicht zugänglich sind. Dazu zählen Gedanken und Absichten, die eine Person bei der Bearbeitung einer Aufgabe begleiten, wie auch Wissensstrukturen, die im Prozess des Problemlösens aktiviert werden (vgl. Konrad 2010: 476).

Die Linguistik hat introspektive Verfahren vor allem bei der Frage eingesetzt, ob bestimmte sprachliche Ausdrücke grammatisch korrekt bzw. akzeptabel sind. Hier ergibt sich das Problem, wie valide Selbstbefragungen sind. Charles Fillmore, einst selbst ein glühender Verfechter introspektiv erhobener Daten, karikiert das Verfahren in einem berühmt gewordenen Zitat:

Beispiel:
He [the armchair linguist] sits in a deep soft comfortable armchair, with his eyes closed and his hands clasped behind his head. Once in a while he opens his eyes, sits up abruptly shouting, "Wow, what a neat fact!", grabs his pencil, and writes something down. Then he paces around for a few hours in the excitement of having come still closer to knowing what language is really like.
(Fillmore 1992: 35)

Den auf diese Weise erhobenen Daten wird vorgeworfen, sie seien subjektiv und variabel und das zu messende Konstrukt unsicher (vgl. Featherston 2007: 51). Problematisch ist zudem, dass die Urteile nicht quantifizierbar sind: Manche Linguisten und Linguistinnen unterscheiden nur binär zwischen guten und schlechten Beispielen, andere differenzieren ‚gut', ‚marginal' und ‚schlecht' oder noch weitere Grade der Wohlgeformtheit; somit sind die einzelnen Urteile kaum vergleichbar (vgl. Featherston 2007: 51).

Ähnlich wie die Introspektion, jedoch mit Blickrichtung in die Vergangenheit verläuft die **Retrospektion**: Bei diesem Verfahren wird im Nachhinein über einen Denkvorgang berichtet. Wie bei der Introspektion kann auch hier eine Verzerrung der Sichtweise nicht ausgeschlossen werden, in diesem Fall in Form von Erinnerungstäuschungen (vgl. Funke & Spering 2006: 652). Um entsprechenden Vorwürfen zu begegnen, haben sich verschiedene Ansätze experimentell erhobener introspektiver Daten herausgebildet, die darauf basieren, dass nicht einzelne, sondern gebündelte Urteile gesammelt und mittels einer Referenzskala verankert werden:

Beispiel:
Die herkömmlichste Art, eine solche Studie auszuführen, ist wohl die Benutzung einer Fünf- (oder Sieben)-Punkte-Skala (z. B. Crain & Fodor 1987). Der Versuchsleiter gibt dem Informanten eine graphische Skala mit einer normalerweise ungeraden Zahl von darauf gekennzeichneten Intervallen (Abbildung 1).
In letzter Zeit ist dagegen die Methode *Magnitude Estimation* (Bard et al. 1996) beliebter geworden. Drei Unterschiede zur normalen Urteilserhebung prägen diese Methode. Erstens werden Urteile numerisch abgegeben. Zweitens werden nur relative Urteile erhoben: relativ zu einem Referenzsatz und zu den eigenen vorherigen Urteilen. Drittens ist die Skala ohne Endpunkte und ohne Mindestabstand. Die Aufgabe lautet dementsprechend: ‚Wenn der Referenzsatz zehn wert ist, wieviel geben Sie diesem Beispiel?‘ Diese Methode erlaubt es dem Informanten, alle Wohlgeformtheitsunterschiede auszudrücken, die er oder sie empfindet, ohne von einer vorgeschriebenen Skala eingeschränkt zu sein.

Abbildung 1: Eine Sieben-Punkt-Skala zur Erhebung von relativen Urteilen

Die [...] [dritte, B.R., L.S., A.B. & C.S.] Methode nennt sich Thermometer-Urteile (Featherston 2004). Dieser Ansatz unterscheidet sich von Magnitude Estimation darin, dass statt eines einzigen Referenzsatzes immer zwei angegeben werden, deren Referenzwerte vom Versuchsleiter festgesetzt werden. Der Grund für diese Erneuerung ist, dass sich herausgestellt hat, dass Informanten gar keine proportionalen Urteile abgeben können. Sprecher haben gar keine Intuition, ob eine Struktur ‚doppelt‘ oder ‚halb‘ so gut ist wie eine andere, wie das Magnitude Estimation verlangt. Tatsächlich haben wir nur ein Gespür für die Distanz zwischen den Wohlgeformtheitsgraden von einzelnen Strukturen, und Informanten benutzen in der Praxis eine lineare Skala, auch wenn sie dazu aufgefordert sind, eine proportionale Skala zu benutzen (Featherston 2004, Poulton 1989).
Für die Zwecke unseres Papiers müssen wir jedoch nicht scharf zwischen den Ergebnissen dieser drei Methoden unterscheiden. Das Wichtigste ist, dass ein experimenteller Ansatz verwendet wird, und nicht so sehr welcher. Tatsächlich

liefern diese drei Methoden sehr ähnliche Ergebnisse, was die Robustheit der Befunde unterstreicht. Diese Methoden haben vier wichtige Gemeinsamkeiten:

- 25+ Informanten
- 10+ Lexikalisierungen
- Urteile in numerischer Form
- kontrolliertes linguistisches Experimentmaterial

Wenn diese vier Anforderungen erfüllt sind, dann verlieren die Kritikpunkte gegen introspektive Urteile weitgehend an Kraft.
(Featherston 2007: 52–53)

Jede dieser Methoden würde also die folgenden Verbalkonstruktionen mit unterschiedlichen Lexikalisierungen (hier: Verben) mehrfach und mit genügend Versuchspersonen testen. Denkbar sind dazu folgende Fragestellungen, die den Probandinnen und Probanden in Form einer Papier-und-Bleistift-Studie bzw. am Bildschirm gezeigt werden können (die Graphiken wurden in Anlehnung an Featherston 2009 erstellt):

Beispiel:
Lehmann bedauerte, das Tor *nicht verhindert haben zu können.*
(Vogel 2009: 308)

- *Sieben-Punkte-Skala:* Bewerten Sie den Satz auf der folgenden Skala von 1 (überhaupt nicht akzeptabel) bis 7 (vollkommen akzeptabel).

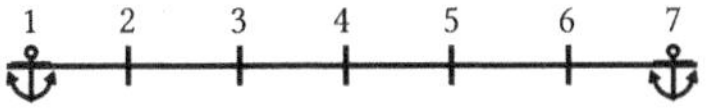

- *Magnitude Estimation:* Bewerten Sie den Satz auf der folgenden Skala. Als Wert 10 dient Ihre Bewertung für den Satz *Peter hat die Stadt verlassen.*

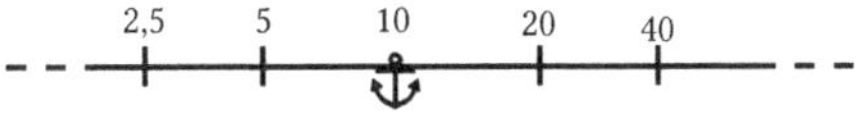

- *Thermometer-Methode:* Bewerten Sie den Satz auf der folgenden Skala. Als Wert 20 bzw. 30 dienen Ihre Bewertungen für die Sätze *Peter haben die Stadt verlassen* bzw. *Peter hat die Stadt verlassen.*

8.5.2 Lautes Denken

Die Methode des ***Lauten Denkens*** ist ebenfalls ein introspektives Verfahren und im Rahmen einer Hausarbeit gut handhabbar. Sie ist den Kognitionswissenschaften entliehen. Lautes Denken erlaubt den Zugriff auf mentale Prozesse. In der Instruktion zu einer Aufgabe werden die Probandinnen und Probanden aufgefordert, alles laut auszusprechen, was ihnen bei der Bearbeitung der Aufgabe durch den Kopf geht (vgl. Heine 2005: 164). Diese Äußerungen werden aufgenommen, transkribiert, analysiert und interpretiert. Die auf diese Weise generierten Verbaldaten bezeichnet man als **Laut-Denk-Protokolle**; alternative Bezeichnungen dafür sind ‚Gedankenprotokolle', ‚Thinking-Aloud-Protocols' oder ‚Verbal Protocols' (vgl. Dannecker 2018: 132). In der Linguistik wird diese Methode beispielsweise eingesetzt, um Textverstehens- und Schreibprozesse zu erforschen:

Beispiel:
Diese Untersuchung verfolgt das Ziel, Metaphorik als Anlass von problementdeckenden Verstehensprozessen und als kognitiv-konstruktiven Unterrichtsgegenstand zu modellieren. Damit widerspricht sie der Tendenz unserer Unterrichtskultur, die Metapher als bloßes Stilmittel zu entproblematisieren, wodurch das metaphorische Erkenntnispotenzial im Deutschunterricht ungenutzt bleibt. Die Autorin entwickelt zunächst die metaphorische Struktur und das verstehende Subjekt getrennt voneinander. Die anschließende Lautes-Denken-Studie nimmt sodann exemplarisch die Interaktion von Struktur und Subjekt in den Blick und leitet daraus Irritation, Ähnlichkeitsdenken und Erkenntnisbildung als zentrale Verstehensanforderungen und Bildungspotenziale ab.
(Lessing-Sattari 2017: Klappentext)

Um eine Studie mit der Methode des Lauten Denkens durchzuführen, muss zunächst eine geeignete Stichprobe akquiriert werden. Deren Größe und Zusammensetzung ist abhängig von der Fragestellung, beispielsweise davon, ob Rezeptions- bzw. Produktionsprozesse von Kindern und Jugendlichen oder von Erwachsenen untersucht werden sollen. Da die Erhebung und Aufbereitung von Verbaldaten sehr aufwendig ist, sollte die Stichprobe nicht zu groß gewählt werden. Je nach Fragestellung und Umfang der späteren Laut-Denk-Protokolle können zwei bis drei Personen bereits ausreichen, um erste Vergleichsmöglichkeiten zwischen den Teilnehmenden zu schaffen (vgl. etwa Lessing-Sattari 2017).

Die Qualität der Laut-Denk-Protokolle ist unter anderem von der gewählten Aufgabenstellung und dem klar formulierten Arbeitsauftrag abhängig. Die kognitiven Prozesse, die die Bearbeitung der Aufgabe begleiten, sollen nicht von der Untersuchungsleitung oder der Erhebungssituation beeinflusst werden, beispielsweise durch Nachfragen zur Aufgabenstellung. Unterbrechungen sind auch zu erwarten, wenn für die Lösung der Aufgabe nonverbale Aspekte wie auditive oder sensorische Informationen zu verbalisieren, Zeichnungen anzufertigen oder Bewegungen auszuführen sind, da diese dann erst in Sprache übersetzt werden müssen. Weiterhin sollten die **Verbaldaten** nicht erst nach Abschluss der kognitiven Abläufe erhoben werden, da in diesem Fall die Inhalte nicht mehr unmittelbar aus dem Arbeitsgedächtnis gezogen werden können, sondern bereits auf das Langzeitgedächtnis zurückgegriffen werden muss (vgl. Heine & Schramm 2007: 174 f.; ferner Ericsson & Simon 1993: 149 ff.). Die **Aufforderung zum Lauten Denken** kann direkt an die jeweilige Aufgabenstellung anschließen bzw. in diese integriert sein. Bewährt haben sich neutrale, kurze Formulierungen wie „Sprich bitte alles aus, was dir beim Lesen durch den Kopf geht" (Stark 2010: 68). Zuweilen kommt es vor, dass die Teilnehmenden im Bearbeitungsprozess vergessen, laut zu denken. In dem Fall kann man sie durch eine neutrale Aufforderung wie *„Sprich weiter"* oder *„Denk bitte weiter laut"* daran erinnern, ohne ein Gespräch zu beginnen und womöglich inhaltliche Aspekte zu thematisieren (vgl. auch Heine & Schramm 2007: 179; Knorr & Schramm 2012: 189). Die Instruktion soll die Versuchspersonen dazu anleiten, ihre Gedanken möglichst ungefiltert zu äußern, ohne dass sie sich dabei direkt an die Untersuchungsleitung wenden (z. B. um ihr auf einer Metaebene das Vorgehen zu erklären) oder die Gedanken im Kopf vorstrukturieren.

Um die Erhebungssituation über alle Teilnehmenden hinweg konstant zu halten und damit das Gütekriterium der Durchführungsobjektivität zu erfüllen, empfiehlt es sich, einen **Untersuchungsleitfaden** anzufertigen. Dieser enthält alle verbalen Informationen zum Ablauf und zur Aufgabenstellung und kann bei Bedarf vorgelesen werden. Damit wird sichergestellt, dass alle Erhebungen miteinander vergleichbar sind, wenn sie zu unterschiedlichen Zeitpunkten stattfinden oder von verschiedenen Testleitungen durchgeführt werden. Zur Vorbereitung kann das Laute Denken anhand einer Musteraufnahme demonstriert oder in einer Übungssequenz erprobt werden.

Grundsätzlich können die Laut-Denk-Äußerungen durch nicht-teilnehmende Beobachtung protokolliert werden; in dem Fall notiert die Untersuchungsleitung (stichpunktartig) die geäußerten Gedanken und beobachteten Vorgänge. Für die spätere Auswertung des Datenmaterials ist es jedoch hilfreich, die Verbaldaten so detailliert wie möglich abzubilden. Dafür können die Daten audio- und/oder videographisch festgehalten (s. Kap. 8.5.5) und anschließend transkribiert werden. Für Audioaufnahmen eignen sich entweder Diktiergeräte oder mobile Endgeräte wie Smartphones oder Tablets, für multimodale Aufnahmen benötigen Sie eine Videokamera. Ob Sie Audio- oder Videoaufnahmen machen, hängt letztlich von der Fragestellung ab (vgl. Heine & Schramm 2007: 172). Sind dafür lediglich die Verbaldaten relevant, können Audioaufnahmen ausreichen. Wird in der Laut-Denk-Sequenz hingegen mit verschiedenen Materialien gearbeitet, z. B. einer Kombination aus Texten und Abbildungen, sind multimodale Aufnahmen hilfreich, um das Vor- und Zurückblättern von Seiten, Zeigen im Text und die Verknüpfung von Materialien festzuhalten (vgl. Knorr & Schramm 2012: 189). Um die Laut-Denk-Protokolle auswerten zu können, müssen die Audio- und/oder Videodaten in Form von **Transkripten** aufbereitet werden. Näheres dazu finden Sie im Kapitel zur Datenaufbereitung (s. Kap. 8.6.1.1 und 8.6.1.2). Möglichkeiten zur Auswertung der Verbaldaten werden im Rahmen der qualitativen Inhaltsanalyse erörtert (s. Kap. 8.7.1).

Abschließend sollen Verbaldaten aus Laut-Denk-Protokollen mit einem Beispiel aus der oben genannten Studie von Lessing-Sattari (2017) illustriert werden. In der Studie lasen drei Schülerinnen und Schüler den Text *Volle Fahrt auf den Eisberg*, eine Glosse aus der Zeitschrift *stern*, die Kritik am Verlauf und an den Akteuren der Weltwirtschaftskrise unter Rückgriff auf die Metaphernfelder *Weltwirtschaft* und *Titanic* aufarbeitet (vgl. Lessing-Sattari 2017: 249 f.). Dafür gingen sie den Text Satz für Satz durch und verbalisierten nach jedem Satz ihre Gedanken. Das folgende Beispiel zeigt Auszüge aus einem typischen Laut-Denk-Protokoll mit standardnaher Verschriftlichung.

Beispiel:
Bezug auf den Satz: *Im Mai sagte der Bundespräsident, dass die Banker ihre eigenen Produkte nicht mehr verstehen, die es teilweise nur noch auf dem Papier, nicht aber in Wirklichkeit gibt.*
„das heißt wahrscheinlich, dass (--) ähm der bundespräsident (---), nein, äh:m (1.0), na also, dass viele Sachen (-), dass mit Sachen gehandelt werdn, die eigentlich überhaupt nicht existieren, also dann werden irgendwie (-) zehn milliarden DOLlar, oder was weiß ich was, von eim Konto auf s andere (-) übertragen, obwohl es die eigentlich gar nicht GIBT, oder dass man irgendwie ein HAUS kauft in, was weiß ich was, usA:, und das Haus gibt s dann doch gar nicht, oder auch wenn man zu mac donalds geht, dann sagen die, für jeden Dollar kriegt man, rettn wir EIN quadratmeter Regenwald, was vielleicht auch gar nicht stimmt"
(Lessing-Sattari 2017: 301)

Beim Lauten Denken richtet sich die betreffende Person an sich selbst. Insofern ist zu erwarten, dass die Äußerungen wenig kohäsiv gestaltet sind. Auch die kognitiven Prozesse werden nicht explizit benannt; um sie zu verstehen, muss man die eingesetzten Materialien genau kennen (vgl. auch Heine & Schramm 2007: 172). Das Stocken der Probandin im vorliegenden Transkriptauszug, das die Laut-Denk-Äußerung einleitet, verweist auf eine implizite Identifikation der Metapher *nur auf dem Papier* und eine mögliche damit verbundene Irritation. Die Verbalisierung ihrer weiteren Gedanken zeigt jedoch, dass die Schülerin nicht nur den transportierten Bedeutungszusammenhang versteht, sie ist auch in der Lage, im Sinne eines Problemlöseprozesses eine distanzierte Haltung zu dem Text einzunehmen und anhand ihres Vorwissens die Satzbedeutung zu entschlüsseln (vgl. Heine & Schramm 2007: 302).

8.5.3 Interview

Interview ist ein Sammelbegriff für verschiedene Formen der **Befragung**, die generell dazu dienen, verbale Daten und subjektive, nicht beobachtbare Sichtweisen oder Verhaltensweisen zu erheben. Es geht dabei um eine „zielgerichtete, systematische und regelgeleitete Generierung und Erfassung von verbalen Äußerungen" (Döring & Bortz 2016: 356) von einer oder mehreren Personen in mündlicher Form. Folglich handelt es sich um ein reaktives Verfahren, das versucht, Meinungen, Erfahrungen, Wissen und Ereignisse aus der Perspektive der Befragten zu rekonstruieren. Interviews können qualitativ ausgerichtet sein (z. B. in sprachbiographischen Untersuchungen, die die Komplexität der individuellen sprachlichen Lebenswelten erforschen oder der Frage nachgehen, wie sprachliche Formen als soziales Handeln interpretiert werden). Quantitativ ausgerichtete Interviews zielen auf generalisierbare Aussagen, die überindividuell für definierte Sprechergruppen gelten. Für statistisch belastbare Hypothesen sind allerdings große Interviewkorpora notwendig; deren Erstellung würde den Rahmen einer Seminararbeit sprengen.

Interviews zeichnen sich laut Döring & Bortz (2016: 356 f.) dadurch aus, dass die **Kommunikationssituation**, in der sie entstehen, eine persönlichere Atmosphäre und auch mehr Hintergrundinformationen erlaubt als beispielsweise Fragebögen und dass sie in kurzer Zeit sehr viele Informationen liefern (z. B. ausführliche Schilderungen komplexer Zusammenhänge). Gleichzeitig ist durch das individuelle Verfahren der Zeitaufwand für die Erhebung (und auch die Auswertung) höher als etwa bei einer schriftlichen Befragung. Zudem stellt die Interviewsituation an die durchführende Person hohe Anforderungen, und da keine Anonymität besteht, birgt sie die Gefahr von Verzerrungen, indem beispielsweise Dinge verschwiegen werden oder entsprechend der sozialen Erwünschtheit geantwortet wird, also die interviewte Person das sagt, von dem sie denkt, dass der oder die Interviewende ihm zustimmt. Aus diesen Bedingungen ergeben sich unabhängig von der gewählten Interviewform nach Helfferich (2014: 561 ff.) (mindestens) vier Prinzipien, die empirisch Forschende beachten sollten:

1. Reflektieren Sie die Kommunikationssituation mitsamt ihrem Einfluss auf die Daten, die sich daraus ergeben.
2. Seien Sie bei der Kommunikationsgestaltung möglichst offen, sodass Ihr Gegenüber seine Sichtweise unbeeinflusst mitteilen kann.
3. Seien Sie sich dessen bewusst, dass gewählte Erzählaufforderungen und Nachfragen den Untersuchungsgegenstand strukturieren und eingrenzen.
4. Bedenken Sie die Rollenverteilung bzw. die asymmetrische Kommunikationssituation, in der sich die interviewende und die interviewte Person befinden.

Die Interviewenden müssen folglich dafür sorgen, dass die Interviewten ihre individuelle Sicht auf das Thema äußern können und Gelegenheit haben, die für sie bedeutsamen Aspekte anzusprechen. Dazu gehört auch, „sich im Interview führen" zu lassen (Schmidt 2018c: 29) und dem Gespräch seinen Lauf zu lassen. Der **Ablauf** könnte wie folgt aussehen: In einer kurzen Einführungsphase wird zunächst eine geeignete Gesprächsatmosphäre geschaffen. Das eigentliche Interview eröffnet dann eine vorab festgelegte Einstiegsfrage; diese sollte konkret auf das Interviewthema zugeschnitten sein und erzählfördernd wirken. Bei der Formulierung der Einstiegsfrage wie auch der (Leit-)Fragen für das weitere Gespräch ist zu beachten, dass dafür die Forschungsfragen in Interviewfragen überführt und adressatengerecht aufbereitet werden müssen. Damit die Befragten die Möglichkeit haben, Themen zu entfalten, ist es wichtig, dass die interviewende Person sich im Gespräch zurücknimmt, dabei jedoch aktiv zuhört, dass sie Denkpausen in den Ausführungen zulässt und auf Kommentare und Deutungen verzichtet. Gleichzeitig muss sie auf die Signale der befragten Person achten und beispielsweise die nächste Frage erst nach sogenannten Abschlussmarkierern stellen (vgl. Schmidt 2018c: 27). Geschlossene oder Suggestivfragen sind für Interviews generell nicht geeignet, weil sie zur Rekonstruktion von Meinungen, Sichtweisen und Erfahrungen wenig beitragen. Am Ende des Interviews ist es üblich, dass die oder der Befragte noch einmal die Möglichkeit erhält, Themen anzusprechen, die vorher nicht zur Sprache gekommen sind, bevor das Interview mit einer informellen Gesprächsphase endet. Für die konkrete Ausgestaltung eines Interviews gibt es eine Fülle von Möglichkeiten. Welche Form Sie wählen, hat entscheidenden Einfluss darauf, welche Daten und Ergebnisse die Befragung hervorbringt, und sollte deshalb wohlüberlegt sein. Interviewformen lassen sich zunächst nach ihrem **Strukturierungsgrad** den drei Kategorien unstrukturiertes, halbstrukturiertes und vollstrukturiertes Interview zuordnen (vgl. Döring & Bortz 2016: 361). Der Grad der Strukturierung hängt mit der Interviewsituation zusammen; zum Teil wird mit einem Interviewinstrument gearbeitet (z. B. in Form von Fragen).

Bei **unstrukturierten Interviews**, d. h. narrativen Interviews, wird auf ein solches Instrument verzichtet. Hier können sich die Befragten nach der Gesprächseröffnung frei äußern, eigene Schwerpunkte setzen und den Gesprächsverlauf mitbestimmen. Entsprechend können solche Interviews, die zum selben Thema geführt werden, stark variieren. Unstrukturierte Interviews werden zum Beispiel in Untersuchungen zur Sprachbiographie eingesetzt.

Beispiel:

Ein Instrument für die Erhebung von Sprachbiographien, das sich in sozialwissenschaftlichen, aber auch linguistischen Studien etabliert hat, ist das narrative Interview [...]. Den interviewten Personen soll hierbei möglichst viel Raum und Zeit geboten werden, um ihre eigene Sprachbiographie erzählend darlegen zu können; die InterviewerInnen sollen das Interaktionsgeschehen lediglich unter dem Prinzip der Zurückhaltung (Schütze 1984: 79) steuern.
(König 2014: 6)

In Abgrenzung dazu nutzen **halbstrukturierte Interviews** einen Fragenkatalog, der vorgibt, welche Fragen gestellt werden sollen und in welcher Reihenfolge. Man spricht hier von einem Interviewleitfaden. Dieser dient der interviewenden Person während des Gesprächs als grobe Orientierung; dabei sind gewisse Anpassungen möglich, etwa eine Umformulierung der Fragen oder Vertiefungs- und Zusatzfragen, die in der konkreten Kommunikationssituation sinnvoll erscheinen. Beispiele für diese Kategorie sind Leitfadeninterviews, problemzentrierte Interviews und Experteninterviews. Ein Beispiel für diese Befragungsform bietet eine Untersuchung von Beuge (2019) dazu, was unter gutem Deutsch verstanden wird:

Beispiel:
Bei der Erhebung laienlinguistischer Wissensbestände, wie sie im Rahmen des Projektes angestrebt wurde, lassen sich unterschiedliche methodische Schwerpunkte ausmachen, die sich in der Konzeption des Fragebogens bzw. Leitfadens der Untersuchung niederschlagen. [...] Den für diese Arbeit relevanten Teil innerhalb des Settings bildet der letzte Fragenkomplex des gesamten Interviews und beinhaltet sechs offene Fragen, mittels derer die (Re)Konstruktion eines laienlinguistischen Sprachnormwissens angestrebt wurde. Die [...] gestellten Fragen waren:

1. Was ist für Sie ‚gutes Deutsch'?
1.1 Woran erkennen Sie, dass jemand ‚gutes Deutsch' spricht?
1.2 Durch welche Merkmale/Besonderheiten zeichnet sich diese Sprechweise aus?
1.3 Wie würden Sie ‚gutes Deutsch' noch benennen? Haben Sie einen anderen Namen für ‚gutes Deutsch'?
1.4 An wem oder was orientieren Sie sich, wenn Sie ‚gutes Deutsch' verwenden? Gibt es Personen oder Instanzen, die bestimmen, was ‚gutes Deutsch' ist?
2. Was denken Sie, woher kommt ... / wie ist ...entstanden?

(Beuge 2019: 91–92)

Vollstrukturierte Interviews nutzen ebenfalls Fragenkataloge. Hier wird ein standardisiertes Frageinstrument gewählt, das die Anzahl, die Abfolge und den genauen Wortlaut der Fragen sowie die Antwortmöglichkeiten verbindlich festlegt. Die Interviews laufen demnach immer gleich ab, die Fragen werden vorgelesen und die Antworten notiert. Diese Form wird auch standardisiertes Interview genannt. Sie wird zum Teil in der linguistischen Feldforschung eingesetzt, um die empirische Wirklichkeit in Bezug auf bestimmte sprachliche Phänomene zu überprüfen; beispielsweise werden Sprecherinnen und Sprecher zu ihrer Einstellung zu dialektalen und anderen Varianten befragt:

Beispiel:
Dieses Projekt untersucht sprachliche Variation im Yurakaré, einer isolierten Sprache, die im bolivianischen Amazonasgebiet von ca. 2.000 Menschen gesprochen wird. Variationsmuster zeigen systematische Relationen zu sozialen Faktoren wie Alter, Geschlecht, Region, soziale Gruppe und Stil. Das [...] Ziel des

Projekts betrifft die Untersuchung des Zusammenhangs zwischen Variation und Spracheinstellungen. Dieses Ziel ist ebenfalls Teil der strukturierten Interviews, bei denen Daten zur Wahrnehmung bestimmter sprachlicher Varianten, zur sprachlichen Sozialisation der SprecherInnen und zu ihren Einstellungen zu bestimmten Varianten erhoben werden.
(ifl.phil-fak.uni-koeln.de/allgemeine-sprachwissenschaft/personen/dr-gipper/projekte; gesehen am 04.06.2021)

Wissenschaftliche Interviews finden häufig face-to-face statt; möglich sind aber auch Telefon- oder Online/Videocall-Interviews. Unabhängig von Interviewform und Kommunikationssituation wird das Gespräch in der Regel per Audioaufnahme dokumentiert und für die Auswertung transkribiert (s. Kap. 8.6.1). Die Auswertung erfolgt wiederum auf zweierlei Weise: Bei unstrukturierten und halbstrukturierten Interviews, die den qualitativen Befragungsmethoden zuzuordnen sind, werden die Transkripte qualitativ ausgewertet, beispielsweise anhand der qualitativen Inhaltsanalyse (s. Kap. 8.7.1). Vollstrukturierte Interviews erzeugen hingegen quantitative Daten, die statistisch ausgewertet werden (s. Kap. 8.7.4).

Als Hilfestellung für die Suche nach einer Interviewvariante, die für Ihre Forschungsfrage geeignet ist, werden im Folgenden verschiedene Formen vorgestellt: zum einen das narrative Interview als Beispiel für ein unstrukturiertes Interview, zum anderen das Leitfadeninterview und das problemzentrierte Interview als wichtige halbstrukturierte Interviewverfahren.

Narrative Interviews gehen auf Fritz Schütze (1976) zurück. Sie geben den Befragten die Gelegenheit, Erlebnisse aus ihrer individuellen Sicht ausführlich zu erzählen und somit Themen selbstbestimmt zu entfalten. Das Verfahren entstammt der soziologischen Feldforschung und wird häufig in der Biographieforschung eingesetzt. Dabei werden vergangene Ereignisse aus der eigenen Biographie aus der gegenwärtigen Perspektive rekonstruiert und in einen Zusammenhang gestellt (vgl. Schütze 1984: 91). In der Linguistik werden entsprechend Sprachbiographien oder sprachbezogene individuelle Erlebnisse erhoben, beispielsweise in Bezug auf die eigene regionale Varietät. Wenngleich narrative Interviews unstrukturiert sind, wird die Kommunikationssituation durch mehrere Elemente gegliedert: Nach der Erklärungsphase, in der Zielsetzung und Ablauf erklärt werden, erfolgt die Eröffnung (Einleitungsphase) über einen Erzählstimulus, der dazu dient, eine anlassbezogene und spontane Stegreiferzählung zu generieren (Erzählphase); später folgen ein Nachfrageteil und eine Bilanzierungsphase (vgl. Döring & Bortz 2016: 370; Lindow 2018: 67–69). Die Haupterzählung entsteht also in der Gesprächssituation, sie wird zuvor weder inhaltlich noch sprachlich ausgearbeitet oder vorstrukturiert. Dass die Themenentfaltung von der interviewten Person vorgegeben wird, bedeutet auch, dass erst nach einer Abschlussmarkierung die nächste Phase beginnt. In dieser werden offengebliebene Aspekte der Erzählung vertieft oder vervollständigt, indem weitere Erzählungen zu bestimmten Lebensphasen,

Situationen, Argumenten o.Ä. erbeten werden. Wenn die interviewte Person keine weiteren Stegreiferzählungen anbietet, erhält sie Gelegenheit, das Erzählte theoretisch und argumentativ einzuordnen.

Die Besonderheit dieser Interviewform liegt darin, dass die interviewende Person sich sehr stark zurückhält – was für beide Gesprächsteilnehmenden ungewohnt sein kann – und dass im Mittelpunkt des Interviews die Erzählung einer Geschichte oder einer Reihe von Ereignissen steht, die einen langen und komplexen Redebeitrag bildet und von der interviewenden Person entsprechend wenig beeinflusst wird (vgl. Lindow 2018: 70 f.).

Bei **Leitfadeninterviews** ist der Gesprächsablauf stärker vorstrukturiert. Die Erhebung subjektiver Sichtweisen und Wissensbestände wird durch einen Leitfaden zentral gesteuert. Diese Interviewform wurde von Christel Hopf (1978) entwickelt und hat sich über die empirische Sozialforschung hinaus als eine der wichtigsten Erhebungsmethoden etabliert. Der Leitfaden gibt Themen vor, die für das Forschungsinteresse relevant sind, lässt aber dennoch eine gewisse Offenheit: „Leitfadeninterviews stehen [...] vor der Herausforderung, zwischen *Offenheit* und *Strukturierung* in der Gesprächssituation zu vermitteln: Ein Leitfaden soll das Gespräch in gewissem Maße lenken, darf aber den Gesprächsfluss nicht einengen“ (Schmidt 2018d: 52). Der Leitfaden kann unterschiedlich stark gegliedert sein; das Kontinuum reicht von einer Liste vorformulierter offener Fragen (hoher Strukturierungsgrad) bis zu stichwortartigen Themenlisten oder Stimuli wie Bildern (geringe Vorstrukturierung). Ein hoher Strukturierungsgrad bietet den Vorteil, dass das Gespräch fokussierter verläuft und damit leichter auszuwerten ist; eine offenere Gestaltung wiederum fördert thematische Vielfalt und ermöglicht, bei den Erzählungen individuelle Schwerpunkte zu setzen. Dadurch werden die Ergebnisse facettenreicher. Um das Gespräch gegenstandsangemessen zu lenken, sind nach Schmidt (2018d: 53–55) einige Prinzipien zu beachten: Erstens sollte der Interviewleitfaden übersichtlich (tabellarisch) gestaltet werden, damit er in der Gesprächssituation leicht zu handhaben ist. Schmidt schlägt dafür folgendes Muster vor:

Leitfrage/ Stimulus/ Erzählimpuls	Inhaltliches (anzusprechende Stichworte, wenn die interviewte Person sie nicht selbst einbringt)	Nachfragen (mit Formulierung)	Notizen
...	...	...	...

Tab. 8-4: Aufbauprinzip eines Interviewleitfadens

Zweitens sollte der Leitfaden klar und logisch strukturiert sein. Im Gespräch kann davon jedoch abgewichen werden, wenn der Verlauf den Denkstrukturen der befragten Person folgt. Der dritte Punkt ist das bereits erwähnte Prinzip der Offenheit: Der Leitfaden soll als Gedankenstütze verstanden werden, nicht als Drehbuch, sodass sich ein echtes Gespräch entwickeln kann und nicht einfach Fragen abgearbeitet werden. Viertens sollte die interviewende Person eine widerspruchsfreie, anschauliche und explizite Sprache wählen, die auf das Gegenüber abgestimmt ist. Fünftens schließlich hat die Qualität Vorrang, was bedeutet, dass das Interview nicht durch zu viele Einzelaspekte überfrachtet werden soll.

Das eigentliche Leitfadeninterview als zentrales Element wird gerahmt von der anfänglichen Informations- oder Erklärungsphase (s. narratives Interview) und der Frage „Fehlt etwas?", die die Abschlussphase einleitet. Darüber hinaus kann es sinnvoll sein, anschließend über einen Fragebogen noch einige Fakten wie Personenmerkmale o.Ä. zu erheben, die in die Auswertung einbezogen werden sollen.

Beim Einsatz von Leitfadeninterviews sind folgende Bedingungen zu reflektieren: So geführte Interviews sind besser vergleichbar als narrative Interviews, weil der Leitfaden gewährleistet, dass die zentralen Aspekte in allen Gesprächen thematisiert werden. Gleichzeitig setzt die Gestaltung gewisse inhaltliche Schranken, sodass möglicherweise einige inhaltliche Bereiche nicht zum Tragen kommen. Zu bedenken ist außerdem, dass die Interviewenden das Thema und den Forschungsstand gut kennen müssen, um den Leitfaden in der Gesprächssituation flexibel anpassen zu können.

Problemzentrierte Interviews, wie Andreas Witzel (1982) sie entworfen hat, kombinieren Elemente des narrativen Interviews und des Leitfadeninterviews. Im Fokus steht ein Problem, das aus einer subjektiven Sicht erörtert werden soll. Dies kann sowohl durch freies Erzählen der befragten Person geschehen als auch durch gezieltes Nachfragen; dabei wird unterstützend ein offener Leitfaden eingesetzt. Hier wird also einerseits zu Anfang der Erzählfluss angeregt und durch eine entsprechende offene Gesprächsatmosphäre gestützt; andererseits werden flankierend theoriegeleitete Fragen gestellt oder entsprechende Aspekte thematisiert. Die interviewende Person muss darauf achten, dass sie sich im Gespräch unvoreingenommen interessiert verhält, sodass die befragte Person sich ehrlich und „möglichst unabhängig von Gewünschtem oder Vermutetem" (Maus 2018: 37) äußert. Der Ablauf stellt sich i. d. R. wie folgt dar: An die Eingangsfrage zum Problem schließen sich freie Erzählungen der interviewten Person an; bei etwaigen Verständnisschwierigkeiten fragt die interviewende Person nach und regt weitere Erklärungen an. Auf den Leitfaden wird nur zurückgegriffen, wenn bestimmte Aspekte des Problems in den Erzählungen unerwähnt bleiben; diese werden dann im Anschluss an die Narration von der interviewenden Person ins Gespräch eingebracht. Da problemzentrierte Interviews nach Witzel (1982) ausdrücklich auch für einen Methodenmix geeignet sind, können im Zusammenhang mit den Interviews noch weitere Daten erhoben und in die spätere Auswertung einbezogen werden. Dazu gehören beispielsweise Fragebögen zu Personendaten sowie ein Postskriptum, das nicht Hörbares aus dem Gespräch festhält, also Notizen zu Gestik und Mimik, zur Gesprächsatmosphäre, zum Auftreten der befragten Person usw.

Eine Herausforderung für die Forschenden bzw. die Interviewenden bei problemzentrierten Interviews ist, dass sie eine neutrale Rolle einnehmen und sich dabei flexibel der Gesprächssituation anpassen müssen; diese Rolle muss reflektiert werden. Hinzu kommt wie bei allen Interviewformen, dass große Mengen verbaler Daten erhoben werden, die zeitaufwendig aufbereitet, d. h. transkribiert werden müssen. Im Gegenzug bietet diese

Methode die Möglichkeit, zu einem Problem neue Sichtweisen kennenzulernen und „auch (relevante) Nachbarthemen zu erörtern“ (Maus 2018: 39), die über das Vorwissen und die bestehenden Theorien hinausgehen bzw. neue generieren.

8.5.4 Fragebögen

Ähnlich wie vollstrukturierte Interviews (s. Kap. 8.5.3) werden **Fragebögen** für eine strukturierte und standardisierte Befragung eingesetzt. Diese erfolgt hier jedoch schriftlich und in der Regel als Gruppenverfahren, da die schriftliche Erhebung ermöglicht, mehrere Personen gleichzeitig zu befragen und entsprechend mehr Informationen zu gewinnen. Ein frühes Beispiel für eine fragebogenbasierte Erhebung variationslinguistischer Merkmale mündete in die sogenannten Wenker-Sätze; diese wurden später zur Grundlage für Karten mit der geolinguistischen Ausbreitung dieser Merkmale.

Beispiel:
Zwischen 1879 und 1888 verschickte Georg Wenker Bogen mit den später nach ihm benannten 40 Sätzen an die Dorfschullehrer des gesamten damaligen Deutschen Reichs mit der Bitte, sie in die jeweilige ortsübliche Mundart zu übertragen. Von 1889 bis 1923 wurden in Marburg über 500 Sprachkarten gezeichnet, die auf 46.011 Fragebogen beruhen. Während Jahrzehnten konnten die äußerst detailreichen und vielfarbigen Karten nicht publiziert werden.
(www.uni-marburg.de/de/fb09/igs/arbeitsgruppen/sprachgeschichte/forschungsprojekte/morphosyntaktische-auswertung-von-wenkersaetzen; gesehen am 20.07.2021)

Fragebögen eignen sich folglich insbesondere, um mit meist geschlossenen Fragen das Wissen über ein Thema oder persönliche Merkmale der Probandinnen und Probanden zu erfassen, z. B. spezifische Eigenschaften, Emotionen, Einstellungen und Interessen (vgl. Eid et al. 2013: 30). Im Unterschied zu Interviews werden die auf Fragebögen zurückgehenden Daten mathematisch-statistisch ausgewertet. Das Erhebungsinstrument Fragebogen zielt somit auf „die zielgerichtete, systematische und regelgeleitete Generierung und Erfassung von verbalen und numerischen Selbstauskünften von Befragungspersonen zu ausgewählten Aspekten ihres Erlebens und Verhaltens in schriftlicher Form“ (Döring & Bortz 2016: 398). Fragebögen haben in der Regel einen hohen Strukturierungsgrad. Der Vollständigkeit halber sei erwähnt, dass es auch qualitative Fragebögen mit offenen Fragen gibt. Diese werden von den befragten Personen in eigenen Worten schriftlich beantwortet; die Auswertung erfolgt wiederum mit (qualitativen) Inhaltsanalysen und einem System von Antwortkategorien.

Während der Einsatz von Fragebögen ermöglicht, in relativ kurzer Zeit Daten von verschiedenen Personen zu erheben, erfordert die Erstellung (oder auch Konstruktion) eines Fragebogens vergleichsweise viel Zeit. Dabei sind einige Aspekte zu beachten, die im Folgenden skizziert werden.

Zunächst soll der Fragebogen als gewähltes Erhebungsinstrument und dann vor allem der zu entwickelnde Fragebogen dem Forschungsinteresse und Forschungsdesign (s. Kap. 8.3) entsprechen, d. h. der Fragebogen ist auf die Probanden und Probandinnen und die Erhebungssituation (einmalige oder mehrmalige Erhebung) abzustimmen. Aus dem Forschungsinteresse bzw. der gewählten Fragestellung werden entsprechend **Konstrukte** abgeleitet und definiert, die im Fragebogen erhoben werden sollen. Unter einem Konstrukt versteht man ein „psychisches oder soziales Phänomen, das nicht direkt beobachtbar (manifest) ist" (Bortz & Döring 2006: 731). Die Grundlage für die Definition der Konstrukte bildet eine Literaturrecherche, um ihre Merkmale zu bestimmen und sie von anderen Konstrukten abzugrenzen. Da Konstrukte wie etwa die Einstellung zu einer Sprachvarietät sich nicht direkt beobachten lassen, müssen sie aus beobachtbaren Indikatoren erschlossen werden, die in einzelne Fragen (Items) zu überführen sind.

Fragebögen basieren letztlich auf **Items**. Diese bilden die „kleinste Beobachtungseinheit" (Rost 2004: 55) von Fragebögen; sie bestehen aus einem Itemstamm, d. h. einer Frage oder Aussage, und einem Antwortformat, beispielsweise verschiedenen Antwortalternativen, die angekreuzt werden sollen. Verschiedene Items zu einem Konstrukt werden zu einer sogenannten Skala zusammengefasst und im Fragebogen als zusammenhängender Block angeordnet. Sie bleiben auch bei mehrmaligen Erhebungen konstant (abgesehen von eventuell notwendigen kleineren Anpassungen in der Formulierung).

Ein Itemstamm darf jeweils nur einen einzigen Gedanken enthalten, damit die Antwort eindeutig darauf zurückführbar ist. Es gibt geschlossene, halboffene und offene Items; die Bezeichnungen verweisen auf die Freiheit der möglichen Antworten. In (voll-)standardisierten Fragebögen werden vor allem geschlossene Items eingesetzt, bei denen mehrere Antworten vorgegeben sind, oder halboffene Items, bei denen Kategorien vorgegeben sind, die die Befragten jedoch eigenständig ergänzen können. Bei Ja/Nein-Aufgaben gibt es nur diese beiden Antwortmöglichkeiten; Ratingskalen bzw. Likert-Skalen hingegen ermöglichen abgestufte Antworten in Bezug auf Häufigkeit, Intensität oder Zustimmung. In Fragebögen werden vor allem Letztere eingesetzt (vgl. Rost 2004: 65). Die Skalen können verbalisiert sein (z. B. ‚trifft gar nicht zu', ‚trifft eher nicht zu', ‚teils/teils', ‚trifft eher zu', ‚trifft voll zu') oder nur über verbalisierte Endpunkte verfügen (z. B. ‚immer' = 5 – 4 – 3 – 2 – 1 = ‚nie'). Bei der Auswertung wird notiert, welche der vorgegebenen Antwortmöglichkeiten gewählt wurde. Diesen werden Zahlenwerte zugeordnet, d. h. die der angekreuzten Antwort entsprechende Zahl wird festgehalten und für die statistische Auswertung genutzt. Man unterscheidet weiterhin zwischen Single-Choice-Aufgaben mit nur einer zulässigen Antwort und Multiple-Choice-Aufgaben mit der Möglichkeit von Mehrfachnennungen.

Es gibt unterschiedliche Wege, um die Items für einen Fragebogen zusammenzustellen, die als **Itemerstellung** und **Itemsammlung** bezeichnet werden. Itemerstellung heißt in der Regel, dass die Items theoriebasiert erarbeitet und eigenständig formuliert werden. Hier geht es darum, die Aussage bzw. Frage des Itemstamms verständlich, kurz und prägnant zu formulieren und sie dabei auf die Zielgruppe zuzuschneiden (z. B. die Befragten zu duzen oder zu siezen, bei Kindern eine kindgerechte Sprache zu wählen usw.) (vgl. Porst 2011: 95 ff.). Bei der Itemsammlung werden Items zusammengestellt, die bereits in anderen Studien eingesetzt wurden; anschließend werden sie abgewogen, ausgewählt und ggf. für die eigene Fragestellung oder Zielgruppe abgewandelt. Auch die Anordnung der Items innerhalb des Fragebogens ist nicht trivial und muss reflektiert werden (s. Fragebogenstruktur). Ist eine Pilotierung des Fragebogens möglich, erlauben entweder die Antworten oder die anschließende (statistische) Itemanalyse Rückschlüsse darauf, inwieweit die Items ‚funktionieren'; damit können sie ggf. überarbeitet werden.

Wie viele Items nötig und zumutbar sind, richtet sich nach der Zielgruppe. Weiterhin ist in die Fragebogenkonstruktion einzubeziehen, wie lange die Bearbeitung etwa dauert bzw. dauern darf und ob mit einem Paper-Pencil-Test oder einer Onlinebefragung gearbeitet werden soll. Bei der Abwägung sollten auch mit Blick auf die Befragungsform und die Stichprobe die möglichen Erhebungsbedingungen, die zur Verfügung stehenden Medien sowie die erwartete Rücklaufquote von ausgefüllten Fragebögen bedacht werden. Für die graphische Gestaltung der Fragebögen können Tools wie survio (www.survio.com/de/; gesehen am 03.06.2021) genutzt werden, die auch in der kostenlosen Version (Online-)Umfragen ermöglichen.

Hinsichtlich der **Fragebogenstruktur** bietet es sich an, mit einer kurzen Instruktion zu starten, die die zentralen Hinweise zum Ausfüllen des Fragebogens enthält. Oben auf einen Fragebogen gehören außerdem (knappe) Informationen zu der Person oder Institution, die die Erhebung durchführt, zur Verwendung der gewonnenen Daten (auch wenn die Einverständniserklärung zur Nutzung der Daten bereits vorliegt) und ein ‚Danke' für die Bearbeitung (vgl. Raab-Steiner & Benesch 2010: 49 f.). Der Fragebogen selbst kann mit den Fragen zur Person beginnen. Handelt es sich dabei jedoch (teils) um heikle Fragen, beispielsweise zum Einkommen o.Ä., kann es sinnvoll sein, diesen Teil ans Ende des Fragebogens zu stellen und den Einstieg in die Beantwortung mit unverfänglicheren Fragen zu erleichtern. In jedem Fall ist eine logische Struktur zu wählen, in der die Items nach Konstrukten gebündelt und thematisch angeordnet sind.

Zu empfehlen ist eine Pilotierung des Fragebogens: Lassen Sie ihn vor der eigentlichen Erhebung von einigen geeigneten Personen ausfüllen und analysieren Sie diesen Probelauf. Darüber erfahren Sie nicht nur, wie viel Zeit die Befragung erfordert, Sie erkennen auch eventuelle Unklarheiten und Fragen bezüglich der Items und können diese überarbeiten, bevor Sie den Fragebogen an die Studienteilnehmerinnen und -teilnehmer ausgeben. Die Pilotierung dient außerdem dazu, den Fragebogen hinsichtlich der Gütekriterien zu überprüfen und damit zu klären, ob er als Forschungsinstrument geeignet ist. Dies erscheint zunächst wie ein sehr zeitintensiver weiterer Arbeitsschritt. Letztlich kann eine Pilotierung aber sogar Zeit sparen, weil sie verhindert, dass die Daten zu wenig aussagekräftig sind und im schlimmsten Fall eine erneute Erhebung nötig wird.

Die **Überprüfung der Items** erfolgt nach der Pilotierung durch statistische Analysen: Ermittelt werden der Schwierigkeitsgrad pro Item (Grad der Zustimmung), die Homogenität der Items innerhalb eines Konstrukts (ermittelt über die Korrelationen) und die Trennschärfe (die ebenfalls über Korrelationen angibt, wie gut die Antwort auf ein Item das gesamte Testergebnis vorhersagt) (vgl. Döring & Bortz 2016: 270). Bei der anschließenden Itemselektion sind letztlich Items mit hoher Trennschärfe und mit unterschiedlichen Schwierigkeitsgraden auszuwählen (sowohl leichte und mittlere als auch schwere Items). Es ist also sinnvoll, wenn bei der Skalenkonstruktion im Vorfeld mehr Items gesammelt werden, als letztlich in den Fragebogen eingehen sollen; so können unbrauchbare Items nach der Analyse entfernt werden.

Um den **Gütekriterien** wissenschaftlicher Erhebungen zu entsprechen, sind während und nach der Erhebung verschiedene Maßnahmen zu ergreifen (vgl. Meindl 2011: 29): Die Objektivität, d. h. Unabhängigkeit der Ergebnisse von äußeren Einflüssen, kann über einen Testleitfaden weitgehend sichergestellt werden, an dem sich die befragenden Personen bei der Durchführung orientieren können. Darin wird der Ablauf der Befragung beschrieben und ggf. auch jegliche Kommunikation mit den Probandinnen und Probanden genau vorgegeben. Weiterhin kann ein zuvor festgelegtes Auswertungsschema den Umgang mit den Antworten ‚objektivieren', indem es den Ermessensspielraum und damit den Einfluss der auswertenden Personen begrenzt. Als Maß für die Zuverlässigkeit des Tests sollte die Reliabilität überprüft werden; diese wird meist statistisch über die ‚interne Konsistenz' gemessen. Hierfür wird der Cronbach-α-Koeffizient berechnet. Als Richtwert sollte mindestens ein α-Wert von ≥ 0.7 erreicht werden, der als akzeptabel gilt; ein Wert von ≥ 0.8 gilt als gut (vgl. Bühner 2011). Hinsichtlich der Validität (Grad der Gültigkeit der Messung) ist einerseits die ‚Konstruktvalidität' zu prüfen, d. h. die Frage, ob der Fragebogen tatsächlich die Merkmale des Konstrukts misst, auf die er abzielt (also z. B. das Leseverständnis und nicht die Leseflüssigkeit). Andererseits geht es um die Inhaltsvalidität, die schwer zu bestimmen ist; sie gibt Auskunft darüber, inwiefern die einzelnen Items „das Zielkonstrukt in seinen inhaltlichen Bedeutungsaspekten vollständig und sinngemäß wider[spiegeln]" (Döring & Bortz 2016: 446).

Wenn Sie bei der Erstellung Ihres Fragebogens diese Punkte berücksichtigt haben, steht seinem Einsatz nichts mehr entgegen. Es ist aber in jedem Fall hilfreich, die **Chancen**, die dieses Forschungsinstrument bietet, wie auch seine **Limitationen** zu kennen. Zu seinen Vorteilen gehören die Objektivität in Bezug auf die Durchführung der Erhebung und die Auswertung der Daten sowie die Ökonomie des Verfahrens (es können viele Daten gleichzeitig bzw. in kurzer Zeit erhoben und ggf. automatisiert ausgewertet werden). Auf der anderen Seite sind die erhobenen Daten durch die standardisierte Erhebung inflexibel. Zudem besteht die Gefahr von Verstellungen (etwa, dass entsprechend der sozialen Erwünschtheit geantwortet wird statt nach der eigenen Ansicht) und von Urteilstendenzen; so gibt es eine Tendenz zur Mitte (d. h. die Extremwerte an den Endpunkten der Skala werden eher vermieden), aber auch persönliche Urteilstendenzen (z. B. urteilen einzelne Personen stets besonders streng oder besonders milde) (vgl. Döring & Bortz 2016: 331).

Wir hatten zu Beginn dieses Teilkapitels bereits auf die Fragebogenstudie von Georg Wenker hingewiesen. Ein weiteres Beispiel für eine solche Untersuchung ist das Projekt *Syntax hessischer Dialekte (SyHD)*, das ebenfalls aus Marburg kommt: Es verfolgt das Ziel, „erstmals und flächendeckend die Dialektsyntax des Deutschen am Beispiel eines gesamten Bundeslands (Hessen) in ihren Grundzügen zu erheben, systematisch zu erschließen und zu analysieren“ (www.syhd.info/ueber-das-projekt/projektbeschreibung; gesehen am 30.05.2021). Das Projekt basiert auf vier sukzessiv auszufüllenden Fragebögen. Diese wurden zwischen 2010 und 2014 jeweils an vier bis acht dialektkompetente und ortsfeste, i. d. R. ältere Personen versandt, die in ca. 160 Orten in Hessen leben, und als Referenz für syntaktische Variation außerhalb des untersuchten Gebiets an zwölf weitere Ortspunkte außerhalb Hessens. Ergänzend wurden mit einigen der befragten Personen Interviews geführt. Die Fragebögen enthalten verschiedene Aufgabentypen wie Bewertungs-, Übersetzungs- und Ergänzungsaufgaben sowie Einzelbildbeschreibungen, über die verschiedene syntaktische Phänomene erhoben werden, beispielsweise der Gebrauch von Perfekt und Präteritum und der Relativsatzanschluss. Als Beispielitem wird hier eine Bewertungsaufgabe genauer betrachtet. Das ist der Aufgabentyp, der im SyHD-Fragebogen am häufigsten eingesetzt wird.

Beispiel:
Zufällig kommt ihr (sic!) Freund Otto vorbei. Sie fragen ihn, ob er mitbekommen hat, dass die Nachbarn sich scheiden lassen. Er hat aber noch nichts davon gehört. Er sagt:
→ Bitte kreuzen Sie die Sätze an, die Sie in Ihrem Platt/Dialekt sagen können (auch Mehrfachnennungen sind möglich).

a) Dadavon weiß ich noch nichts!
b) Da weiß ich noch nichts davon!
c) Davon weiß ich noch nichts!
d) Da weiß ich noch nichts von!

→ Würden Sie den Satz normalerweise in einer Form sagen, die gar nicht aufgeführt ist? Wenn „ja“: Bitte notieren Sie hier den Satz so, wie Sie ihn normalerweise sagen würden:

e) ....

→ Welcher Satz ist für Sie der natürlichste?

a)
b)
c)
d)
oder e)

(www.syhd.info/apps/tools/fragen.html#208; gesehen am 30.05.2021)

Das Beispiel besteht aus zwei zusammengehörenden Multiple-Choice-Aufgaben mit geschlossenem Antwortformat und einer ergänzenden halboffenen Antwortmöglichkeit. Die erste Aufgabe (das erste Item) erfragt die Akzeptanz bzw. Nichtakzeptanz vorgegebener Varianten und die Ergänzung einer eigenen Variante, während das zweite Item nach der Antwortmöglichkeit fragt, die am ehesten dem natürlichen Sprachgebrauch entspricht (vgl. www.syhd.info/ueber-das-projekt/beispiel-durchfueh rung/; gesehen am 30.05.2021). Über eine kurze Einstiegsgeschichte werden die beiden Aufgaben in einen alltagsweltlichen Kontext eingebettet; darauf folgen Hinweise zur Bearbeitung, bevor die jeweiligen Antwortmöglichkeiten aufgeführt werden (vgl. Fleischer et al. 2012: 13). Bei der Auswertung der Fragebögen ist entsprechend für beide Items zu vermerken, welche der Antwortmöglichkeiten jeweils angekreuzt wurden, und beim ersten Item ist darüber hinaus eine eventuelle eigene Ergänzung zu notieren.

8.5.5 Videographie

Videographie wird nicht für Befragungen eingesetzt, sondern für eine wissenschaftliche **Beobachtung**, die auf audiovisuellen Daten basiert. Ihr Vorteil liegt darin, dass sie die Komplexität und Simultanität von Ereignissen einfängt, die somit anhand der Videoaufnahme analysiert werden kann (vgl. Meschede & Steffensky 2018: 22). Der im Folgenden zitierte Sammelband von Quasthoff et al. ist hierfür ein gutes Beispiel: Mit videographischen Verfahren wurden in verschiedenen Studien Daten erhoben, um diskursive Praktiken in unterschiedlichen Interaktionssituationen zu untersuchen.

Beispiel:
Basierend auf drei großen Studien fragt der Band nach unterschiedlichen Passungsverhältnissen zwischen außerschulischen diskursiven Praktiken und unterrichtlichen Diskursanforderungen. Dazu werden Familien-, Peer- und Unterrichtsinteraktion aus Sicht der Erwerbs- und Unterrichtsforschung vergleichend untersucht. Vorgelegt wird eine z.T. auf dieselben Kinder bezogene interaktionstheoretische Zusammenschau zu den bildungssprachlichen Gattungen Erklären und Argumentieren, die auf Video- und Audiodaten aus 45 Familien, 12 Peergroups, 12 Klassen sowie 10 Gruppendiskussionen basiert. Die diskursiven Praktiken vornehmlich von Schüler/innen der Sekundarstufe 1 werden in drei aufeinander bezogenen Perspektiven betrachtet: als Kompetenz, deren Erwerb durch interaktive Ressourcen fundiert und in soziokulturellen Milieus situiert ist, als zentrales Medium von Lehr-Lern-Prozessen, das auf die besonderen Anforderungen der Wissenskonstruktion zugeschnitten ist, und als Lerngegenstand in seiner (außer-)schulischen Vermittelbarkeit. So wird zum einen die spezifische Rolle diskursiver Kompetenzen in der Reproduktion von Bildungsungleichheit genauer erfasst; zum anderen werden Umrisse einer empirisch fundierten Förderung mündlicher Kompetenzen entworfen.
(Quasthoff et al. 2021: Klappentext)

Grundsätzlich kann bei solchen Daten danach unterschieden werden, ob sie von den Forschenden selbst eigens für die wissenschaftliche Beobachtung generiert wurden oder auf (professionellen oder nichtprofessionellen) filmischen Aufnahmen beruhen, die für andere Zwecke gemacht wurden (vgl. Corsten 2010: 8). Bei bereits vorliegenden Aufnahmen geht es darum, solche herauszusuchen, die zur Fragestellung passen, bzw. diejenigen, die sie angefertigt haben, um Einsicht und Zustimmung zur Verwendung für Forschungszwecke zu bitten und daraus einen Datenpool zusammenzustellen. Eigene Filmaufnahmen sind mit weit mehr Aufwand verbunden. Hierfür müssen zunächst Probanden und Probandinnen gewonnen und ihr Einverständnis zur Studienteilnahme eingeholt werden, dann ist die konkrete Aufzeichnungssituation zu planen, die Videodaten müssen erhoben und anschließend archiviert und ausgewertet werden. Dabei sind verschiedene Aspekte zu beachten, die im Folgenden kurz skizziert werden.

1. Da es sich bei Videoaufnahmen um sensible Daten handelt, ist es besonders wichtig, von den Teilnehmenden eine **Einverständniserklärung** einzuholen. Dies setzt voraus, dass sie über das Forschungsprojekt und seine Ausrichtung informiert sind. Sind die Teilnehmenden noch nicht volljährig, müssen die Erziehungsberechtigten ihr Einverständnis erteilen.
2. Die **Räumlichkeiten** für die Aufnahme und ihre akustischen und visuellen Eigenschaften sind genau zu prüfen, damit keine Störfaktoren die Datenqualität schmälern. Dazu zählen beispielsweise der Licht- und Sonneneinfall, der für die Kameraposition wichtig sein kann, die Größe des Raums und damit verbunden die Möglichkeit, alle Teilnehmenden zu hören.
3. Zu planen ist auch die **technische Ausstattung**, die zum Einsatz kommen kann, wie Kamera(s), Mikrophon(e), externe Audioaufnahmegeräte und Stative. Neben den jeweiligen Geräteeigenschaften und der Verfügbarkeit der Geräte ist dabei auch die Anzahl und das Zusammenspiel der Geräte mit Blick auf die Datenerhebung zu reflektieren. Neben der Verfügbarkeit spielt hier auch die Größe eine wichtige Rolle, denn damit hängen wiederum Sichtbarkeit und Bedienbarkeit zusammen.

   Weiterhin ist zu überlegen, wo die Geräte platziert werden sollen und wie viele Personen in der Aufnahmesituation benötigt werden, um sie zu bedienen. Dies hängt u. a. davon ab, ob die Aufnahmesituation eher statisch ist oder auch Bewegungen oder Ortswechsel aufgezeichnet werden sollen; in dem Fall ist (neben der Überprüfung der Aufnahme, die generell vorzusehen ist) auch eine Kameraführung nötig.
4. Bei der Planung und Durchführung videographischer Aufnahmen gilt das Prinzip der **Minimalinvasion**: Die zu beobachtenden Prozesse, Abläufe, Gespräche etc. sollen durch die Aufnahme so wenig wie möglich gestört werden. Dazu sollen möglichst wenig und eher kompakte technische Geräte eingesetzt werden und nur so viele Personen, wie unbedingt nötig sind (vgl. Draghina et al. 2018: 62). Alle daran beteiligten Personen müssen selbstverständlich zuvor eingewiesen werden,

ihre Aufgaben in der Aufnahmesituation genau kennen und über die Maxime der Störungsvermeidung aufgeklärt sein.
Grundsätzlich ist Folgendes zu bedenken: Einzelkamerasettings haben einen eingeschränkten Sichtraum; dafür kann die Aufnahme aber meist von einer einzigen Person bewerkstelligt werden. Dieses Setting ist somit wenig invasiv. Durch die Arbeit mit mehreren Kameras lassen sich Veränderungen, Interaktionen und auch Details besser einfangen; sie erfordern aber auch mehr Personen und bringen mehr Störung in die Aufnahmesituation. Draghina et al. (2018: 65–75) stellen in Bezug auf Unterrichts- und Interviewsituationen verschiedene Settings mit einer oder mehreren Kameras vor. Insbesondere das Arbeiten mit mehreren Kameras verdeutlicht, welcher Aufwand sich hinter der Arbeit mit Videodaten verbirgt. Überlegen Sie daher gut, ob das im Rahmen einer Hausarbeit (womöglich mit mehreren Probanden und Probandinnen) überhaupt umzusetzen ist.

5. Nach Festlegung der technischen Ausstattung und vor der eigentlichen Datenerhebung mittels Videographie ist es ratsam, eine **Raumskizze** anzufertigen, die sowohl die örtlichen Gegebenheiten als auch die Platzierung der Technik wiedergibt. Sie dient nicht nur dazu, bei der Planung alle relevanten Aspekte zu berücksichtigen (wie Sichtbereiche, Lichteinstrahlung, Lage der Steckdosen, Verlegestrecken für Kabel etc.), sondern kann am Erhebungstag auch als Hilfe für den Aufbau genutzt werden.
6. In direkter **Vorbereitung** auf die videographische Datenerhebung sollte überprüft werden, ob die eingesetzten Geräte funktionstüchtig, die Akkus geladen, Ersatzakkus oder Batterien bereitgelegt sind etc. Am Vortag der Erhebung wird (ggf. anhand einer Checkliste) nochmals die Vollständigkeit des Equipments kontrolliert. Denn wenn etwas fehlt oder ausfällt, besteht die Gefahr, dass Aufnahmen nicht möglich oder die Aufzeichnungen unbrauchbar sind; dann muss die Erhebung wiederholt werden (vgl. Draghina et al. 2018: 64).
7. Am **Tag der Erhebung** ist genügend Zeit für den Aufbau der Technik einzuplanen.
8. Hinsichtlich der **Datennutzung** gibt es zwei Wege: Gehörtes und Gesehenes kann direkt ausgewertet werden, indem die Beobachtungen anhand des Videomaterials in ein Kategoriensystem überführt werden. Oder die Daten werden zunächst transkribiert (s. Kap. 8.6.1.2), sodass insbesondere das Gesagte genauer betrachtet und ausgewertet werden kann. Maak (2018) stellt in einer tabellarischen Übersicht Transkriptionsprogramme vor, die auch (bis zu zwei) Videospuren einbeziehen und Annotationen ermöglichen. Sie rät allerdings dazu, für das eigene Forschungsvorhaben verschiedene Programme auszuprobieren, um ihre Handhabung individuell einschätzen zu können. Als ein kostenloses Programm, das für die Bearbeitung und Transkription von Videodaten genutzt werden kann, sei auf die Software *ELAN* des Max-Planck-Instituts für Psycholinguistik in Nijmegen (Niederlande) verwiesen (sie ist downloadbar unter: archive.mpi.nl/tla/elan; gesehen am 30.05.2021).

Mit Blick auf die **Gütekriterien** bei der Videographie wird insbesondere die Einschätzung der Validität kontrovers diskutiert, also die Frage, ob das Erfasste auch dem entspricht, was erfasst werden sollte (vgl. Maak 2018: 152). Die Diskussion bezieht sich darauf, ob die Präsenz der Kamera und gegebenenfalls der Beobachter und Beobachterinnen das Geschehen bereits beeinflusst. Corsten (2010) argumentiert, dass videographische Daten ein äußerst exaktes, lückenloses und zuverlässiges Beobachtungsprotokoll liefern. Dabei müssen die Forschenden aber bedenken, dass auch die eingesetzte Technik bzw. Kamera immer eine spezifische Perspektive einnimmt: Sie bildet ebenfalls nicht das vollständige Geschehen ab, sondern setzt immer einen (wenn auch wohlüberlegten) Fokus.

Eng mit der Umsetzung der Gütekriterien verbunden sind die **Vor- und Nachteile** der Videographie, die hier in Anlehnung an Maak (2018: 155) knapp skizziert werden. Zu den Vorteilen gehört vor allem die Dichte der Daten (durch die Kombination von visueller und auditiver Aufnahme); zudem können bei ihrer Auswertung technische Möglichkeiten genutzt werden, etwa wiederholtes Ansehen, Spulen, Zoomen etc. Darüber hinaus ermöglichen diese Daten spezifische Analysen zu unterschiedlichen Fragestellungen oder auch Analysen mit dem gleichen Fokus zu verschiedenen Zeitpunkten. Dem steht auf der Seite der Nachteile gegenüber, dass die Felderschließung sehr zeitaufwendig ist, die Erhebung invasiv und die Stichprobe meist verzerrt, denn in der Regel sind nicht alle mit der Aufnahme visueller und auditiver Daten einverstanden. Hinzu kommt, dass die Daten nicht in ihrer ursprünglichen Form veröffentlicht werden können, sondern nur abgewandelt, zum Beispiel als Standbild.

8.6 Datenaufbereitung

8.6.1 Aufbereitung qualitativer Daten

Qualitative Daten werden z. B. im Rahmen von Laut-Denk-Studien oder Interviewstudien erhoben oder durch die handschriftliche Bearbeitung von Aufgaben gesammelt (vgl. Kap. 8.5.2 und 8.5.3). Um sie gesprächs- und/oder inhaltsanalytisch bewerten und interpretieren zu können, müssen sie zunächst für die weitere Bearbeitung vorbereitet werden. Dazu gehört zum einen die Aufbereitung und Transkription von Verbaldaten oder handschriftlich erstellten Texten. Zum anderen müssen die Daten in eine sinnvolle Reihenfolge gebracht und in sich organisiert werden, damit die Forschenden schnell und unkompliziert auf das Material insgesamt, die zentralen Analyseaspekte und einzelne Sequenzen zugreifen können. Neben bereits schriftlich fixierten Texten arbeitet die Sprachwissenschaft häufig mit Daten, die ursprünglich mündlich geäußert wurden. Bevor solche Daten ausgewertet werden können, müssen sie transkribiert, d. h. schriftlich festgehalten werden. Auf diese Weise sind sie für jedermann einsehbar, leichter zu kategorisieren und wissenschaftlich zu beschreiben. Es gibt prinzipiell drei Arten der Transkription: die einfache standardnahe Verschriftlichung, die phonetische und die Diskurstranskription. Welche Form gewählt wird, hängt von Fragestellung und Ziel der wissenschaftlichen Arbeit ab.

8.6.1.1 Standardnahe Verschriftlichung

Die **standardnahe Verschriftlichung** erfolgt, wenn es lediglich um den Inhalt des Gesagten geht, nicht darum, wie es gesagt wurde. Diese Form der Transkription eignet sich zum Beispiel für Interviews, wenn etwa Personen zu ihrer Sicht auf Sprache befragt werden. Dabei werden weitgehend die orthographischen und grammatischen Regeln des Deutschen berücksichtigt, eventuelle Satzabbrüche korrigiert und Rezeptionssignale (z. B. *hmm*, *ähm*) ignoriert. Die standardnahe Verschriftlichung ist deutlich weniger aufwendig als die im Folgenden dargestellte Transkription. Sie wird deshalb bei inhaltsbezogenen Fragestellungen vorgezogen, etwa wenn wie beim oben dargestellten Laut-Denk-Protokoll der Prozess des Verstehens von Metaphern untersucht wird (vgl. Kap. 8.5.2).

8.6.1.2 Transkription

Bei der **phonetischen Transkription** werden mündliche Daten möglichst lautgetreu schriftlich erfasst. Dies erfolgt zumeist mit Hilfe des Internationalen Phonetischen Alphabets (*International Phonetic Alphabet*, IPA), eines lautsprachlich basierten Alphabets, das eigens für solche Zwecke entwickelt wurde. Für Analysen in den Bereichen Phonetik und Phonologie ist die phonetische Transkription das etablierte Werkzeug. Für das Deutsche geht Kohler (1999) von folgendem Inventar aus:

Internationales Phonetisches Alphabet für Deutsch

p	<u>p</u>asse	t	<u>T</u>asse	k	<u>K</u>asse
b	<u>B</u>aß	d	<u>d</u>as	g	<u>G</u>asse
m	<u>M</u>asse	n	<u>n</u>asse	ŋ	la<u>ng</u>e
f	<u>f</u>asse	s	rei<u>ß</u>e	ʃ	ra<u>sch</u>e
v	<u>W</u>asser	z	Rei<u>s</u>e	ʒ	Gara<u>g</u>e
ç	di<u>ch</u>	x	Da<u>ch</u>	h	<u>h</u>asse
j	<u>j</u>a	ʁ	<u>R</u>asse	l	<u>l</u>asse
i	b<u>ie</u>ten	y	h<u>ü</u>ten	u	sp<u>u</u>ten
ɪ	b<u>i</u>tten	ʏ	H<u>ü</u>tten	ʊ	B<u>u</u>tter
e	b<u>e</u>ten	ø	G<u>oe</u>the	o	b<u>o</u>ten
ɛ	B<u>e</u>tten	œ	G<u>ö</u>tter	ɔ	B<u>o</u>tten
ɛː	b<u>ä</u>ten				

		a	h<u>a</u>tten		
		a:	b<u>a</u>ten		
		ə	Beut<u>e</u>		
aɪ	b<u>ei</u>den	ɔɪ	B<u>eu</u>ten	aʊ	b<u>au</u>ten
				ɐ	Butt<u>er</u>
ʔ	_erarbeiten				

Die Anwendung des IPA belegt folgender kurzer Ausschnitt aus Kohler (1999):

Beispiel:
Einst stritten sich Nordwind und Sonne
aɪns ˈʃtʁɪtn zɪç ˈnɔɐtvɪnt ʊn ˈzɔnə

Wollen Sie dagegen Sprecherwechsel, Unterbrechungen, Satzabbrüche und ähnliche Phänomene untersuchen, eignet sich eher die **Diskurstranskription**. Dieses Werkzeug wird unter anderem in der Gesprächs- und Konversationsanalyse, der Soziolinguistik, der Interaktionalen Linguistik und der Spracherwerbsforschung eingesetzt. Dabei wird kommunikative Interaktion, also ein ursprünglich mündliches Ereignis, diskursanalytisch verschriftlicht. Diskurstranskriptionen basieren auf einer literarischen Umschrift. Besonders gut etabliert ist ein Vorschlag von Margret Selting und anderen aus dem Jahr 1998, das Gesprächsanalytische Transkriptionssystem (GAT), das inzwischen in einer weiterentwickelten Version (GAT 2) vorliegt (Selting et al. 2009). Entwickelt wurde GAT mit dem Ziel, zunächst im deutschen Sprachraum ein einheitliches Transkriptionssystem für diskurs- und konversationsanalytische Zwecke zu etablieren. Die Überarbeitung von GAT 1 zu GAT 2 sollte das System auch im internationalen Forschungskontext anschlussfähig und zudem technisch handhabbar machen: Einerseits sollte es geeignet sein, um Transkripte mit Hilfe von Transkriptionssoftwares zu erstellen (z. B. FOLKER, agd.ids-mannheim.de; gesehen am 20.04.2021, sowie EXMARaLDA, www.exmaralda.org/; gesehen am 20.04.2021), andererseits wollte man Transkripte in elektronischen Korpora computergestützt durchsuchen können (vgl. Selting et al. 2009: 354 f.).

Ein Spezifikum von GAT 2 besteht darin, dass Transkripte je nach Forschungsfrage und zeitlichen Ressourcen unterschiedlich detailliert angefertigt werden können: Das **Minimaltranskript** soll durch wenige spezifische Konventionen auch für Transkriptionsanfänger und -anfängerinnen lesbar sein. Das **Basistranskript** geht darüber hinaus, indem es beispielsweise auch Dehnungen und Tonhöhenbewegungen abbildet. Das **Feintranskript** schließlich hält nicht nur für Akzentuierungen und Tonhöhenbewegungen noch detailliertere Konventionen bereit, sondern erfasst vor allem auch Veränderungen in Lautstärke, Sprechgeschwindigkeit und Stimmqualität. Als grundlegende Phänomene erfasst das Minimaltranskript:

- überlappende Redebeiträge durch eckige Klammern,
- Pausen durch Angabe in runden Klammern,
- außer- und parasprachliche Handlungen und Ereignisse durch die Angabe in doppelten runden Klammern (ohne Markierung der Ausdehnung) oder doppelten spitzen Klammern (mit Markierung der Ausdehnung).

Die Transkription erfolgt grundsätzlich in literarischer Umschrift, die sich an der deutschen Orthographienorm orientiert. Von dieser wird jedoch insofern abgewichen, als sowohl satzinitiale als auch satzinterne Großschreibung entfallen (Großbuchstaben signalisieren im Basis- und Feintranskript Akzentuierung) und die Interpunktionszeichen Komma, Punkt, Gedankenstrich, Semikolon und Fragezeichen keine syntaktischen Einheiten markieren, sondern Tonhöhenbewegungen am Ende von Intonationsphrasen. Darüber hinaus können durch Abweichungen von der orthographischen Norm auch regionale und andere Aussprachevarianten und Klitisierungen verdeutlicht werden. In formaler Hinsicht zeichnen sich Transkripte nach GAT 2 dadurch aus, dass die Transkriptzeilen fortlaufend nummeriert werden; das erleichtert die metasprachliche Analyse. Hinter der Zeilennummer wird der Sprecher oder die Sprecherin angegeben, sofern gegenüber der vorangehenden Zeile ein Sprecherwechsel stattfindet. Dadurch sind die Angaben, die vor der eigentlichen Transkription in den Zeilen stehen, jeweils unterschiedlich lang. Üblicherweise werden Transkripte in einer äquidistanten Schriftart, z. B. Courier New, angefertigt:

```
001  A:   keine ahnung (.)
002       ich hätte als kind wahrscheinlich gedacht
003       des ist irgendwie ein apfel oder
004       (0.6) [eine kartoffel] oder eine [zitrone]
005  B:         [(zitrone)]                [hm_hm]
```

Im Folgenden stellen wir die wichtigsten GAT-2-Transkriptionskonventionen für Minimal- und Basistranskripte vor. Eine detaillierte Darstellung aller Transkriptionskonventionen für GAT 2 finden Sie in Selting et al. (2009: 391 ff.) unter www.gespraechsforschung-ozs.de/heft2009/px-gat2.pdf; gesehen am 16.06.2021.

GAT 2 lässt sich beispielsweise mit GAT-TO gut erlernen (paul.igl.uni-freiburg.de/auer/?Links; gesehen am 19.03.2021), das zusätzliche Erklärungen und vor allem auch Übungsaufgaben enthält. Der Transkriptionseditor FOLKER erleichtert zudem das Diskurstranskribieren (exmaralda.org/de/folker-de/; gesehen am 19.03.2021).

Neben GAT existieren weitere Transkriptionssysteme. Zu nennen sind vor allem HIAT (Ehlich & Rehbein 1976; Rehbein et al. 2004), das zur Transkription schulischer Kommunikation entwickelt wurde, sowie CHAT (talkbank.org/manuals/CHAT.pdf; gesehen am 26.04.2021), auf das vor allem in der Spracherwerbsforschung zurückgegriffen wird.

Zusammenstellung der wichtigsten GAT 2-Transkriptionskonventionen

Minimaltranskript

Sequenzielle Struktur/Verlaufsstruktur

[ ] [...]	Überlappungen und Simultansprechen

Pausen

(.)	Mikropause
(-), (--), (---), (2.0)	kurze, mittlere, längere Pause bis ca. 1 Sek., Pause mit 2 Sekunden

Sonstige segmentale Konventionen

und_äh	Verschleifungen innerhalb von Einheiten
äh öh ähm	Verzögerungssignale (sog. gefüllte Pausen)

Lachen und Weinen

haha hehe hihi	silbisches Lachen
((lacht)) ((weint))	Beschreibung des Lachens/Weinens
<<lachend> >	Lachpartikeln in der Rede, mit Reichweite

Rezeptionssignale

hm ja nein nee	einsilbige Signale
hm_hm ja_a	zweisilbige Signale
ˀhmˀhm	mit Glottalverschlüssen, meistens verneinend

Sonstige Konventionen

((hustet))	para-/außersprachliche Handlungen und Ereignisse
<<hustend> >	para-/außersprachliche Handlungen und Ereignisse, mit Reichweite
( )	unverständliche Passage ohne weitere Angaben
(xxx), (xxx xxx)	ein bzw. zwei unverständliche Silben
(solche)	vermuteter Wortlaut
(also/alo)	mögliche Alternativen
((unverständlich, ca. 3 Sek))	unverständliche Passage mit Angabe der Dauer
((...))	Auslassung im Transkript
→	Verweis auf im Text behandelte Transkriptzeile

Basistranskript

Sequenzielle Struktur/Verlaufsstruktur

=	unmittelbarer Anschluss neuer Sprecherbeiträge/Segmente

Sonstige segmentale Konventionen

: / :: / :::	Dehnung, Längung, um ca. 0.2–0.5 Sek. / 0.5–0.8 Sek. / 0.8–1.0 Sek.
ʔ	Abbruch durch Glottalverschluss

Akzentuierung

akZENT	Fokusakzent
ak!ZENT!	extra starker Akzent

Tonhöhenbewegung am Ende von Intonationsphrasen

?	hoch steigend
,	mittel steigend
-	gleichbleibend
;	mittel fallend
.	tief fallend

Sonstige Konventionen

<<erstaunt> >	interpretierende Kommentare, mit Reichweite

Die Erhebung multimodaler Daten, z. B. videographischer Daten von Unterrichtssituationen, erfordert eine **multimodale Diskurstranskription**. Körperlich-visuelle Ausdrucksweisen und verbale Elemente können zusammen einen multimodalen Text konstituieren, wenn zum Beispiel in Gesprächen Gestik, Mimik, Blickverhalten etc. mit dem verbal Geäußerten zusammenspielen. Transkribiert werden sie zumeist mit dem **Standbildverfahren** (Stukenbrock 2009): GAT 2 wird mit für das Gesagte relevanten photographischen Standbildern kombiniert, die an passenden Stellen eingefügt und ggf. beschriftet werden, sodass sie dem Textverlauf eindeutig zugeordnet werden können. Das folgende Anschauungsbeispiel aus Meer & Pick (2019: 40–42) ist der Ausschnitt eines Gesprächs zwischen einem Anwalt A und seinen Mandanten bzw. Mandantinnen M1, M2, M3 und M4, die wie folgt an einem Tisch sitzen:

Abb. 8-1: Standbild eines Gesprächs

Striche verbinden die Standbilder mit der entsprechenden zeitlichen Stelle im Transkript:

```
027 A: würd ich wahrSCHEINlich irgendwann aus neugier
       nachfragen-
    Ko A: Blick auf M4, F1: Blick auf A
```

Abb. 8-2: Verknüpfung aus Standbild und Momenten im Transkript

Bei nicht-öffentlichen Gesprächen werden die Standbilder in der Regel zum Schutz der Probandinnen und Probanden digital nachbearbeitet oder aber die Personen werden unkenntlich gemacht, beispielsweise indem die Gesichter verpixelt werden.

Arbeiten Sie in Ihrer Hausarbeit schließlich zu einer schriftlinguistischen Fragestellung, so ist es unter Umständen notwendig, anstelle von Verbaldaten **von Hand geschriebene Texte zu transkribieren**. Grundsätzlich kann es – in Absprache mit den die Haus- oder Abschlussarbeit betreuenden Dozierenden – je nach Fragestellung bereits ausreichend sein, die Texte abzutippen und die handgeschriebenen Texte im Original oder als Scan dem Anhang der Arbeit beizufügen. Steht hingegen die Arbeit an der Textoberfläche im Fokus, beispielsweise Überarbeitungsprozesse in der Textproduktion, Anmerkungen von Ko-Autorinnen und Ko-Autoren oder Korrekturen durch die Lehrperson, kann eine detaillierte Transkription notwendig sein. Das folgende Beispiel eines kindlichen schriftsprachlichen Lernertextes stammt von Ohlhus (2006: 77). Es ist insofern besonders herausfordernd, als es zahlreiche Informationen über die graphischen und strukturellen Elemente des Textes enthält, etwa Durchstreichungen, Überschreibungen, Korrekturen, Zeilenveränderungen, Bebilderungen und unregelmäßige Abstände.

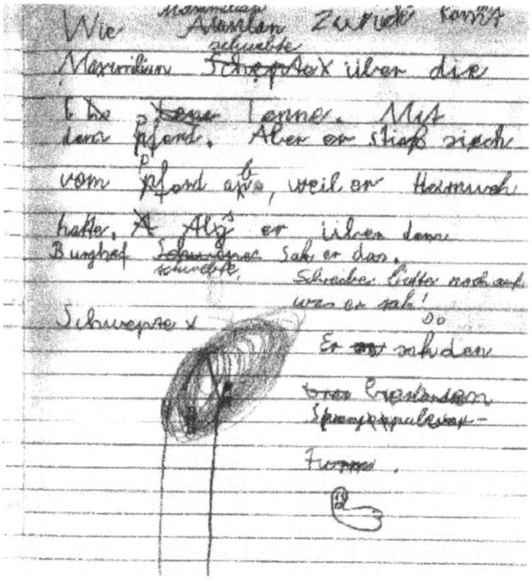

Abb. 8-3: Beispiel eines kindlichen schriftsprachlichen Lernertextes

Um die einzelnen schriftlinguistischen Phänomene des Lernertextes umfassend abbilden und das entstehende Datenkorpus funktional verwalten und analysieren zu können, schlägt Ohlhus (2006: 61 f.) die Verwendung einer computergestützten Beschreibungssprache vor. Dazu hat er ein Verfahren entwickelt, das XML *(Extensible Markup Language)* als Auszeichnungssprache nutzt, um eine nicht-handschriftliche Darstellung handgeschriebener Texte zu generieren, die u. a. graphische Elemente, Korrekturen und Autorschaften berücksichtigt. Der eben gezeigte Text wird nach diesem Verfahren folgendermaßen dargestellt (die von der Lehrerin ergänzten Kommentare sind rot markiert):

Wie <[~~Maxilan~~[Leh]]*Maximilian*> zurü<*c*>k ko<m*m*>t
Maxilan <[~~Schepte~~[Leh]][**Schwepte** [uR]] *schwebte*> über die
L ~~LoLene~~ Lenne. Mit
de<n*m*><[~~p~~[Leh]]*P*>ferd. Aber er stie<s*ß*> si[~~e~~[Leh]]ch
vom <[~~p~~[Leh]]*P*>ferd a<[~~p~~[Leh]]*b*>. weil er <h*H*>eimwe<*h*>
hatte. ~~A~~ Al<[~~z~~[Leh]]*s*> er über de<n*m*>
Burghof <[~~Schwepe~~[Leh]][*schwebte* [sub]] > sa<r*h*> er das.
Schreibe bitte noch auf,
was er sah! Do
[[Bild:Ein brennender Turm und ein Gespenst]]
Er ~~sa~~ sa<r*h*> den
~~bren~~ bren<*n*>end<n*en*>
spreng[~~en~~[Leh]]pul<w*v*>er-
tu<[rm]*rm*>.

Um die Informationen des handschriftlichen Textes in einem XML-Dokument darzustellen, müssen die Textelemente in der Auszeichnungssprache kodiert werden. Die durchgestrichene Textstelle *~~Maxilan~~* wird beispielsweise wie folgt kodiert: Die Angabe, dass es sich um eine Annotation handelt, wird – wie bei XML-Sprachen üblich – durch ein umschließendes <ann> markiert, das geschriebene Wort *Maximilian* durch *<basis>* und die Durchstreichung durch *<del type=„strikethrough“>*, was für *Deletion durch den Typ ‚Durchstreichen'* steht (vgl. Ohlhus 2006: 64).

```
<ann>
          <basis>Maximilian</basis>
          <del type=„strikethrough"/>
</ann>
```

Die Transkriptionen *(doc)* bestehen aus einem Dokumentenkopf *(head)* und dem Text *(text)*, der einen Textkörper *(body)* und Bemerkungen *(back)* enthält.

```
<doc n=„Name der Umschrift">
         <head>
<!-- Metadaten zum Originaltext und zur Umschrift-->
         </head>
         <text>
                      <body>
<!-- eigentlicher Text der Umschrift-->
                      </body>
                      <back>
<!-- Bemerkungen zu einzelnen Textpassagen-->
                      </back>
         </text>
</doc>
```

Unter <head> können Metainformationen zum Originaltext und zur Umschrift notiert werden. Die Umschrift selbst folgt nach <body>, wobei Zeilen- und Seitenumbrüche durch <lb> *(linebreak)* bzw. durch <pb> *(pagebreak)* markiert werden. Der folgende kleine Abschnitt illustriert die XML-basierte Verschriftlichung; die anschließende Tabelle führt die weiteren Elemente auf (beides ist Ohlhus 2006: 64–66 entnommen).

```
Alz er über den<lb/>
Burghof Schwepe sar er das. <lb/>
<gap extend=2 Zeilen"/>
Er sar den<lb/>
<lb/>
brenendn<lb/>
spregenpulwer= <lb/>
<lb/>
turm.
```

Elemente zur Umschrift handschriftlicher Texte

Element	Kurzbeschreibung	Mögliche Attribute
Dokumentstruktur		
<doc>	Wurzelelement	name
<head>	Kopfelement für Metainformationen	-
<text>	Textkörper der Umschrift	-
<body>	Basistext der Umschrift	-
<back>	Annotationsteil	-
Graphische Textstruktur		
<lb>	Zeilenumbruch	-
<pb>	Seitenumbruch	-
<space>	Lücke im Originaltext	extend
<gap>	Auslassung in der Umschrift	extend
<unclear>	Unleserliche Passage	-
<pict>	Bild	desc, hand
<seg>	Allgemeine Kennzeichnung eines Textstücks (als Grundlage für Kommentare und Phaseneinteilung des Schreibprozesses)	n, hand, ph
Einfügungen, Tilgungen, Markierungen		
<ann>	Annotation	-
<basis>	Textbasis einer Einfügung, Tilgung oder Markierung	-
<add>	Einfügung	hand, ph, place
<del>	Tilgung	hand, ph, type
Anmerkungen		
<note>	Anmerkung zu einem Textsegment	target, resp

Attribut	Kurzbeschreibung	mögliche Werte
desc	Description, Beschreibung eines Bildes, Element <pict>	Freier Text
extend	Größe einer Lücke oder Auslassung, Elemente <gap> und <space>	Maß in cm
hand	Autor einer Textpassage, Elemente <seg>, <pict>, <add>, <del>, <hi>	frei wählbare Autorenkürzel
name	Name des Umschriftdokumentes, Element <doc>	frei wählbar

n	Nummer eines Textsegmentes, Element <seg>	natürliche Zahl
ph	Entstehungsphase eines Textsegmentes innerhalb des Schreibprozesses, Elemente <seg>, <add>, <del>, <hi>	natürliche Zahl
place	Ort einer Einfügung, Element <add>	'sup' (*superlinear*), 'inf (*infralinear*), 'in' (*inline*), 'lR', 'rR', 'uR', 'oR' (*linker, rechter, unterer, oberer Rand*) sowie 'ex' (*externe Ergänzungen*, etwa auf einem beiliegenden Blatt)
target	Bezugselement einer Anmerkung, Element <note>	natürliche Zahl, Bezug auf n des entsprechenden Segmentes (<seg>)
type	Typ einer Tilgung bzw. einer Markierung im Text, Elemente <del> und <hi>	erase und strikethrough für <det>
resp	Autor einer Anmerkung zu einem Textsegment	frei wählbare Namenskürzel

8.6.1.3 Organisation und Vorbereitung der Daten

Wenn Sie Verbaldaten analysieren möchten, müssen Sie diese sinnvoll und ökonomisch organisieren. Das ist besonders dann wichtig, wenn viele Transkripte erstellt werden und/oder die Transkripte sehr umfangreich sind, wie es z. B. bei Interviews der Fall ist. Damit Forschende im Zuge der Interpretation und Präsentation von Daten schnell auf Passagen oder Gesprächsstellen zugreifen können, schlägt Deppermann (2008: 31) vor, für die Daten organisierende Gesprächsinventare zu erstellen und die zu analysierenden Passagen zu selektieren. Auf diese Weise werden die Daten nicht nur materiell vorbereitet. Sie können in diesem Arbeitsschritt auch bereits eine Vielzahl unterschiedlicher Phänomene im Material entdecken, aus denen Hypothesen abgeleitet werden können.

Aus datenschutzrechtlichen Gründen ist zunächst zu beachten, dass die Daten anonymisiert werden müssen. Dies bedeutet, dass persönliche Daten oder konkrete Angaben zu Personen sowie Orts-, Firmen- und Datumsangaben unkenntlich gemacht werden müssen, damit sie keine Rückschlüsse auf die Identität der jeweiligen Personen oder auf Organisationen bzw. Institutionen erlauben. Die betreffenden Angaben können entweder „maskiert" werden, nach einem Codesystem aus Zahlen und/oder Buchstaben, oder sie können durch alternative Angaben ersetzt werden. Damit die Forschenden die maskierten Daten weiterhin den Originaldaten zuweisen können, empfiehlt es sich, einen Maskierungsschlüssel zu verwenden.

Das **Gesprächsinventar** selbst besteht aus einem Deckblatt und einem Überblick über den Gesprächsablauf (vgl. die ausführliche Übersicht in Deppermann 2008: Kap. 4.1 sowie Brinker & Sager 2010). Auf dem Deckblatt werden die zentralen Rahmendaten zur jeweiligen Gesprächsaufnahme zusammengefasst, die im Verlauf der Transkription und Analyse ergänzt werden können. Dazu zählt Deppermann (2008: 32)

- eine Verortung des Gesprächs im Korpus: Titel und Nummer,
- Angaben zu den Gesprächsumständen: Ort, Datum, Uhrzeit und Dauer der Aufnahme,
- eine anonymisierende Kodierung der Sprechenden durch die Zuordnung einer alternativen und einer abkürzenden Sigle (z. B. *Anna* → *Simone/Si*),
- Informationen zur Transkription: Welche Abschnitte wurden (von welcher Person) bereits transkribiert?
- Informationen zur Aufnahme: Angaben zur Ton- und/oder Bildqualität sowie zu etwaigen technischen Störungen, Komplikationen oder Gesprächsunterbrechungen; bedeutsame Eigenschaften der Personen (z. B. leise Stimme oder starker Dialekt).

Das Gesprächsinventar (vgl. Deppermann 2008: 32 ff.) dient dazu, die Übersicht über das Gesamtgespräch und die Dynamik seines Verlaufs zu behalten, zugleich aber auch systematisch auf einzelne Gesprächsabschnitte bzw. Sequenzen zugreifen zu können. Es wird i. d. R. tabellarisch gestaltet und berücksichtigt die folgenden Aspekte:

Zeit	Transkriptseite	Sprechende	Inhalt/Handlung	Memo	Bezug zur Forschungsfrage
...	...	...	...	...	...

Tab. 8-5: Systematik eines Gesprächsinventars

- **Zeit:** Um welche genaue Stelle in der Aufnahme handelt es sich und wie lange dauert sie?
- **Transkriptseite:** An welcher Stelle im Transkript ist die Sequenz verortet?
- **Sprechende:** Siglen der Sprechenden, die an der Sequenz beteiligt sind
- **Inhalt/Handlung:** Notizen/Stichpunkte zu wesentlichen Gesprächsphasen und -themen sowie nonverbalen Handlungen
- **Memo:** Auffälligkeiten im Gespräch, z. B. Formulierungen, Verhaltensweisen oder Störungen
- **Bezug zur Forschungsfrage:** besondere Phänomene, die Gegenstand der Analyse sind und theoriebezogen interpretiert werden können (z.B.: Wie wird ein Anliegen formuliert? Wie gestalten die Teilnehmenden ihre Beziehung zueinander? Wie wird mit Konflikten umgegangen?)

Die Inventarisierung ermöglicht neben der Gesprächsübersicht einen ersten Einblick in die zu untersuchenden Phänomene. In diesem Zusammenhang sollten Sie noch einmal die Klarheit Ihrer Forschungsfrage überprüfen, die den Ausgangspunkt der Untersuchung bildet (vgl. Deppermann 2008: 36): Wurden die Daten zielführend erhoben oder muss die Fragestellung noch einmal geschärft werden? Daran anschließend wählen Sie die passenden Analyseabschnitte aus. Ein mögliches Vorgehen ist, zu differenzieren, welche

Passagen einen direkten Bezug zur Forschungsfrage haben, auf welche Weise thematische Gesprächseinheiten eröffnet bzw. initiiert werden und wann sie abgeschlossen sind und welche Abschnitte keinen oder nur einen geringen Wert für die spätere Analyse haben.

8.6.2 Aufbereitung quantitativer Daten

Auch quantitative Daten werden anonymisiert, damit in der Auswertung und Präsentation keine Rückschlüsse auf die teilnehmenden Personen möglich sind. Bei Fragebogenstudien oder bei der Bearbeitung von Kompetenztests, die den **Querschnitt** einer Stichprobe ermitteln wollen, geben die Testpersonen daher an keiner Stelle ihren Namen an, sondern die Testmaterialien werden im Vorfeld kodiert. Die **Kodierung** kann aus einzelnen Buchstaben oder Zahlen bestehen oder aber aus einer **Buchstaben- und/oder Zahlenkombination**, z.B.:

> **Beispiel:**
> 1101100211: 1101 (Verarbeitungsbedingung) 10 (Schule) 02 (Klasse) 11 (Schüler/in).

Grundsätzlich können die Testmaterialien auch durch eine fortlaufende Nummerierung (1, 2, 3 ...) kodiert werden. Eine systematische Kodierung, wie sie das Beispiel zeigt, kann jedoch Hinweise auf die experimentelle Bedingung (z. B. Experimentalgruppe vs. Versuchsgruppe) und andere stichprobenbezogene Merkmale geben. Bei Erhebungen in Schulklassen kann es beispielsweise sinnvoll sein, wenn anhand der systematischen Kodierung auf Schulform, Schule, Klasse und schließlich die einzelnen Testpersonen geschlossen werden kann. Besonders in Studien mit einer umfangreichen Stichprobe und mehr als zwei Verarbeitungsbedingungen gelingt es auf diese Weise, dem Datenmaterial eine erste Struktur zu geben, und bei der Auswertung können mit Hilfe geeigneter Software zur quantitativen Datenanalyse Gruppenvergleiche vorgenommen werden, z. B. nach Verarbeitungsbedingung, Schulform o.Ä. (zu Gruppenvergleichen s. auch Kap. 8.7.4)

Eine Besonderheit in der Kodierung betrifft Studien mit mehreren Messzeitpunkten. Dazu zählen **Interventionsstudien**, die z. B. den Effekt und die Nachhaltigkeit eines Trainings messen sollen und dafür mit einem Testdesign aus Pre-, Post- und Follow-up-Tests arbeiten. Eine andere Form sind **Längsschnittstudien** (auch Verlaufs- oder Longitudinalstudien genannt), die über einen definierten längeren Zeitraum hinweg (ggf. mehrere Jahre) eine einzige Stichprobe hinsichtlich festgelegter Merkmale testen, um soziale oder individuelle Wandlungsprozesse zu erfassen. In solchen Fällen werden im Rahmen der ersten Erhebung systematisch die individuellen Kodierungen zusammen mit den Testpersonen anhand unveränderlicher Kennzeichen entwickelt (z. B. AL0104 als Kombination aus Initialen und Geburtsdatum o.Ä.). Auf diese Weise können die Testpersonen die Kodierung bei jeder nachfolgenden Erhebung selbstständig erinnern und angeben.

Um quantitative Daten zielführend aufzubereiten, die z. B. mittels Fragebögen oder Kompetenztests erhoben wurden, sollten die Variablen in eine sinnvolle Ordnungsstruktur in tabellarischer Form gebracht werden. So werden die Daten gleichzeitig für die statistische Weiterverarbeitung und Auswertung mit Hilfe geeigneter Software vorbereitet. Für die reine Organisation der Variablen eignet sich auch ein Tabellenkalkulationsprogramm wie Excel, mit dem bereits grundlegende statistische Kennwerte ermittelt werden können (z. B. Häufigkeiten oder Mittelwerte). Für umfassende Analysen der deskriptiven Statistik und der Inferenzstatistik eignen sich beispielsweise das kostenpflichtige Programm SPSS (IBM SPSS Inc, 2021) oder die freie Software R (www.r-project.org; gesehen am 16.06.2021) (vgl. auch die Übersicht in König 2018). Mit solchen Programmen können Sie entweder selbst eine Variablenstruktur anlegen und die erhobenen Daten eingeben oder bereits in Excel kodierte Datensätze importieren.

Jedes Item eines Fragebogens steht für eine bestimmte Variable, die mit einem Label versehen wird. Dazu zählen der Itemstamm und eine Abkürzung der Variablen für die tabellarische Übersicht. Items eines Testinstruments zum Textverständnis können beispielsweise mit TV1, TV2, TV3 etc. abgekürzt werden. Handelt es sich um kategoriale oder nominalskalierte Variablen, werden die einzelnen Merkmalsausprägungen in Zahlen ausgedrückt: Die Variable der Wortart kann beispielsweise als *Nomen* = 1, *Verb* = 2 usw. kodiert werden. Punkt- oder Leistungswerte (z. B. bei Verständnistests) können hingegen direkt in die Tabelle übertragen werden. Darüber hinaus kann in der Kodierung festgelegt werden, wie mit *missing data* oder verfälschten Daten umgegangen wird, also wenn keine Angabe gemacht wurde, mehrere Antworten genannt wurden oder Antworten nicht lesbar sind. Für solche Fälle hat sich die Kodierung mit Zahlenkombinationen etabliert, die so an keiner anderen Stelle in der Auswertung auftreten können, z. B. *keine Angabe* = 999.

Die folgende Tabelle zeigt einen Ausschnitt aus einer möglichen tabellarischen Organisation der Variablenstruktur. Die Spalten bilden die Variablen ab, während in den Zeilen nach und nach die Testpersonen, ihre Personendaten und die (Test-)Ergebnisse eingetragen werden:

Code	Datum	Geschlecht	TV_1	TV_2	TV_3	TV_Sum
110101	08.03.2021	1	3	3	1	7
120102	12.03.2021	2	1	999	1	2
...	...	...	...	...	...	...

Tab. 8-6: Organisation der Variablenstruktur im Rahmen einer Erhebung

8.6.3 Interraterreliabilität

Wie aus der Darstellung ausgewählter Erhebungsmethoden in diesem Kapitel bereits hervorgeht, ist ein Ziel empirischer Studien, bestimmte Merkmalsausprägungen oder Personeneigenschaften möglichst genau zu bestimmen und einzuschätzen (vgl. Wirtz & Caspar 2002: 13). Entsprechende Merkmale, wie z. B. die Akzeptabilität einer grammatischen Konstruktion, das individuelle Grammatikwissen oder das Textverständnis einer Person, lassen sich nicht unmittelbar beobachten, sie müssen erst darstellbar (manifest) gemacht werden (s. auch Kap. 8.4). Zum einen können introspektive Methoden wie Lautes Denken Einblick in die kognitiven Prozesse geben, die die Bearbeitung einer Aufgabe begleiten (s. Kap. 8.5.2). Zum anderen können in der Konzeption von Testinstrumenten unterschiedliche Aufgabenformate – z. B. Multiple-Choice-Fragen, mehrstufige Antwortskalen oder offene Fragen (s. auch Kap. 8.5.4) – einzeln oder in Kombination miteinander als Indikatoren verwendet werden, um eine Merkmalsausprägung vorherzusagen (vgl. Rost 2004: 59 f.).

Insbesondere bei der Analyse von Verbaldaten bzw. Transkripten mit Hilfe eines Kategoriensystems und bei der Beurteilung von offenen Antwortformaten anhand eines Erwartungshorizonts muss die Bearbeitung über den Datensatz hinweg hinreichend objektiv sein. Die sogenannte **Auswertungsobjektivität** wird dadurch gewährleistet, dass überprüft wird, ob mehrere Raterinnen und Rater bei den gleichen Testpersonen vergleichbare Punkt- und Leistungswerte ermitteln bzw. Verbaldaten vergleichbar interpretieren (vgl. Bühner 2011: 59 f.). Dafür sollten die Daten in einem doppelt-blinden Verfahren *(double-blind)* durch (mindestens) zwei voneinander unabhängige Personen beurteilt werden. Das bedeutet, dass die Raterinnen und Rater die Daten jeweils für sich auswerten, ohne Einblick in die Kodierungen der anderen zu erhalten. Hier ist zu überprüfen, in welchem Ausmaß verschiedene Raterinnen und Rater das Auswertungsobjekt anhand systematisch definierter Merkmale voneinander abweichend einschätzen. Diese sogenannte **Interraterreliabilität** wird in Abhängigkeit vom Skalenniveau der Variablen und Kategoriensysteme berechnet (vgl. Wirtz & Caspar 2002: 15).

Bei nominalskalierten Kategoriensystemen, die z. B. in inhalts- oder gesprächsanalytischen Auswertungsverfahren eingesetzt werden, wird das **Übereinstimmungsmaß Cohens kappa** (κ) ermittelt (zu den Skalenniveaus s. Kap. 8.4). Entsprechende Kategoriensysteme arbeiten entweder mit dichotomen Kategorien, d. h. eine Merkmalsinformation trifft entweder zu oder nicht, oder mit polytomen Kategorien, d. h. die Merkmalsinformation hat mehr als zwei Ausprägungen, von denen nur eine zutreffen kann (vgl. Wirtz 2006: 370). Cohens kappa (κ) informiert zum einen über das Maß an übereinstimmenden Beurteilungen in Relation zur Gesamtzahl aller Kodierentscheidungen. Zum anderen muss aber auch bestimmt werden, ob die Übereinstimmungen nicht lediglich auf einem Zufall beruhen. Eine verhältnismäßig geringe Zahl unterschiedlicher Kodierentscheidungen verweist darauf, dass die Ratingurteile immer noch grundsätzlich zuverlässig sind (vgl. Wirtz & Caspar 2002: 34). Cohens kappa kann Werte zwischen −1 und 1 annehmen, wobei $\kappa = 1$ für maximale bzw. völlige Übereinstimmung steht. Werte zwischen .6 und .75 gelten im Allgemeinen als Indikator für eine „gute", Werte > .75 als Indikator für eine „sehr gute" Beurteilungsübereinstimmung. Bei negativen Werten ist die Übereinstimmung in den Beurteilungen noch geringer als per Zufall erwartbar (vgl. Wirtz & Caspar 2002: 59). Im folgenden Beispiel wurde die Reliabilität eines Notationssystems für die Transkription nichtverbaler Zeichen durch Anwendung von Cohens Kappa überprüft.

Beispiel:
Nichtverbale Zeichen im kommunikativen Verhalten zu „transkribieren“ ist schwer, wenn nicht gar unmöglich, denn ihre Kodierung ist nicht, wie bei den meisten verbalen Zeichen, diskret, arbiträr und invariant, sondern kontinuierlich, ikonisch und probabilistisch. Es wird daher vorgeschlagen, für nichtverbales Kommunikationsverhalten Notationssysteme zu benutzen, die auf einer Segmentierung von Bewegungen in funktionale Einheiten beruhen. Ausgehend von den Arbeiten von Ekman und Friesen wird ein Notationssystem für Hand-, Kopf- und Körperbewegungen beschrieben und seine Reliabilität (mit Hilfe von Cohens Kappa) angegeben. Erste Ergebnisse zweier Untersuchungen, die sich dieser Notationssysteme bedienen, deuten auf interessante Beziehungen zwischen den Persönlichkeitseigenschaften von Akteuren sowie den Persönlichkeitszuschreibungen von Beurteilern und nichtverbalen Verhaltensweisen hin.
(Scherer et al. 1979: 177)

Für mindestens intervallskalierte Beurteilungsdaten – beispielsweise Items in Kompetenztests, die über ein Punktesystem kreditiert werden – wird die **Intraklassenkorrelation** berechnet. Der Intraklassenkorrelationskoeffizient (ICC) kann Werte zwischen 0 und 1 annehmen, wobei 0 für eine rein zufällige Beurteilung steht und 1 für die absolut zuverlässige Einschätzung. Übersteigt der ICC den Schwellenwert von .70, verweist der Indikator konventionell auf eine gute Übereinstimmung zwischen den Ratern und Raterinnen (vgl. Wirtz 2006: 377).

8.7 Datenauswertung

In der Rezeption sprachwissenschaftlicher Literatur und der eigenen Bearbeitung sprachwissenschaftlicher Fragestellungen werden Sie im Laufe Ihres Studiums mit empirischen Studien konfrontiert, in denen Daten mit Hilfe qualitativer und/oder quantitativer Auswertungsverfahren verarbeitet und interpretiert werden. Jede Methodik greift dafür auf eigene festgeschriebene Regeln zurück (vgl. Baur & Blasius 2014: 41). Dieses Kapitel soll einen Einblick in ausgewählte Auswertungsverfahren geben, die die in Kapitel 8.5 vorgestellten Erhebungsmethoden ergänzen. Da der Umfang dieses Einführungsbands begrenzt ist, können die Methoden hier nicht umfassend behandelt werden. Die Darstellung bietet aber erste Anknüpfungspunkte für die Arbeit damit.

8.7.1 Inhaltsanalyse

Um qualitativ erhobene Daten auszuwerten, beispielsweise aus leitfadengestützten Interviews oder Laut-Denk-Studien, bietet sich die qualitative Inhaltsanalyse an, ein traditionelles Auswertungsverfahren der Sozialforschung (vgl. Heins 2018: 303).

Verfahren wie dieses dienen häufig dazu, anhand von Einzelfällen Theorien und Hypothesen zu bilden, die anschließend im Rahmen empirischer Studien mit einer größeren Stichprobe verifiziert oder falsifiziert werden können. Umgekehrt ermöglichen es qualitative Analysen, plausible Urteile abzusichern oder unklar gebliebene statistische Zusammenhänge zu erklären (vgl. Betz et al. 2019: 548, ferner Mayring 2015: 22 f., 25).

Gegenstand der qualitativen Inhaltsanalyse (QIA) kann „jede Art symbolischen Materials" (Reichertz 2011: 89) sein; darunter fallen sowohl Texte und Bilder als auch Audio- und Videoaufnahmen. Bei der QIA wird das unter Umständen sehr umfangreiche Datenmaterial kategorisiert, um „strukturierte und systematisierte Datenmengen" (Heins 2018: 309) zu erzielen. Die qualitative Analyse von Verbaldaten oder Textkorpora wird durch Quantifizierungen sinnvoll ergänzt. Mit der qualitativen Inhaltsanalyse können Sprachdaten im Hinblick auf die Häufigkeit bestimmter Aspekte betrachtet werden; das können sowohl inhaltliche und pragmatische als auch grammatische und stilistische Merkmale sein (vgl. Bortz & Döring 2006: 149; vgl. ferner die Studie von Uhl 2015). Die Methode dient somit dazu, weitere Merkmale der Textgestaltung (z. B. Textqualität) bzw. mündlicher und schriftlicher Kommunikation als Variablen zu erheben und zu operationalisieren, die „konkret messbar, d. h. auszählbar" sind und in die Interpretation qualitativer Daten einfließen können (Uhl 2018: 324).

In seinem allgemeinen inhaltsanalytischen Modell definiert Mayring (2015) neun Schritte, die qualitative und quantitative Aspekte und Verfahrensweisen integrieren und für die Durchführung der Analyse als Orientierung dienen können. Zu betonen ist in diesem Zusammenhang, dass die Inhaltsanalyse kein „Standardinstrument" (Mayring 2015: 49) ist; sie ist zwar systematisch und regelgeleitet aufgebaut und geht in konkreten Analyseschritten vor, das Analysemodell muss jedoch stets an die jeweilige Fragestellung und das generierte Materialkorpus angepasst werden. Im Vergleich zu quantitativen Auswertungsverfahren der deskriptiven und der Inferenzstatistik, bei denen für Umsetzung und Interpretation feste Regeln und Kriterien gelten, sind Ablaufschemata der qualitativen Inhaltsanalyse somit flexibel und wenig vorgezeichnet, darüber hinaus ermöglichen sie, auch latente Bedeutungszusammenhänge in großen Materialmengen, z. B. Aspekte der Informationsverarbeitung, in den Blick zu nehmen (vgl. Heins 2018: 319). Die Schritte 1 bis 5 betreffen die Auswahl des zu analysierenden Korpus, die Datenaufbereitung und die Konkretisierung der Fragestellung. Bei den Schritten 5 bis 9 stehen die Entscheidung für eine Analysetechnik, die Konzeption des Kategoriensystems, die Kodierung des Materials und die abschließende Ergebnisinterpretation im Fokus (vgl. Betz et al. 2019: 548 f.; Mayring 2015: 62 und ausführlich Kap. 5).

1. *Festlegung des Materials:* Zunächst werden die Größe des Korpus und die zu analysierenden Einheiten bestimmt. Als Kodiereinheit wird „der kleinste Materialbestandteil" (Mayring 2015: 61) gefasst, der bei der späteren Kodierung unter eine Kategorie fallen darf. Je nach Korpus und Materialtyp können einzelne Segmente eines Textes oder eines Transkripts eine Kodiereinheit bilden. Bei multimodalen Einheiten und kurzen sprachlichen Äußerungen ist es jedoch auch möglich, die einzelnen Kategorien bezogen auf den gesamten Text bzw. das jeweilige Bild zu vergeben.

2. *Analyse der Entstehungssituation:* In diesem Schritt wird konkretisiert, in welchem Kontext das Material erarbeitet wurde und wie sich das Korpus und die Stichprobe zusammensetzen.
3. *Formale Charakteristika des Materials:* Liegen die Daten nur in handschriftlicher Form, als Photographie, Audio- oder Videoaufnahme vor, muss das Material zunächst digitalisiert bzw. transkribiert werden. Werden Verbaldaten analysiert, können die Basistexte in diesem Zusammenhang durch Beobachtungsdaten aus der Erhebungssituation ergänzt werden.
4. *Analyserichtung:* Im vierten Schritt des Analysemodells wird festgelegt, ob ausschließlich Angaben über den inhaltlichen Gegenstand bzw. den der Analyse zugrunde liegenden Text gemacht werden oder auch externe Faktoren in die Analyse einfließen sollen, z. B. der Handlungshintergrund oder kognitive und affektive Voraussetzungen der Interaktantinnen und Interaktanten.
5. *Theoriegeleitete Differenzierung der Fragestellung:* Bevor die Analyse des Datenmaterials beginnen kann, wird überprüft, ob die Fragestellung für die Analyse präzise formuliert und ob sie theoretisch sinnvoll begründet ist, d. h. auf den Forschungsstand zum Analysegegenstand bezogen werden kann.
6. *Festlegung von Analysemodell und Ablauftechnik:* Im sechsten Schritt wird die Analysetechnik ausgewählt, die die Auswertung lenkt und das spätere Kategoriensystem bedingt. In diesem Zusammenhang differenziert Mayring zwischen *Zusammenfassung*, *Explikation* und *Strukturierung*. Mit der *zusammenfassenden Analyse* wird das Datenmaterial kategoriengeleitet so reduziert und abstrahiert, dass die relevanten Inhalte erhalten bleiben und auf das Grundmaterial zurückgeführt werden können. Im Rahmen der *explikativen Analyse* wird das Datenmaterial nicht reduziert, sondern es werden mehrdeutige bzw. strittige Passagen beurteilt, indem Informationen aus dem Textumfeld betrachtet oder weitere, externe Informationen hinzugezogen werden, z. B. über den Autor bzw. die Autorin oder die soziokulturellen Hintergründe. Mit der *strukturierenden Analyse* wird das Material schließlich auf der Basis zuvor festgelegter Ordnungskriterien betrachtet, beispielsweise um bestimmte formale oder inhaltliche Strukturen herauszufiltern (vgl. Mayring 2015: 67).
7. *Definition der Analyseeinheiten:* Um das Datenmaterial kriteriengeleitet analysieren zu können, muss zunächst ein klar definiertes Kategoriensystem entwickelt werden. Dieses beschreibt genau, was unter den einzelnen Kategorien zu verstehen ist, und enthält außerdem explizite Kodierregeln und Ankerbeispiele, die konkretisieren, welche Äußerungen oder Textbestandteile unter einer Kategorie zu fassen sind. Einzelne Kategorien können entweder danach vergeben werden, ob die zu prüfende Eigenschaft vorliegt oder nicht (dichotome Kategorien), oder es können mehr als zwei Merkmalsausprägungen auf eine Kategorie zurückgeführt werden (polytome Kategorien). Die Konstruktion des Kategoriensystems hängt wiederum von der Forschungsfrage und ihrer Einbettung in den Forschungsstand ab und kann entweder deduktiv oder induktiv erfolgen (Kuckartz 2018: 64):

Bezug für die Kategorienbildung

Theorie ←——————→ **Empirie**

Deduktiv bzw. *a priori* entwickelte Kategorien sind solche, die nicht direkt aus dem Material stammen, sondern theoriegeleitet entwickelt werden, d. h. unter Rückgriff auf etablierte Prozessmodelle oder z. B. bei leitfadengestützten Interviews mit Bezug auf den Untersuchungsleitfaden. Induktiv gebildete Kategorien ergeben sich hingegen ohne Bezug auf vorab formulierte Theoriekonzepte direkt aus dem Material, indem die Daten schrittweise nach Regelmäßigkeiten gesichtet und vorläufigen Kategorien zugeordnet werden (vgl. Mayring 2015: 85; Schieferdecker 2018: 98). Bei der Kodierung wird die jeweilige Merkmalsausprägung i. d. R. durch einen Platzhalter repräsentiert, der z. B. aus einzelnen Zeichen (‚K1'), einem Begriff (‚Natur') oder einer Mehrwortkombination (‚Erläuterung der Funktion eines Adverbs') besteht (vgl. Betz et al. 2019: 550).

8. *Kodieren und Prüfen der Kategorien:* Mit Hilfe des Kategoriensystems wird das Datenmaterial kodiert. Unter **Kodierung** ist die Zuweisung der Kategorien zu relevanten Analyseeinheiten zu verstehen. Im Kodierungsprozess wird das Datenmaterial intensiv gesichtet und strukturiert.
9. *Ergebnisinterpretation:* Abschließend werden die Kodierhäufigkeiten ausgezählt, d. h. es wird überprüft, wie oft eine Kategorie vergeben wurde. Im Anschluss wird geprüft, welche Erkenntnisse die Reduktion des Datenmaterials erlaubt und welche (verallgemeinernden) Hypothesen sich im Hinblick auf die Tiefenstruktur und latente Bedeutungszusammenhänge ergeben (vgl. Betz et al. 2019: 551).

Die Kodierung des Datenmaterials kann entweder manuell bzw. handschriftlich oder mit Hilfe gängiger Textverarbeitungsprogramme vorgenommen werden. Weiterführend kann auf Software zur computergestützten qualitativen Daten- und Textanalyse zurückgegriffen werden (z. B. MAXQDA, f4/f5 analyse, QDA Miner). Allerdings sind entsprechende Tools kaum als Freeware bzw. lediglich als temporäre Demoversion zugänglich, häufig müssen dafür kostspielige (Jahres-)Lizenzen erworben werden.

Abschließend soll die Konzeption eines Kategoriensystems für eine inhaltsanalytische Auswertung anhand eines Beispiels aus der Angewandten Linguistik veranschaulicht werden.

Beispiel:
Die Frage, wann wir durch unsere T-Shirt-Aufdrucke etwas ausdrücken wollen und wann sie rein dekorative Funktion erfüllen, ist lange Zeit ein zentrales Desiderat semiotischer Forschung geblieben. Die Studie greift diese Frage am Beispiel der Altersgruppe der Jugendlichen auf und verwendet dabei eine innovative Methodentriangulation, bei der linguistische Analysen mit konkreten Rezeptionsdaten in Beziehung gesetzt werden: Aus linguistisch-semiotischer Perspektive wird herausgearbeitet, welche Aufdrucke sich auf der Kleidung

von Jugendlichen finden, und welches Potential sie für Prozesse der Selbstinszenierung bieten. Anhand qualitativer Befragungsdaten in Form von Gruppendiskussionen und Einzelinterviews wird anschließend der Frage nachgegangen, wann diese Aufdrucke zu gezielten Kommunikations- und Selbstinszenierungszwecken eingesetzt werden und wann sie eine rein dekorative Funktion erfüllen. (Staubach 2020: Klappentext)

Die Grundlage für die Studie bilden semiotische Überlegungen zu jugendlicher Selbstinszenierung. In ihrer empirischen Studie analysiert Staubach (2020) multimodale Sehflächen, d. h. Sprache-Bild-Texte auf den T-Shirts von Jugendlichen in Bezug darauf, welche Bedeutung sie den Aufdrucken auf ihrer Kleidung beimessen und welche kommunikative Funktion diese erfüllen. Dafür wurden in einem Mixed-Methods-Verfahren zwei Teilkorpora generiert: Für die semiotische Analyse der T-Shirt-Aufdrucke wurde zunächst ein Korpus von 232 T-Shirt-Photographien erstellt. Daran anschließend wurden 12 Gruppendiskussionen mit Jugendlichen geführt, in denen diese in einem fiktiven Kaufgespräch mit dem T-Shirt-Korpus konfrontiert wurden. Die Teilkorpora wurden quantitativ- und qualitativ-inhaltsanalytisch ausgewertet.

Bei der Auswertung des T-Shirt-Korpus stützte Staubach sich auf ein zusammenfassendes Analysemodell. Das Kategoriensystem basierte auf dichotomen inhaltlich-strukturierenden und polytomen formal-strukturierenden Kategorien. Die inhaltlich-strukturierenden Kategorien wurden induktiv aus dem Datenmaterial hergeleitet und „fokussieren das Thema der Sehfläche bzw. den Inhaltsbereich, der durch sprachliche und bildliche Elemente erzeugt wird“ (Staubach 2020: 41). Die Kategorien differenzieren z. B. Inhaltsbereiche wie *Natur*, *Social Media*, *Musik*, *Markenkleidung* und *Sport*. Die formal-strukturierenden Kategorien wurden deduktiv bzw. theoriegeleitet entwickelt und dienen der „Beschreibung und Analyse der semiotischen Beschaffenheit des Ausdrucks“ (Staubach 2020: 41). Die im Beispiel in Auszügen abgebildete Kategorie *Geschriebene Sprache* unterscheidet beispielsweise die Subkategorien *Textsprache*, *syntaktische Struktur*, *Kohäsionsgrad* und *Kohärenzgrad* (Staubach 2020: 52):

Beispiel:

K1 + ((eher) hoher Kohäsionsgrad): Ein (eher) hoher Kohäsionsgrad bemisst sich über den Einsatz von Kohäsionsmarkern auf phonologischer, morphologischer, lexikalischer und syntaktischer Ebene.

Die Kategorien wurden dann zunächst quantifiziert, d. h. über Häufigkeitsanalysen ausgezählt. Im Anschluss daran wurde ihr Anteil an der Verteilung aller Kategorien in der Stichprobe beurteilt und interpretiert. Das auf diese Weise inhaltsanalytisch ausgewertete T-Shirt-Korpus diente in einem zweiten Schritt als Grundlage für die fiktiven Kaufgespräche in den Gruppendiskussionen. Hier wurden den Jugendlichen auf einem Tablet 11 T-Shirt-Photographien präsentiert. Von den Gruppendiskussionen wurden zunächst Basistranskripte (vgl. Kap. 8.6.1.2) angefertigt. Die Analysekategorien wurden wiederum induktiv aus dem Material entwickelt und betreffen beispielsweise die Bereiche *Wahrnehmung des Schriftbilds* oder *Wahrnehmung bildlicher Elemente*, *Auffälligkeit des T-Shirt-Aufdrucks*, *Schnitt*, *Farbe* und *Gefallensentscheidung*. Im Kategoriensystem wurden die Kategorien definiert und jeweils durch ein Ankerbeispiel konkretisiert, das aus einem Segment aus dem Transkript der Gruppendiskussionen bestand.

Der folgende Auszug aus dem Transkript einer Gruppendiskussion zur Wahrnehmung der T-Shirt-Aufdrucke illustriert die dichotome Kategorie der *Gefallensentscheidung* (G^+ à *T-Shirt gefällt*; G^- à *T-Shirt gefällt nicht*) (Staubach 2020: 124).

Beispiel:

```
((030303//00:01:12 - 00:01:25 Sek.))
01   A:   BROOKlyn;
02   B:   nee-
03   A:   das ist das gleiche blau wie
          vorHIN-
04   C:   das sieht aus wie SON (..)
          wie son-
05   A:   BIson?
06   C:   nein-=
07        =nein wie son eh-
08        das untere sieht aus wie so
          ne KÜchenschürze-
09   B:   ja?
10   C:   die man so DRANgetackert
          hat-
```

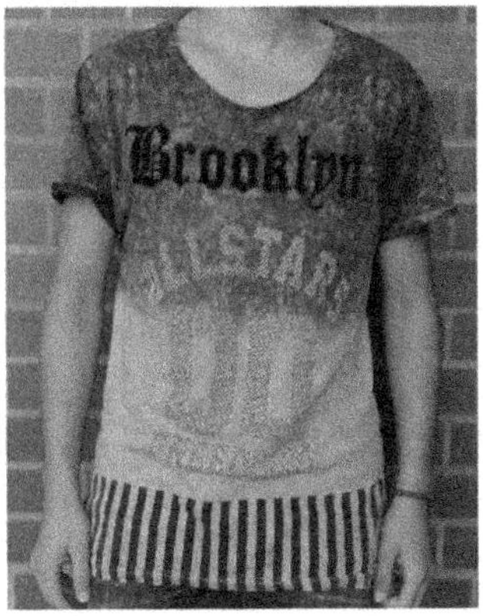

Diese Sequenz wurde mit der Kategorie G^- kodiert. In der Analyse dieser Kodiereinheit stellt Staubach heraus, dass die Verbalisierung des positiven oder negativen ersten Eindrucks nicht in einer expliziten Kaufentscheidung (*würde ich kaufen* vs. *würde ich nicht kaufen*) münden muss. Vielmehr bezieht sich die Bewertung des T-Shirts auf die Wahrnehmung der Sehfläche, denn die Jugendlichen beziehen sich auf die semiotisch auffälligen Teilelemente, wie der Verweis auf die Stadt Brooklyn in Zeile 01 und die negative Reaktion darauf in Zeile 02 zeigen (vgl. Staubach 2020: 123 f.).

8.7.2 Gesprächsanalyse

Die Teildisziplin der linguistischen Gesprächsforschung hat sich im deutschsprachigen Raum in den 1970er Jahren als Forschungsbereich konstituiert und ist eng mit der Teildisziplin der Textlinguistik sowie den Erkenntnissen aus der Sprechakttheorie verknüpft. Bei der Gesprächsforschung handelt es sich um einen soziologischen Forschungsansatz, der in der Ethnomethodologie verwurzelt ist (vgl. Bergmann 2001: 919). Ihr Untersuchungsinteresse richtet sich auf die soziale Interaktion von mindestens zwei Personen in einem geteilten Kommunikations- bzw. Wahrnehmungsraum:

Beispiel:
Vor diesem Hintergrund sind Gespräche grundsätzlich ein Miteinanderhandeln, eine soziale Interaktion, die immer das Resultat aller daran Beteiligter ist. Sprecher wie Hörer nehmen gleichermaßen Einfluss auf den Gesprächsverlauf. (Becker-Mrotzek 2009: 70)

Ausgehend von diesem Verständnis von Gesprächen als einer der zentralen Interaktionsformen betrachtet die Gesprächsforschung einerseits gesprochene Sprache bzw. verbale und nonverbale Kommunikation in Gesprächen im Hinblick auf ihre Struktur und Ordnung. Andererseits richtet sie den Blick aber auch auf die thematisch-inhaltlichen Aushandlungsprozesse, die (individuellen) Gesprächszwecke und darauf, wie die Gesprächsteilnehmenden ihre Beziehung zueinander gestalten (vgl. Deppermann 2008: 8 f.; Brinker & Sager 2010: 12 f.). Die zugrunde liegende Methodik wird als **Gesprächsanalyse** oder auch **Konversationsanalyse** *(conversation analysis)* bezeichnet. Ziel der Gesprächsanalyse ist insbesondere die Sequenzierung, d. h. die Strukturierung der einzelnen Gesprächsbeiträge, um Sequenzierungsmuster herauszuarbeiten, diese kategoriengeleitet zu interpretieren sowie als Handlungsschemata und Aushandlungsmuster zu klassifizieren:

Beispiel:
Jede gesprächsanalytische Untersuchung zielt in irgendeiner Weise darauf ab, *Formen* (kommunikative Gattungen, institutionelle Interaktionstypen, grammatische Einheiten etc.) typologisch zu beschreiben und verständlich zu machen, indem gefragt wird, welche *Funktionen* die Formen für Aufgaben, Probleme und Zwecke haben, mit denen Interaktanten in Gesprächen befaßt (sic!) sind. (Deppermann 2008: 49)

In diesem Zusammenhang ist zu betonen, dass die Gesprächsanalyse ein „materialgestütztes Untersuchungsverfahren" ist, dessen Forschungsfragen in der direkten Auseinandersetzung mit den empirisch gewonnenen Gesprächsdaten konkretisiert werden

(Deppermann 2008: 19). Ihr Gegenstand sind sowohl informell-alltägliche Gespräche als auch Gespräche im öffentlichen Raum oder in bestimmten Institutionen (z. B. Schulen oder Universitäten). Forschungsfragen der Angewandten Linguistik richten sich beispielsweise darauf, linguistische (d. h. prosodische, syntaktische oder satzsemantische) Merkmale zu klassifizieren, die für die Organisation von Sprecherwechseln in Alltagsgesprächen bedeutsam sind (vgl. Deppermann 2008: 59). Ein spezifisches Forschungsfeld ist die institutionelle Kommunikation; hier wird z. B. untersucht, wie Sprechstunden- und Prüfungsgespräche strukturiert oder Unterrichtssequenzen zwischen Lehrpersonen und Lernenden in Schulen oder an Universitäten organisiert sind (vgl. u. a. Boettcher & Meer 2000).

Charakteristisch für die Vorgehensweise der Gesprächsanalyse ist, dass sie mit authentischem Datenmaterial arbeitet und auf fiktive oder erfundene Daten (z. B. filmische Dialoge oder im Labor erhobene Gespräche) verzichtet. Die realen Gespräche, die unter (schriftlicher) Einwilligung der Beteiligten durch Audio- oder Videoaufnahmen aufgezeichnet werden, bezeichnet die Gesprächsforschung auch als **Primärdaten**. Ob Audio- oder Videoaufnahmen durchgeführt werden, ist letztlich abhängig von der Fragestellung. Videoaufnahmen erlauben beispielsweise, den Fokus stärker auf die nonverbale Kommunikation zu richten. Um die gewonnenen Daten langfristig für Analyseprozesse zugänglich zu machen, müssen sie wissenschaftlich aufbereitet werden. Um sie schriftlich zu fixieren, können z. B. Beobachtungsprotokolle angefertigt werden (**Sekundärdaten**). Von besonderer Bedeutung für die Gesprächsanalyse ist aber die Transkription der Sprachdaten (**Tertiärdaten**) (vgl. Brinker & Sager 2010: 33 f.; zur Transkription s. auch Kap. 8.6.1.2).

Welche Perspektiven und Kategorien werden nun in der Gesprächsanalyse betrachtet? Nachfolgend geben wir Ihnen einen ersten Einblick in die Grundbegriffe der Gesprächsorganisation. Für eine ausführliche Darstellung der einzelnen Analyseebenen und -schritte sei z. B. auf die Einführungen von Deppermann (2008) sowie Brinker & Sager (2010) verwiesen. Die Gesprächsanalyse versteht das Gespräch als eine formal und inhaltlich komplexe interaktive Einheit. Zunächst lässt es sich grundlegend in die drei Phasen Gesprächseröffnung, Kernphase und Gesprächsbeendigung einteilen:

- Gesprächseröffnung (kommunikatives und thematisches Vorfeld): Herstellung des Gesprächsrahmens, Begrüßung, Aufmerksamkeitssteuerung, ggf. wechselseitige Identifikation;
- Kernphase: Themenbearbeitung;
- Gesprächsbeendigung (thematisches und kommunikatives Nachfeld): ggf. Zusammenfassung von Gesprächsinhalten, (pre-)closing, Verabschiedung.

Die **Grundeinheit** des Gesprächs bildet jeweils ein **Gesprächsschritt** bzw. **Gesprächsbeitrag** (= ***turn***). Die Organisationsgröße des **Sprecherwechsels *(turn-taking)*** zwischen den Teilnehmenden hat somit eine konstituierende Funktion für das Gespräch (vgl. Linke et al. 2001: 264). Unter den *turn* fallen alle verbalen und nonverbalen Äußerungen der Teilnehmenden, während sie das Rederecht innehaben.

Darüber hinaus werden die Gesprächsschritte häufig von sogenannten Hörersignalen begleitet. Dabei handelt es sich um kurze verbale oder nonverbale Äußerungen der bzw. des Hörenden, die nicht auf Turnübernahme angelegt sind. Sie werden meist simultan zum laufenden *turn* geäußert, unterbrechen diesen aber nicht, sondern dienen als reines Rückmelde- bzw. Kontaktsignal (z. B. *mhm, ja*) oder haben eine kommentierende Funktion, z. B. Verständnis, Kongruenz oder Inkongruenz zu markieren (z. B. *aha, ja doch*). Darüber hinaus kann ihr vermehrtes Auftreten eine Turnübernahme ankündigen (z. B. *ja also*) (vgl. Brinker & Sager 2010: 59).

Wie erhalten Gesprächsteilnehmende nun das Rederecht? Sprecherwechsel können grundsätzlich durch **Selbstwahl** oder durch **Fremdzuweisung** stattfinden. Fremdzuweisung ist explizit möglich, durch direkte Anrede einer Gesprächspartnerin bzw. eines Gesprächspartners, oder implizit bzw. nonverbal durch auffordernde Gesten und Blicke (vgl. Brinker & Sager 2010: 61 f.). Darüber hinaus steuern die Teilnehmenden den Sprecherwechsel durch Signale für die Beibehaltung des *turns* (z. B. gefüllte Pausen, steigende Intonationskurve, rhetorische Fragen) oder für die Abgabe des *turns* (z. B. syntaktische/inhaltliche/prosodische Abgeschlossenheit der Äußerung). Selbstwahl findet statt, wenn ein Beitrag beendet wurde, ohne dass eine Person für den nächsten *turn* fremdbestimmt wurde. Wird der *turn* ohne Rederecht übernommen, liegt eine Unterbrechung vor, sodass der oder die Sprechende unter Umständen wesentliche Teile des Beitrags nicht realisieren kann. Für **Organisationspannen**, die im Gespräch passieren, stehen uns sogenannte **Reparaturmechanismen** zur Verfügung (z. B. Pausenfüller bei unerwartetem Schweigen).

Sprecherwechsel sind auch abhängig von der **Gesprächssituation** (wie spontan oder wie öffentlich ist das Gespräch?), dem **sozialen Status der Teilnehmenden** (sind sie gleichberechtigt oder kann eine der beiden Seiten jederzeit unterbrechen, beispielsweise in Prüfungssituationen oder in der Arzt-Patient-Kommunikation?) und der **Vorstrukturierung** des Gesprächs (ist es vorgeplant, hat es z. B. die Struktur einer Parlamentsdebatte mit vorgeschriebenen Regeln?) (vgl. Brinker & Sager 2010: 63 f.). Besonders in den Phasen der Gesprächseröffnung und der Gesprächsbeendigung treten zudem häufig **Paarsequenzen** auf, bei denen die Gesprächsschritte eng aufeinander bezogen sind. Dazu zählen Eröffnungsrituale (Gruß – Gegengruß), Danksequenzen (Dank – Gegendank/Zustimmung/Bagatellisierung) oder Verabschiedungssequenzen. Diese Aufforderung-Antwort-Sequenzen sind stark konventionalisiert in der Weise, dass der erste Schritt eine Erwartungshaltung schafft, die das weitere kommunikative Handeln der Gesprächsbeteiligten bestimmt.

Das Verständnis dieser grundlegenden Einheiten der Gesprächsorganisation ist wichtig, um in den späteren Analyseschritten die sequentielle Ordnung des Gesprächs und die Redeanteile der Teilnehmenden abbilden zu können. Auf die Sequenzierung folgen die Paraphrase und Handlungsbeschreibung der Sequenzen, die Beschreibung der Äußerungsgestaltung und schließlich die thematisch-inhaltliche Analyse der einzelnen Sequenzen, die von der gewählten Fragestellung abhängt. Dazu zählt z. B. die Kontextanalyse: Was geht den einzelnen Äußerungen voraus, bestehen kohäsive

Verknüpfungen und Kohärenzrelationen? Wie gestalten die Teilnehmenden ihre Beziehung zueinander und welche Folgeerwartungen sind mit den Äußerungen verknüpft (vgl. ausführlich Deppermann 2008: Kap. 6, Brinker & Sager 2010: Kap. 4.3 und 4.4)? Um die Analyseschritte abzusichern, ist es ratsam, sich mit einer Forschungsgruppe oder einem Interpretationskolloquium auszutauschen. Dort können in einem geschützten Raum die Sequenzierungen abgeglichen und unterschiedliche Interpretationen geäußert werden, die in die eigene Arbeit einfließen können.

Um Ihnen einen Einblick in die Ergebnisse einer Gesprächsanalyse zu geben, verdeutlichen wir im Folgenden ausgewählte Analyseaspekte anhand eines Transkriptausschnitts aus dem Forschungsbereich der institutionellen Kommunikation. Es handelt sich um ein Transkript von Meer (2000: 25), das ein typisches Sprechstundengespräch in der germanistischen Linguistik zwischen einem Professor und einem Studierenden abbildet. In der Studie wurde u. a. untersucht, wie die institutionelle Hierarchie zwischen Lehrenden und Studierenden und die begrenzte Zeit in Sprechstunden die Formulierung des Anliegens beeinflussen. Im Transkriptausschnitt ist die Anfangsphase des Sprechstundengesprächs abgebildet, die sich an die Begrüßungssequenz anschließt. Der Studierende möchte ein linguistisches Seminar mit einer Hausarbeit abschließen, und in der Sprechstunde will er das Thema und ein mögliches Vorgehen bei der Erstellung der Hausarbeit besprechen:

Beispiel:

	Lehrender (Hochschulprofessor)	Student (Grundstudium)
0013		[...gekürzt...]
0014		eh es geht noma um die hausarbeit und
0015		zwar ausm (1) letzten seminar da wollt ich
0016		nochma (1) ich hab mir da jetzt schon so n
0017		paar sachen (1) rauskopiert (2) eh moment
0018		is noch nich alles hier (4) und zwar wollt
0019	hm hm	ich da jetzt über wortarten schreiben (0) und
0020		hab jetzt einmal hier aus diesem sprachbuch
0021	hm	beispiele (0) (2) und eh ja dann eben noch
0022		sekundärliteratur dazu rausgesucht
0023	ossner ist noch n artikel der in dem	
0024	aktenordner hängt (0) oder nich?	
0025		ja
0026	Okay gut weil ich denselben artikel auch	ja
0027	eben anders schon empfohlen hatte hm	(...) hab ich den schon soweit durchgelesen

0028		(0) und jetzt wollt ich im prinzip nur fragen
0029		wie ich weil ich jetzt noch nich ne genaue
0030		vorstellung hab wie ich da vorgehen soll
0031		(1) also ich hab jetzt mir hier diese beispiele
0032	ehe	ma alle durchgeguckt wie ehm wie es en den
0033		kindern hier in der (0) in dieser in den
0034		schulen beigebracht wird und eh (0) ja ich
0035		weiß nich soll ich dann ers mit so ner
0036		einleitung beginnen wie das im eh (1) bei
0037		den leuten eh beschrieben wird wie man
0038		also oder wie die kinder am besten an an
0039		grammatik herangeführt werden oder eben
0040		an an wortarten
0041	[...gekürzt...]	
		(in: th-sp-22)

(Meer 2000: 25)

In der Analyse des Transkriptausschnitts soll insbesondere die Anliegenformulierung des Studierenden in den Fokus gerückt werden. Der Studierende verweist zunächst explizit auf die Hausarbeit als Gegenstand seines Anliegens und ruft dem Dozenten ein zurückliegendes (Sprechstunden-)Gespräch in Erinnerung („es geht noma um die hausarbeit“, Z. 14). Anschließend verdeutlicht er durch den Verweis auf die bereits konsultierte bzw. kopierte Sekundärliteratur implizit, dass noch offene Fragen zur Ausarbeitung bestehen (Z. 16–19). Der Lehrende unterbricht den Studierenden in seinem *turn* nicht, sondern äußert lediglich reine Hörersignale (Z. 19, 21). In Zeile 23 übernimmt er den *turn* durch Selbstzuweisung, um sich im Hinblick auf eine Literaturempfehlung rückzuversichern. Der Studierende versucht jedoch durch eine Unterbrechung beinahe unmittelbar das Rederecht zurückzuerobern, da ihm die entsprechende Literatur bereits vorliegt, worauf die Simultansequenz in Zeile 27 hindeutet. In seinem zweiten längeren *turn* formuliert er nun seine Unsicherheiten im Hinblick auf das Vorgehen in seiner Hausarbeit: „... weil ich jetzt noch nich ne genaue vorstellung hab wie ich da vorgehen soll ...“ (Z. 29–30). An dieser Stelle macht die gesprächsanalytische Betrachtung deutlich, dass der Studierende nicht von seinem Initiativrecht Gebrauch macht, zu Beginn der Sprechstunde seine vorherigen Überlegungen und sein Vorwissen in den Fokus zu rücken, sondern er appelliert auf der Hierarchieebene unmittelbar an das Expertenwissen des Lehrenden (vgl. Meer 2000: 27 f.).

8.7.3 Korpusanalyse

Beispiel:
Every corpus that I've had a chance to examine, however small, has taught me facts that I couldn't imagine finding out about in any other way.
(Fillmore 1992: 35)

Um Phänomene der gesprochenen und geschriebenen Sprache zu untersuchen, kann man zum einen Mitglieder einer Sprachgemeinschaft durch Fragebögen und Interviews direkt befragen oder Sprachexperimente durchführen. Die Datenerhebung und die Akquise einer geeigneten Stichprobe, um valide und statistisch signifikante Testergebnisse zu erhalten, ist jedoch mit großem Aufwand verbunden. Die Arbeit mit einem vorhandenen (Text-)Korpus (pl. *Korpora*) ermöglicht es hingegen, bestimmte sprachliche Phänomene in größeren Datenmengen zu untersuchen.

Beispiel:
Ein **Korpus** ist eine Sammlung von Texten oder Textteilen, die bewusst nach bestimmten sprachwissenschaftlichen Kriterien ausgewählt und geordnet werden. Unter Text sind in diesem Zusammenhang nicht nur Produkte der Schriftsprache wie Zeitungsartikel, Romane, Kochbücher, E-Mails, Briefe oder Tagebücher zu verstehen, sondern auch mündliche Äußerungen, sei es in Form von Vorträgen, Radiosendungen, Telefongesprächen oder dem zwanglosen Gespräch am Mittagstisch. Die Texte, die in einem Korpus enthalten sind, werden als **Primärdaten** bezeichnet.
(Scherer 2014: 2 f.)

Diese Definition macht deutlich, dass die in einem Korpus enthaltenen Primärdaten die Analyse sowohl schriftsprachlicher als auch gesprochensprachlicher Phänomene erlauben. Multimodale Korpora beinhalten darüber hinaus „die Erfassung und Aufbereitung von Schrift bzw. Transkription, Audio und Video" (Gerstenberg 2013: 85). In linguistischen Forschungsarbeiten stellen Sie entweder entsprechende Texte und Sprachdaten zu einem eigenen Korpus zusammen oder Sie greifen auf bereits bestehende (umfangreiche) Korpora zurück, die zu Forschungszwecken bereitgestellt werden. Die erforderliche **Größe** des Korpus richtet sich nach der **Repräsentativität**, die damit erzielt werden soll. Je nach Forschungsbereich und Fragestellung kann ein passendes Korpus einige Hundert oder aber mehrere Millionen Wörter umfassen (vgl. Albert & Marx 2016: 53). Das weltweit größte linguistische Textkorpus BNC *(British National Corpus)* umfasst beispielsweise mehr als 100 Millionen Wörter. Je größer ein Korpus ist, desto aussagekräftiger sind quantitative Analysen, besonders im Hinblick auf die Interpretation statistisch bedeutsamer Unterschiede. Die Größe allein ist jedoch nicht das ausschlaggebende Kriterium – das Korpus muss vor allem „verlässliche Auskunft über die zu untersuchende Fragestellung geben können" (Scherer 2014: 7). Darüber hinaus spielt auch die Größe der im Korpus enthaltenen Texte bzw. Textausschnitte eine Rolle. Diese grundlegenden Einheiten eines Korpus nennt man auch **Textproben**. Die Bezeichnung ist darauf zurückzuführen, dass diese Texte eine sprachliche Grundgesamtheit repräsentieren sollen. Grundsätzlich können Korpora nach den folgenden Kriterien differenziert werden:

Speichermedium	computerlesbares Korpus → elektronisch/online zugänglich	**vs.**	nicht computerlesbares Korpus → gedruckt zugänglich
Hierarchie	Gesamtkorpus → repräsentativer Ausschnitt für eine sprachliche Gesamtheit	**vs.**	Teilkorpus → z. B. Zeitungstexte vs. literarische Texte
Textvollständigkeit	Volltextkorpus → Abbildung vollständiger Texte	**vs.**	Probenkorpus → Textausschnitte einer genormten Größe
Abgeschlossenheit	statisches Korpus → Zusammensetzung bleibt konstant bestehen	**vs.**	Monitorkorpus → Korpus wächst kontinuierlich
Korpusaufbereitung	annotiertes Korpus → die Primärdaten sind durch Metadaten ergänzt	**vs.**	nicht annotiertes Korpus → enthält ausschließlich Primärdaten
Sprachmedium	Korpus der geschriebenen Sprache → schriftsprachliches Korpus	**vs.**	Korpus der gesprochenen Sprache → transkribierte Sprachdaten
zeitlicher Bezug	Korpus der Gegenwartssprache	**vs.**	historisches Korpus
Geltungsbereich	Referenzkorpus → Repräsentation der Sprache in ihrer Gesamtheit mit vielen sprachlichen Informationen	**vs.**	Spezialkorpus → repräsentativ für eine Sprache/Varietät in der Gesamtheit (z. B. Dialekte)
Anzahl Sprachen	einsprachiges Korpus → einsprachige Daten, ggf. unter Abbildung diverser Varietäten	**vs.**	mehrsprachiges Korpus → internationale bzw. sprachübergreifende Korpora

Tab 8-7: Differenzierung von Korpora in ihre Subtypen (Darstellung in Anlehnung an Scherer 2014: 17)

Sowohl zur Schriftsprache als auch zur gesprochenen Sprache existieren Korpora, auf die Sie i. d. R. entweder direkt Zugriff haben oder für die Sie unter Angabe Ihrer institutionellen E-Mail-Adresse einen kostenfreien Benutzeraccount einrichten bzw. eine kostenfreie Lizenz beantragen können. Eine ausführliche Übersicht über deutschsprachige Korpora finden Sie u. a. bei Lemnitzer & Zinsmeister (2010: Kap. 3.9). Um auf Texte und Sprachdaten zurückgreifen zu können, bietet es sich zum einen an, die Forschungsdatenbank CLARIN-D (*Common Language Resources and Technology Infrastructure*, www3.clarin-d.net; gesehen am 30.05.2021) zu konsultieren. Diese fachübergreifende Infrastrukturmaßnahme für Geistes- und Sozialwissenschaften bietet sowohl einen Katalog für die Suche nach Forschungsdaten als auch Tools zur sinnvollen Aufbereitung, Weiterverarbeitung und Analyse der Daten an. Zum anderen können für die Bearbeitung Ihrer Fragestellung folgende online zugänglichen Korpora hilfreich sein:

Schriftsprachliche Korpora

- DeReKo *(Deutsches Referenzkorpus)*: Weltweit größtes linguistisch motiviertes elektronisches Archiv für Textkorpora (> 50 Milliarden Wörter) mit deutschsprachigen Texten der Gegenwart und der jüngeren Vergangenheit (u. a. Belletristik, (Populär-)Wissenschaft, Zeitungstexte) des Instituts für deutsche Sprache (IDS) mit Zugang über die Benutzeroberfläche COSMAS II (www.ids-mannheim.de/digspra/kl/projekte/korpora/; gesehen am 16.06.2021). Cosmas II *(Corpus Search, Management and Analysis System)* bildet die Benutzeroberfläche für Suchanfragen und Analysevorgänge im DeReKo.
- DWDS (*Digitales Wörterbuch der deutschen Sprache*, www.dwds.de; gesehen am 16.06.2021): Datenbank zu Wörterbucheinträgen und Textkorpora mit Belegen aus historischen und gegenwartssprachlichen Texten, die sich insbesondere für diachrone Untersuchungen eignet.
- FALKO *(Fehlerannotiertes Lernerkorpus)*: Fehlerannotiertes Korpus mit Schülertexten aus dem Bereich Deutsch als Fremdsprache, durchsuchbar über das kostenfreie Interface ANNIS (https://hu-berlin.de/falko; gesehen am 16.06.2021).
- ReF *(Referenzkorpus Frühneuhochdeutsch)*: Korpus diplomatisch transkribierter und annotierter Texte des Frühneuhochdeutschen (1350–1650), durchsuchbar über ANNIS (www.linguistics.rub.de/rem/; gesehen am 16.06.2021). „Diplomatisch" bedeutet in diesem Zusammenhang, dass bei der Bearbeitung des gewählten Textes oder Textausschnitts zwar getreu der Vorlage annotiert wird, jedoch ein gewisser Interpretationsspielraum zulässig ist, beispielsweise wenn der Text nur noch schwer lesbar ist.
- TIGER-Korpus: Baumbank (Syntaxbäume) mit Sätzen (rund 50.000 Sätze/900.000 Wörter) aus der Frankfurter Rundschau (www.ims.uni-stuttgart.de/forschung/ressourcen/korpora/tiger/; gesehen am 16.06.2021).
- Deutsches Textarchiv: Umfangreicher Grundbestand an disziplinen- und gattungsübergreifenden Texten des 15. bis 20. Jahrhunderts (www.deutschestextarchiv.de/; gesehen am 16.06.2021).

Gesprochensprachliche Korpora

- AGD *(Archiv für Gesprochenes Deutsch)*: Die Datenbank für Korpora ist in zahlreiche Unterkorpora unterteilt: Gesprächs-, Interview- und Sprachvarietätenkorpora sowie Korpora zu Mehrsprachigkeit und Spracherwerb (agd.ids-mannheim.de/index.shtml; gesehen am 16.06.2021).
- BAS *(Bayerisches Archiv für Sprachsignale)*: Sammlung von Audio- und Videokorpora gesprochener Sprache (www.bas.uni-muenchen.de/Bas/BasHomedeu.html; gesehen am 16.06.2021).
- CHILDES *(Child Language Data Exchange System)*: Mehrsprachiges Korpus mit Transkripten zum kindlichen Erst- und Zweitspracherwerb (childes.talkbank.org/access/; gesehen am 16.06.2021).
- KiDKo *(Kiezdeutschkorpus)*: Spontandaten von Jugendlichen aus multiethnischen Wohngebieten in Berlin (kiezdeutschkorpus.de/kidko-home.html; gesehen am 16.06.2021).

Das Interesse an Sprachkorpora ist vielfältig und es gibt ein breites Spektrum von korpuslinguistischen Fragestellungen. Wesentliche Anwendungsgebiete der Korpusanalyse in der Linguistik sind die Erforschung sprachlicher Strukturen und Varietäten, die Erstellung von Wörterbüchern (Lexikographie) und Grammatiken (Grammatikographie), der Fremdsprachenunterricht, die Übersetzungswissenschaften und die Computerlinguistik (vgl. die Übersichten über beispielhafte Fragestellungen in Lemnitzer & Zinsmeister 2010: Kap. 6 und Gerstenberg 2013). Beispielsweise können orthographische Phänomene untersucht werden, die zu Unsicherheiten in der Schreibung führen (z. B. Bindestriche und Spatien bei Komposita). In der Lexikographie bzw. in der Neologismenforschung können Korpusdaten Aufschluss darüber geben, zu welchem Zeitpunkt Neologismen (z. B. *Podcast*) oder neue Wortbildungselemente (z. B. *cyber-*) auftauchen, in welchem Kontext sie gebraucht werden und ab wann sie als Lexem im Wortschatz bzw. als produktives Affix etabliert sind. Auch für die historische Sprachwissenschaft spielt die Korpuslinguistik eine besondere Rolle, da sie es erlaubt, anhand überlieferter Texte die Sprache vergangener Epochen (z. B. das Mittel- und das Althochdeutsche) zu erforschen. Im Hinblick auf didaktische Fragestellungen ermöglichen sogenannte Lernerkorpora (z. B. FALKO) mit Texten von Fremdsprachenlernenden die Analyse von typischen, häufig wiederkehrenden Fehlern und Schwierigkeiten.

Der Auswertung und Interpretation von Korpora können Sie sich methodisch aus der quantitativen oder der qualitativen Perspektive nähern. Bei zahlenmäßig erfassbaren Sprachdaten kann eine **quantitative Auswertung** anhand von Häufigkeiten und Konkordanzen erfolgen. Die **Frequenz** bestimmter Phänomene kann durch Häufigkeitsanalysen ermittelt werden; hier kann in tabellarischer Form die absolute Häufigkeit eines Phänomens angegeben werden oder sein prozentualer Anteil an der Summe aller beobachteten Phänomene. Bei größeren Datenmengen und einer Vielzahl von zusammenhängenden Phänomenen können zudem Verfahren der Inferenzstatistik angewendet werden (s. Kap. 8.7.4). Mit Hilfe von Korrelationen lässt sich prüfen, ob zwischen Variablen, die die beobachteten Phänomene im Korpus repräsentieren, statistisch relevante Zusammenhänge bestehen. Durch multivariate Verfahren wie die Regressionsanalyse kann zudem ermittelt werden, in welchem Ausmaß diese Variablen miteinander agieren und sich gegenseitig beeinflussen (vgl. Gerstenberg 2013: 99 f.). Darüber hinaus sind Frequenzlisten vonnöten, um die **Type-Token-Relation** zu bestimmen, d. h. zu ermitteln, wie stereotyp oder reichhaltig der Wortschatz im ausgewählten Text oder Textausschnitt ist. Dafür wird die Gesamtzahl der Wörter (Token) zu den konkreten Wortformen (Types) ins Verhältnis gesetzt. Soll nicht nur die Frequenz eines bestimmten Phänomens untersucht werden, sondern auch die Verwendung eines Wortes bzw. eines Lexems in seinem jeweiligen Kontext, können **Konkordanzen** (engl. KWIC – *Key Word in Context*) erstellt oder **Kookkurrenzen** berechnet werden. Als Kookkurrenz bezeichnet man das gemeinsame Auftreten von mindestens zwei Wörtern in einem bestimmten Kontext. Sind solche Kookkurrenzen häufiger zu beobachten, kann geprüft werden, ob die betreffenden Wörter in einem Abhängigkeitsverhältnis stehen. Falls nachgewiesen werden kann, dass eine solche Abhängigkeit statistisch signifikant ist, d. h. das gemeinsame Auftreten nicht einfach durch Zufall bedingt ist, sprechen wir von einer Kollokation. Als Konkordanz wird eine Liste bezeichnet, die zum einen sämtliche Stellen benennt, an denen ein bestimmtes Lexem im Korpus auftaucht. Zum anderen gibt sie auf der Basis einer zuvor definierten Menge diejenigen Wörter aus, die das betreffende Lexem links- und rechtsseitig umgeben (vgl. Gerstenberg 2013: 93). Konkordanzen in der Suche nach Wortformen spielen insbesondere in der Lexikographie eine Rolle:

Beispiel:
Die Abbildung zeigt den Ausschnitt einer Suche von *begeistert* auf dem IMS-Korpus der *Frankfurter Rundschau* [...]. Anhand der Konkordanz kann man z. B. Hypothesen über die verschiedenen Lesarten eines Wortes bilden. In [der Abbildung] sind Belege über die Verwendungsweisen von *begeistert* aufgelistet. Man kann die Adjektivlesart von der Verblesart (*sich begeistern*) unterscheiden und findet auch zwei Steigerungspartikel (*wenig, total*).

Sie auf den Wahlversammlungen	begeistert zujubeln. Anderen gilt er
gewesen, erzählt er sichtlich	begeistert , und es gebe wohl keinen
detaillierte Beschreibung“,	begeistert sich Scheftel: „Shaleyev
halk ist von dieser Idee wenig	begeistert . Den Umbau, der nötig wä
ildet. „Die Leute sind total	begeistert von dieser Idee“, freut

(Lemnitzer & Zinsmeister 2010: 89)

Ein frei zugängliches Programm für Konkordanzen und Frequenzanalysen ist beispielsweise SCP (*Simple Concordance Program*, www.textworld.com/scp/; gesehen am 29.06.2021).

Die **qualitative Korpusanalyse** betrifft die Klassifizierung, Einordnung und Interpretation der jeweiligen Phänomene. Bei der Interpretation helfen sogenannte **Annotationen**; darunter versteht man die „Anreicherung des Textes mit untersuchungsrelevanten Informationen“ (Gerstenberg 2013: 88). Dies bedeutet, dass die Primärdaten um zusätzliche Informationen auf der Laut-, Wort-, Satz- oder Textebene bzw. auf der Bedeutungsebene ergänzt werden, z. B. um grammatische Informationen, die im Text transportiert werden (Wortart, Flexionsmerkmale etc.). Darüber hinaus können sogenannte Metadaten hinzugefügt werden, beispielsweise Kontextdaten (Autor/in, Quelle, Entstehungszeitraum etc.). Zu beachten ist hier, dass der Originaltext durch die Annotation nicht zerstört werden darf. Eine Einführung in verschiedene Annotationsformen finden Sie z. B. bei Lemnitzer & Zinsmeister (2010). Dipper (2015) behandelt darüber hinaus umfassend die Möglichkeiten, Suchanfragen in (historischen) Korpora zu gestalten. Die Annotation dient dazu, die spezifischen sprachlichen Merkmale, die einer Interpretation bedürfen, der digitalen Suche direkt zugänglich zu machen, z. B. alle im Dativ deklinierten Nominalphrasen. Verwaltet werden sprachwissenschaftliche Korpora in speziellen Datenformaten. Für die Annotation werden mit Hilfe der Auszeichnungssprache XML sogenannte **Etiketten** ***(tags)*** vergeben. Diese Auszeichnungselemente beruhen auf einer festen Syntax und machen die hervorgehobenen Elemente einer digitalen Suche zugänglich (vgl. Gerstenberg 2013: 88 f.).

Bereits annotierte Korpora sind sehr wichtig, wenn Sie in Ihren Hausarbeiten mit bestehenden Korpora arbeiten wollen. Sie ermöglichen Ihnen, die mit den Annotationen bereits festgehaltenen Interpretationen mit Ihren eigenen Hypothesen zu verknüpfen, ohne dass Sie die ausgewählten Textproben selbst zeitaufwendig klassifizieren müssen (vgl. Lemnitzer & Zinsmeister 2010: 62).

8.7.4 Grundlagen der statistischen Auswertung

Die Auswertung quantitativer Daten erfordert – je nach Forschungsfrage und Ziel – Kenntnisse in Statistik und den Zugriff auf geeignete Software zur statistischen Weiterverarbeitung und Analyse. Entsprechende Studienergebnisse zu rezipieren oder selbst auszuwerten und sie mit den eigenen theoretischen Vorüberlegungen und Hypothesen zu verknüpfen, ist allerdings eine komplexe Anforderung. Für ein erstes Verständnis der deskriptiven Statistik und der Inferenzstatistik sollen nachfolgend überblicksartig zentrale Begrifflichkeiten, Kennwerte und Analyseverfahren erläutert werden, um methodische und forschungsrelevante Vorüberlegungen für die Konzeption eigener Fragestellungen zu entlasten (vgl. die zusammenfassenden Übersichten in Albert & Marx 2016 und Schmitz 2018; ausführlich dazu Gries 2008, Bortz & Schuster 2010, Meindl 2011 und Rasch et al. 2014a). Falls Sie selbst eine quantitativ ausgerichtete Studie durchführen wollen, müssen Sie sich aber in jedem Fall anhand der Grundlagenliteratur in die jeweiligen statistischen Verfahren einlesen. Darüber hinaus bieten Methodenzentren an vielen Hochschulen statistische Beratung an, die sowohl bei der Passung von Fragestellung und Methodik als auch bei der statistischen Auswertung unterstützen kann.

Statistik ist das mathematische Fachgebiet, „in welchem Methoden zum systematischen Umgang mit quantitativen Informationen behandelt werden" (Schmitz 2018: 336). Dafür werden die in empirischen Studien gewonnenen Daten als Variablen dargestellt, systematisch verdichtet und interpretiert mit dem Ziel, „Einzelinformationen und Beobachtungen zu allgemein gültigen Aussagen" zusammenzufassen (Bortz & Schuster 2010: 3). Die Statistik wird grundlegend in zwei große Bereiche unterteilt: deskriptive Statistik und Inferenzstatistik. Während die deskriptive oder beschreibende Statistik dazu dient, Informationen zunächst aufzubereiten und zu ordnen, ermöglichen Verfahren der Inferenzstatistik, aus der Interpretation der Daten (z. B. dem Vergleich von Mittelwerten) Schlussfolgerungen zu ziehen und Ergebnisse zu verallgemeinern. Darüber hinaus werden univariate und multivariate Verfahren unterschieden: Univariate Analysen fokussieren die Information, die durch eine einzelne Variable vermittelt wird (z. B. Mittelwerte oder Standardabweichungen); multivariate Analysen betrachten die Zusammenhangsstruktur von zwei oder mehr Variablen (vgl. Schmitz 2018: 336).

Einen Bezugspunkt für die folgenden Erläuterungen soll Ihnen eine Fragestellung aus dem Bereich der Leseforschung geben:

Beispiel:
Forschungsfrage: *Welchen Einfluss nimmt das Lesestrategiewissen auf das Textverständnis von Schülerinnen und Schülern?*
Stichprobe: $N = 317$ Schülerinnen und Schüler der siebten Jahrgangsstufe an Gymnasien
Testinstrumente: Die Schülerinnen und Schüler lesen einen Sachtext zum Thema „Entwicklungshilfe" und bearbeiten im Anschluss einen Verständnistest, bestehend aus Multiple-Choice-Fragen, halboffenen und offenen Fragen. Darüber hinaus wurden die Lesehäufigkeit und das Lesestrategiewissen mittels eines Fragebogens erhoben.
(Schuttkowski 2021)

Bei der Analyse und Interpretation der erhobenen Daten ist es wichtig, zunächst zwischen **Stichprobe** und **Grundgesamtheit** bzw. Population zu unterscheiden. Die Grundgesamtheit umfasst alle Personen, die ein bestimmtes Merkmal oder auch eine Merkmalskombination teilen, z. B. alle Schülerinnen und Schüler in siebten Klassen an Gymnasien in Deutschland. Da es enormer Ressourcen bedürfte, die gesamte Population zu erheben, auf die diese Merkmalsausprägung zutrifft, werden im Rahmen empirischer Studien Teilmengen untersucht. Dazu werden Stichproben gezogen, z. B. zehn siebte Klassen an unterschiedlichen Gymnasien in Nordrhein-Westfalen. Anhand der Stichprobe wird versucht, Schätzungen über die Grundgesamtheit vorzunehmen (vgl. Rasch et al. 2014a: 16). Je größer die Stichprobe ist, desto wahrscheinlicher ist es, dass sie die Population im Hinblick auf ein bestimmtes Merkmal exakt abbildet, in unserem Beispiel das Textverständnis in Abhängigkeit vom Wissen über Lesestrategien. Beides sind sogenannte latente Merkmale, die sich nicht direkt beobachten lassen; sie werden durch den Einsatz von Testinstrumenten statistisch messbar (manifest) gemacht (vgl. Rost 2004: 43; Bühner 2011: 36). Das Textverständnis ist in diesem Zusammenhang als abhängige Variable zu klassifizieren, die erklärt werden soll, und das Lesestrategiewissen als unabhängige Variable, die die Ausprägung der abhängigen Variable erklärt (vgl. auch Schmitz 2018: 337).

Mit Hilfe der deskriptiven Datenanalyse verschafft man sich zunächst einen Überblick über die Daten. Die Stichprobe kann etwa nach **Häufigkeiten** geordnet werden, beispielsweise im Hinblick auf das Geschlecht, die Muttersprache oder den Geburtsort. Während **absolute Häufigkeiten** durch eine konkrete Zahl abgebildet werden (z. B. 147 männliche und 170 weibliche Teilnehmende), gibt die **relative Häufigkeit** den prozentualen Anteil an der Gesamtstichprobe an (z. B. 46,40 % männliche und 53,60 % weibliche Teilnehmende). Neben den Häufigkeiten einer Variablen können verschiedene **Lageparameter** bestimmt werden, um die Stichprobe grundlegend zu sichten. Für die Auswahl geeigneter Kennwerte muss jedoch das Skalenniveau der Variablen berücksichtigt werden, das sich aus ihren jeweiligen Systemeigenschaften ergibt (vgl. tabellarische Übersicht in Meindl 2011: 98; zu den Skalenniveaus vgl. auch Kap. 8.4).

Die Lageparameter in einem Datensatz geben Auskunft über die zentrale Lage bzw. die Tendenz eines Merkmals in einer Stichprobe (vgl. Schmitz 2018: 337). Einen verständlichen Einblick in die mathematischen Grundlagen zur Parameterberechnung geben u. a. Meindl (2011) und Rasch et al. (2014a). Der **Modus** entspricht dem Wert, der in seiner Verteilung in der Stichprobe am häufigsten vorkommt, und kann einfach in einer Häufigkeitstabelle oder anhand einer graphischen Darstellung der Datenmenge abgelesen werden. Er ist an kein Skalenniveau gebunden, sondern kann für jede Variable bestimmt werden (Kuckartz et al. 2013: 61 f.). Wichtig ist er insbesondere für nominalskalierte Variablen, wenn es mehrere Modi gibt und diese gleich häufig auftreten (z. B. verschiedene Studienfächer). Weiterhin kann bei mindestens ordinalskalierten Variablen der **Median** berechnet werden. Der Median gibt die Grenze an, die die Stichprobe in zwei Hälften teilt, da die Werte zu 50 % darüber und zu 50 % darunter liegen (vgl. Bortz & Schuster 2010: 28). Der **Mittelwert (arithmetisches Mittel)** schließlich bezeichnet den Durchschnittswert aus allen Werten der Verteilung (z. B. M = 11,98 Punkte in einem Verständnistest). Er ist eng mit dem Skalenniveau verbunden und kann nur bei Variablen berechnet werden, die mindestens intervallskaliert sind. Dazu gehören z. B. die durchschnittliche Gesamtpunktzahl in einem Verständnistest oder die Ausprägung der Motivation oder des Interesses an einem bestimmten Thema, die in Fragebögen mit Likert-Skalen erhoben werden (vgl. Schmitz 2018: 341). Im Vergleich zum Mittelwert ist der Median sehr robust gegen Ausreißer; das bedeutet, dass er durch sehr hohe oder sehr niedrige Werte kaum beeinflusst wird (vgl. Meindl 2011:

97). Solche Extremwerte, die das Gesamtbild verzerren können, nennt man **Decken- und Bodeneffekte** (vgl. Bortz & Schuster 2010: 26).

Nach den Lageparametern ermöglichen die **Streuungsparameter** eine erweiterte Sicht auf die Stichprobe, indem sie zeigen, wie sich die Daten um Modus, Median und Mittelwert verteilen. In diesem Zusammenhang wird auch von der **Streuung der Variablen** gesprochen. Unter den Streuungsparametern werden die **Spannweite**, die **Varianz** und die **Standardabweichung** subsumiert. Während Varianz und Standardabweichung die Variation der einzelnen Messwerte angeben, zeigt die Spannweite zunächst den Umfang des Messwertebereichs, in dem alle Messwerte liegen. Berechnet wird sie anhand der Differenz zwischen dem höchsten und dem niedrigsten erzielten Messwert (vgl. Schmitz 2018: 337). Im vorliegenden Beispiel konnten im Test zum Textverständnis insgesamt 20 Punkte erreicht werden. Betrachtet man die Messwerte in einer Häufigkeitstabelle, liegt der minimale Messwert bei 2 Punkten und der maximale Messwert bei 20 Punkten. Die Spannweite beträgt somit 18 Punkte. Die *Varianz* (σ^2) einer Variablen ist definiert als die quadrierte mittlere Abweichung aller Werte eines zufälligen Experiments von ihrem Erwartungswert. Die Standardabweichung *(s)* schließlich wird aus der Quadratwurzel der Varianz gebildet und beschreibt die durchschnittliche Abweichung der Messwerte eines Testinstruments vom Mittelwert (vgl. Bortz & Schuster 2010: 30 f.). Weil die Formel und die Interpretation der Varianz sehr komplex sind, wird in der Datenauswertung vorrangig die Standardabweichung herangezogen, um die Streuung zu analysieren (vgl. Schmitz 2018: 338). Im vorliegenden Beispiel beträgt der Mittelwert der Skala *Textverständnis* $M = 11.94$ Punkte, mit einer Standardabweichung von $s = 4.16$ Punkten. Dies bedeutet, dass die Messwerte im Verständnistest im Durchschnitt 4.16 Punkte um den Mittelwert streuen.

In der Ergebnispräsentation empirischer Studien werden neben den Lageparametern auch die Häufigkeitsverteilungen der Variablen graphisch oder tabellarisch visualisiert. Soll die Verteilung kategorialer Variablen (z. B. Geschlecht und Schulform) einander gegenübergestellt werden, werden **Kreuztabellen** gebildet. Hier werden die Häufigkeiten der unabhängigen Variable in die Spalten übertragen, die Häufigkeiten der abhängigen Variable in die Zeilen (vgl. Meindl 2011: 162 f.). Ordinal- oder Intervallskalen werden hingegen durch **Histogramme** (Balkendiagramme) abgebildet, die durch eine Normalverteilungskurve ergänzt werden. Charakteristisch für eine Standardnormalverteilung ist ihr glockenförmiger und symmetrischer Verlauf (vgl. Meindl 2011: 127), wie ihn exemplarisch die Normalverteilung der Skala *Lesestrategiewissen* im folgenden Beispiel zeigt:

Beispiel:

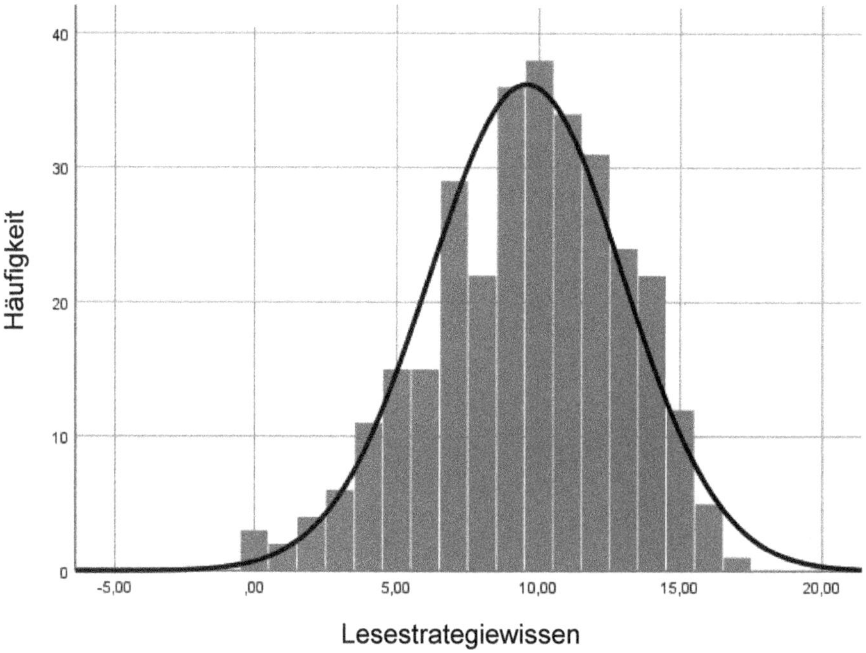

Abb. 8-4: Verteilung der Skala Lesestrategiewissen

Das Histogramm der Skala wird mit der Schiefe und Wölbung der eingezeichneten Normalverteilungskurve verglichen. Die Schiefe beschreibt, wie stark sich die Häufigkeitsverteilung im Verhältnis zur symmetrischen Normalverteilung nach rechts oder links neigt. Die Wölbung beschreibt, ob die Verteilung im Vergleich zur Normalverteilung spitz oder abgeflacht ist. Verteilungen mit geringer Wölbung streuen relativ gleichmäßig; eine hohe Wölbung verweist hingegen auf Extremwerte (vgl. Bortz & Schuster 2010: 70 f.). Das obige Diagramm zeigt eine relativ spitze und rechtsschiefe Verteilung. Das bedeutet, dass in der Auswertung der Daten auf vergleichsweise hohe oder niedrige Testergebnisse von Ausreißern geachtet werden muss und der Modus der Verteilung rechts vom Mittelwert angeordnet ist. Im vorliegenden Fall können die Testpersonen somit die Effektivität von Lesestrategien überdurchschnittlich gut einschätzen.

Empirische Studien sollen aber nicht nur die Verteilung der erhobenen Variablen abbilden. Ihr zentrales Anliegen ist, Zusammenhänge zwischen den Variablen zu ermitteln und in Interaktionsanalysen zu beurteilen, wie sie sich gegenseitig beeinflussen. Häufig werden bereits vorab in Hypothesen, die aus der Fragestellung abgeleitet sind, explizit oder implizit Annahmen über Zusammenhänge und Kausalbeziehungen formuliert. Ausgangspunkt für die Interpretation der Ergebnisse statistischer Analysen sind die Konzepte des **Signifikanzniveaus** und der **Effektstärke** (vgl. auch Schmitz 2018). Das Signifikanzniveau (α-Niveau) wird auch Irrtumswahrscheinlichkeit genannt; es gibt an, wie hoch die Wahrscheinlichkeit ist, dass eine möglicherweise falsche Hypothese als richtig angenommen wird. Auf welchen Wert das Signifikanzniveau festgelegt wird, hängt sowohl von der Fragestellung als auch von der Stichprobengröße ab; konventionell liegt es häufig bei 5 % (vgl. Rasch et al. 2014a: 42, 57 f.). In Verfahren der Inferenzstatistik wird für die Überprüfung des Signifikanzniveaus in der Ergebnisdarstellung der *p*-Wert angegeben, der den Schwellenwert des α-Niveaus nicht überschreiten darf ($p \leq \alpha$). Kann ein Wert von $p \leq .05$ ermittelt werden, so ist das Ergebnis statistisch bedeutsam, d. h. es ist signifikant. Denn die Wahrscheinlichkeit, dass eine richtige Annahme getroffen wird, liegt in diesem Fall bei mindestens 95 %, die Wahrscheinlichkeit einer falschen Annahme bei höchstens 5 %. Neben der Überprüfung, ob ein Ergebnis statistisch signifikant ist, spielt auch die Stärke eines gefundenen Effekts eine Rolle. Die Effektstärke ist ein „stichprobenunabhängiges Maß für die statistische Größe eines Effekts" (Schmitz 2018: 338) und wird verfahrensspezifisch bestimmt, z. B. zur Beurteilung von Mittelwertsunterschieden oder der Wirksamkeit einer Intervention.

Das statistische Verfahren, mit dem die Zusammenhangsstrukturen von zwei oder mehr Variablen geprüft werden, ist die **Korrelationsanalyse**. Es wird davon ausgegangen, dass die jeweilige Ausprägung eines bestimmten Merkmals tendenziell auch Aussagen über die Ausprägung einer weiteren Variablen erlaubt (vgl. Rasch et al. 2014a: 82). Wie bei den Lage- und Streuungsparametern ist es auch für die Berechnung des **Korrelationskoeffizienten** bedeutsam, welchem Skalenniveau die Variablen zugeordnet sind. Bei zwei mindestens metrisch skalierten Variablen kann die *Produkt-Moment-Korrelation* nach *Pearson* berechnet werden. Bei zwei mindestens ordinalskalierten Variablen wird hingegen die *Rangkorrelation* nach *Spearman* berechnet. Bei zwei nominal skalierten Variablen werden Kreuztabellen gebildet und der *Phi-Koeffizient* bestimmt (vgl. Döring & Bortz 2016: 681). Zu unterscheiden sind positive und negative Zusammenhänge: Ein positiver Zusammenhang bedeutet, dass bei einem hohen Messwert der Variable A auch mit einem hohen Messwert für die Variable B zu rechnen ist und umgekehrt. Erreicht etwa eine Testperson hohe Werte in einem Test zur Überprüfung ihres Lesestrategiewissens, so ist davon auszugehen, dass sie auch im Verständnistest hohe Werte erzielt. Bei einem negativen Zusammenhang gehen hingegen hohe Werte der Variable A mit niedrigen Werten der Variable B einher und umgekehrt (vgl. Schmitz 2018: 344).

Textverständnis und Lesestrategiewissen sind beides metrisch skalierte Variablen; in der Korrelationsanalyse greift also die Produkt-Moment-Korrelation nach Pearson. *Pearsons r* informiert über die Stärke des Zusammenhangs und kann Werte zwischen -1 und $+1$ annehmen. Ein perfekter Zusammenhang besteht, wenn *r* den Wert (+ oder −)1 annimmt; bei einem Wert $r = 0$ besteht hingegen kein Zusammenhang. Konventionell spricht man bei einem Korrelationskoeffizienten von $r \geq .1$ von einem schwachen, bei

$r \geq .3$ von einem mittleren und bei $r \geq .5$ von einem starken Zusammenhang (vgl. Bortz & Schuster 2010: 140). Die Effektstärke wird mit dem Determinationskoeffizienten r^2 angezeigt: Dieser quadrierte Korrelationskoeffizient gibt an, wie viel Prozent der Varianz einer Variablen durch die andere Variable aufgeklärt wird.

Die Analyse der Korrelation zwischen Textverständnis und Lesestrategiewissen erbringt folgendes Ergebnis: $r = .29$, $p < .01$. Die Interpretation des Korrelationskoeffizienten *r* zeigt, dass zwischen den beiden Variablen ein mittlerer positiver Zusammenhang besteht. Darüber hinaus verweist der Signifikanztest (angegeben durch *p*) auf einen statistisch hochsignifikanten Zusammenhang, konkret liegt die Irrtumswahrscheinlichkeit somit unter 1 Prozent. Visualisieren lassen sich entsprechende Zusammenhänge in einem Streudiagramm, das auch Punktewolke genannt wird. Zu betonen ist jedoch, dass aus einem ermittelten statistisch signifikanten Zusammenhang allein noch keine Kausalbeziehung abgeleitet oder bestimmt werden kann, welche Variable ggf. die jeweils andere beeinflusst (vgl. Rasch et al. 2014a: 86 f.). Um diese Fragen zu beantworten, sind Interaktionsanalysen notwendig. Ein etabliertes Verfahren, um etwaige Einflussfaktoren (Prädiktoren) zu bestimmen, ist die Regressionsanalyse, die „das relative Gewicht einer unabhängigen Variablen für die Ausprägung einer abhängigen Variable unter gleichzeitiger Berücksichtigung von weiteren unabhängigen Variablen [schätzt]“ (Schmitz 2018: 347; vgl. auch Rasch et al. 2014b).

Neben der Ermittlung von Zusammenhängen ist es für die Beantwortung vieler Forschungsfragen zentral, Unterschiede zwischen verschiedenen Teilgruppen der Stichprobe herauszuarbeiten. Die Gruppenzugehörigkeit kann entweder an Faktoren wie *Studienfach*, *Altersgruppe* oder *Schulform* oder an der *experimentellen Bedingung* abgelesen werden. Anhand von ***t*-Tests** können die Mittelwerte von zwei Gruppen miteinander verglichen werden. Der *t*-Test setzt die Mittelwerte in Relation zur Streuung innerhalb der beiden Gruppen (vgl. Rasch et al. 2014a: 33 f.). Je größer die Differenz zwischen diesen Mittelwerten ist, desto wahrscheinlicher ist es, dass sie nicht nur durch Zufall entstanden ist. Entsprechende Differenzen können z. B. anhand des Faktors *(biologisches) Geschlecht* unterschieden werden. Für die mit einer Likert-Skala erhobene Frage, wie viel die Befragten im Durchschnitt lesen, wurden z. B. folgende Mittelwerte und Standardabweichungen für Mädchen und Jungen berechnet:

		N	*M*	*s*
Wie viel Zeit verbringst du täglich mit dem Lesen? (1 = nie, 2 = 0.5 h, 3 = 0.5–1 h, 4 = 1–2 h, 5 > 2 h)	männlich	143	2,24	1,22
	weiblich	164	2,72	1,29

Tab. 8-8: Mittelwertsdifferenzen anhand der Kategorie Geschlecht

Die ermittelte Differenz von 0,48 beim Mittelwert allein gibt noch keine Auskunft darüber, ob dieser Unterschied systematisch ist und sich auch in einer anderen zufällig gezogenen Stichprobe ergeben würde. Erst die Ergebnisse des *t*-Tests weisen darauf hin, ob ein signifikanter Unterschied zwischen den empirisch erhobenen Mittelwerten besteht, die Differenz gemessen an der Effektstärke Cohens d also auch inhaltlich bedeutsam ist. Der t-Test zeigt folgendes Ergebnis: $t(1, 305) = -3.360$, $p < .001$, $d = .376$. Mit Bezug auf das Signifikanzniveau von $p < .001$ ist von einem hochsignifikanten Effekt bei der Mittelwertsdifferenz auszugehen. Das bedeutet, dass in der Lesehäufigkeit zwischen Mädchen und Jungen der siebten Klasse ein signifikanter Unterschied besteht und Mädchen in der siebten Klasse signifikant mehr lesen als Jungen. Um darüber hinaus die Größe dieses statistischen Effekts zu bestimmen, wird die Effektstärke d angegeben, für die konventionell drei Stufen definiert sind: $d \geq 0.2$ wird als kleiner Effekt klassifiziert, $d \geq 0.5$ als mittlerer und $d > 0.8$ als großer Effekt (vgl. Rasch et al. 2014a: 49). Dieser Effekt des (biologischen) Geschlechts ist als kleiner bis mittlerer Effekt zu klassifizieren.

Zu bedenken ist, dass der t-Test ausschließlich für den Vergleich von zwei Gruppen geeignet ist. Um mehr als zwei Gruppen miteinander zu vergleichen, müssten grundsätzlich auch mehrere t-Tests durchgeführt werden. Ein solches Vorgehen ist jedoch äußerst fehleranfällig, denn sobald nicht die gesamte Stichprobe einbezogen wird, verringert sich jeweils die Teststärke; die Ergebnisse sollen aber auf die gesamte Stichprobe übertragen werden. In diesem Fall wird auf das Verfahren der Varianzanalyse (*Analysis of Variance*, ANOVA) zurückgegriffen. Mit Hilfe der Varianzanalyse kann unter Angabe der Effektstärke Eta-Quadrat (η^2) die Streuung und der Einfluss einer oder mehrerer kategorialer Variablen auf die abhängige Variable geprüft werden (vgl. Rasch et al. 2014b: 4).

Aufgaben:

1. Beispiele sollten in jedem Fall in Korpora gefunden oder von anderen Sprecherinnen und Sprechern überprüft werden. Warum kann man nicht einfach passende Beispiele aus dem Internet nehmen?
2. Sie schreiben eine Hausarbeit über die Bedeutung des deutschen Präteritums. Warum sollten Sie das folgende Beispiel besser nicht oder zumindest nicht unkommentiert verwenden?

   (1) Gestern ich hör ein sehr interessantes Radiosendung.

3. Was bedeuten *-mak* und *-iamo*?

   (1) Türkisch
   çık-mak
   komm_raus-INF
   (2) Italienisch
   and-iamo
   geh-PRS.1PL

4. Warum arbeitet das im folgenden Beispiel beschriebene Projekt, das von Annika Hermann und Markus Steinbach geleitet wurde, mit leitfadengestützten Interviews?

Beispiel:
(Un)sichtbare Lebensgeschichten – Dokumentation des Lebens, der Kultur und der Sprache älterer tauber Menschen
Dieses Projekt hat sich zum Ziel gesetzt, das umfangreiche sprachliche und kulturelle Erbe älterer gehörloser bzw. tauber Menschen in Deutschland mithilfe ausgewählter Interviews tauber Menschen in Niedersachsen und Sachsen-Anhalt systematisch zu dokumentieren, langfristig zu sichern, auszuwerten und für die wissenschaftliche und gesellschaftliche Nutzung zugänglich zu machen. Eine systematische Erhebung, digitale Archivierung, Annotation und wissenschaftliche Auswertung der Lebensgeschichten älterer tauber Menschen ist aus historischer, sozialwissenschaftlicher, kulturwissenschaftlicher und linguistischer Perspektive dringend erforderlich. Nur so können wir die Kultur und Sprache dieser besonderen Minderheit in unserer Region langfristig dokumentieren und besser verstehen. Die individuellen Lebensgeschichten dieser Menschen würden mit ihrem Tode unwiderruflich erlöschen und die Kultur und Sprache einer ganzen Generation gingen für unser kulturelles Gedächtnis für immer verloren. In diesem Projekt sollen 16 taube Menschen ab 70 Jahren in Niedersachsen und Sachsen-Anhalt mittels leitfadengestützter Interviews zu unterschiedlichen biographisch relevanten Aspekten befragt werden. Insbesondere die historisch relevante Ost-West-Thematik, die Unterschiede in geschlechterspezifischen Lebensgeschichten und die konfliktgeladene soziale Situation einer sprachlichen Minderheit zeigen den einmaligen Wert der Lebensgeschichten tauber Menschen.
(www.uni-goettingen.de/de/544426.html; gesehen am 06.06.2021)

5. Um was für eine Art von Transkription handelt es sich? Begründen Sie Ihre Entscheidung!

Beispiel:

```
((fiktives Gespräch, 1:04-2:05 Sek.))

{1:04} 01 A: hier fängt der
             transkripttext an
       02 B: ja genau
       03    (--)
       04 A: wenn du mir ins wort fä[llst]
       05 B:                        [ich] fall dir ja
             gar nicht ins wort
```

```
{2:00} 06  A:  doch
       07      (.)
       08      hast du wohl getan
       09      du hast (.) mich grade
               unterbrochen
       10  B:  ja
{2:05} 11      tut mir leid
```

(Selting et al. 2009: 359)

6. Im folgenden Arzt-Patient-Gespräch wird eine Krebsdiagnose mitgeteilt. Welche der drei folgenden Forschungsfragen lässt sich mit dieser Art von Verschriftlichung beantworten?

   (1) Welche sprachlichen Mittel spielen in der Diagnosemitteilung eine Rolle?
   (2) Woraus besteht die Diagnosemitteilung?
   (3) Welche sprachlichen und nichtsprachlichen Mittel spielen in der Diagnosemitteilung eine Rolle?

Beispiel:

```
005  A1:  UND- (-)
006       ÄHM:- (1:0)
007       JA-
008       das IS- (.)
009       ein kleiner bösartiger TUmor.
010  PW:  ein kleiner BÖSartiger.
011       des HEISST?
012  A1:  er (-) IST-
013       gottseidank nicht so ARG bösartig.
014  PW:  [((lacht))]
015  A1:  [=also] es ist ein [brUstKREBS (-) ja?]
016  PW:                     [hm_hm-]
017  A1:  das SCHON-
018       hh° a:ber DIE: ähm;
019       EIgenschaften die er hat;
020       die SIND- (--)
021       SIE:- (--)
022       dEUten darauf HIN dass es nicht ein- ()
023       SEHR aggressiver tUmor ist; °h
024       sondern Eher einer DER- (2.0)
```

```
025         ganz langsam wächst;
026  PW:    [OK,]
```

(Imo 2017: 11)

7. Stellen Sie sich die Planung einer kleinen empirischen Studie im Rahmen einer Hausarbeit in der Variationslinguistik vor. Folgende Forschungsfrage möchten Sie beantworten: *Welche Sprachen werden in Dortmund gesprochen?* Welche Methode(n) könnten Sie nutzen, um Ihre Daten zu erheben? Welche Kontextvariablen können zusätzlich bedeutsam sein, um Ihre Forschungsfrage beantworten zu können? Warum ist es wichtig, dass Sie in Ihrem Forschungsprozess Ihre einzelnen Schritte dokumentieren?
8. Vergleichen Sie die beiden Beispiele einer empirischen Studie zur Phraseologie (vgl. Juska-Bacher 2006) miteinander und entscheiden Sie, ob auf der Grundlage der Daten Verfahren der *deskriptiven Statistik* oder der *Inferenzstatistik* angewendet werden können. Welche Aussagen können Sie mit Hilfe der aufgeführten Daten treffen?

Beispiel:
Eine Befragung zur Bekanntheit der in einer Untersuchung festgestellten 100 bekanntesten Phraseologismen hat folgendes Ergebnis geliefert:
Von 5 befragten Probanden kannten
1 Proband 95,
1 Proband 90,
2 Probanden 89
und 1 Proband 87 Phraseologismen.
(Juska-Bacher 2006: 96)

Beispiel:
Kennen Probanden ab 50 mehr Phraseologismen als unter 50-jährige Probanden?
[...]
Es soll die Hypothese geprüft werden, dass ältere Probanden eine durchschnittlich höhere Sprichwortkenntnis haben. Anhand eines Fragebogens mit 75 Sprichwörtern werden 10 Probanden unter 50 Jahren und 10 Probanden ab 50 befragt. Das Ergebnis der Befragung weist für die ab 50-jährigen Werte zwischen 59 und 69 bekannten Sprichwörtern und für die unter 50-jährigen Werte zwischen 54 und 64 auf.
(Juska-Bacher 2006: 104 f.)

9. Warum können Sie bei der kategorialen Variable *Erstsprache/L1* kein arithmetisches Mittel berechnen?
10. In einer empirischen Studie zu orthographischen Zweifelsfällen in der deutschen Sprache wurde ein Fragebogen mit Studierenden der Germanistik eingesetzt. Wie unterscheiden die im Fragebogen verwendeten Items sich im Hinblick auf ihr Skalenniveau voneinander?

Beispiel:

1. Welche Sprache haben Sie als Kind zuerst gelernt?
   □ Deutsch □ andere
   ... wenn Sie *andere* angekreuzt haben, welche Sprache haben Sie als Kind zuerst gelernt?

2. Welche Sprache sprechen Sie am besten?
   □ Deutsch □ andere
   ... wenn Sie *andere* angekreuzt haben, welche Sprache sprechen Sie am besten?

3. Was ist Ihr zweites Studienfach?

[...]
Orthographiequiz*:
Bitte kreuzen Sie die Ihrer Meinung nach korrekte Schreibweise an, ohne dabei im Wörterbuch oder im Internet nachzuschauen. Mehrfachnennungen sind möglich.

1. Sie lachte laut auf, man sie sogar auf der Straße hören konnte.
   □ sodass □ so dass

2. Wem die Nase rinnt, der sollte sich
   □ schneuzen □ schnäuzen □ schnäutzen

3. Eine Wurst muss man mit essen.
   □ Ketschup □ Ketchup □ Ketschap

[...]
*Anmerkung: Pro richtiger Antwort konnten 2 Punkte erzielt werden.
(Der Fragebogen liegt Lemke & Schuttkowski 2017 zugrunde.)

Weiterführende Literatur:

Albert, R. & Marx, N. (2016): *Empirisches Arbeiten in Linguistik und Sprachlehrforschung.* Tübingen: Narr.

Beißwenger, M., Lemnitzer, L. & Müller-Spitzer, C. (erscheint): *Forschen in der Linguistik. Eine Methodeneinführung für das Germanistik-Studium.* Stuttgart: utb.

Brinker, K. & Sager, S. F. (2010): *Linguistische Gesprächsanalyse. Eine Einführung.* Berlin: Erich Schmidt.

Gries, S. (2008): *Statistik für Sprachwissenschaftler.* Göttingen: Vandenhoeck & Ruprecht.

Kuckartz, U. (2018): *Qualitative Inhaltsanalyse. Methoden, Praxis, Computerunterstützung.* Weinheim: Beltz Juventa.

Lemnitzer, L. & Zinsmeister, H. (2010): *Korpuslinguistik. Eine Einführung.* Tübingen: Narr Francke Attempto.

Meindl, C. (2011): *Methodik für Linguisten. Eine Einführung in Statistik und Versuchsplanung.* Tübingen: Narr.

Ohlhus, S. (2006): Eine Datenstruktur zur Umschrift handschriftlicher Lernertexte. *Linguistische Berichte* 205, 61–80.

Rues, B., Redecker, B., Koch, E., Wallraff, U. & Simpson, A. P. (2013): *Phonetische Transkription des Deutschen.* Tübingen: Narr.

Selting, M., Auer, P., Barth-Weingarten, D., Bergmann, J., Bergmann, P., Birkner, K., Couper-Kuhlen, E., Deppermann, A., Gilles, P., Günthner, S., Hartung, M., Kern, F., Mertzlufft, C., Meyer, C., Morek, M., Oberzaucher, F., Peters, J., Quasthoff, U., Schütte, W., Stukenbrock, A. & Uhmann, S. (2009): Gesprächsanalytisches Transkriptionssystem 2 (GAT 2). *Gesprächsforschung – Online-Zeitschrift zur verbalen Interaktion* 10, 353–402.

Stukenbrock, A. (2009): Herausforderungen der multimodalen Transkription. In: Birkner, K. & Stukenbrock, A. (Hrsg.): *Die Arbeit mit Transkripten in der Praxis. Forschung, Lehre und Fortbildung.* Göttingen: Verlag für Gesprächsforschung, 144–170.

Nützliche Links:

CLARIN-D
http://www3.clarin-d.net

GAT 2
http://www.gespraechsforschung-ozs.de/heft2009/px-gat2.pdf

Folker
https://exmaralda.org/de/folker-de/

International Phonetic Alphabet
https://www.internationalphoneticalphabet.org/ipa-sounds/ipa-chart-with-sounds/

Leipzig Glossing Rules
https://www.eva.mpg.de/lingua/pdf/Glossing-Rules.pdf

Multimodale Transkription
http://www.verlag-gespraechsforschung.de/2009/pdf/transkripte.pdf

9 Linguistisch schreiben

Wer linguistisch arbeitet, verschriftlicht in der Regel die eigenen Ergebnisse, um sie mit anderen zu teilen. Die beiden folgenden Rezensionen linguistischer Studien machen deutlich, wie wichtig eine klare und unmissverständliche Ausdrucksweise ist, um andere zu überzeugen.

Beispiel:
Stumpfs Arbeit ist dank der klaren, dem Gegenstand angemessenen Gliederung, den Zwischenfazits und der zugleich präzisen und leicht zugänglichen Sprache leserfreundlich gestaltet. Sie stellt eine für Forschungs- und Lehrzwecke überaus anregende Lektüre dar, indem sie spannende Forschungsperspektiven zum Thema „sprachliche (Ir-)Regularität" aufzeigt. (Balnat 2017: 318)

Das Buch verbindet theoretische Überlegungen mit konkreten Analysebeispielen und zeichnet sich durch ein hohes Maß an Verständlichkeit und Leserführung aus. Die Ausführungen sind inhaltlich aufeinander bezogen und sowohl sprachlich als auch optisch sehr ansprechend gestaltet. Schaubilder und Tabellen fassen die Inhalte übersichtlich zusammen; ein Sachregister ist ebenfalls vorhanden. (Brommer 2019: 62)

Für wissenschaftliche Texte aller Art gelten höchste Ansprüche an **Objektivität** und **Präzision** – nicht nur inhaltlich, sondern auch auf der Textoberfläche. In jeder spezifischen Fachkultur gelten dafür jeweils unterschiedliche Richtlinien. In der Linguistik kommen spezielle Darstellungsweisen hinzu. All das werden wir Ihnen in diesem Kapitel näherbringen.

9.1 Sich linguistisch ausdrücken

Wissenschaften bedienen sich grundsätzlich einer **Fachsprache**, in der sie zum Beispiel ihre Analyseeinheiten **eindeutig** definieren. Durch deren standardisierte Verwendung werden die Texte auch für andere Wissenschaftler und Wissenschaftlerinnen nachvollziehbar. In der Linguistik sind dies zum Beispiel fachsprachliche Ausdrücke wie *Subjekt*, *Objekt* und *Satzglied*. Wie die folgenden drei Beispiele zeigen, wird aber auch in der Linguistik ein und derselbe fachsprachliche Begriff zum Teil unterschiedlich gebraucht.

Beispiel:
Das Subjekt ist generell der Ausdruck im Satz, der mit einer Wer-oder-was-Frage erfragbar ist und der mit dem Prädikat des Satzes bzw. einem Teil davon kongruiert, d. h. in bestimmten grammatischen Merkmalen übereinstimmt.
(Musan 2008: 1)

Das Subjekt ist die Nominativergänzung in einem Satz.
(Pafel 2011: 39)

Subjekte stehen im Nominativ und sind mit wer? oder was? erfragbar.
(Pittner & Berman 2010: 35)

Wie die Beispiele belegen, kann die Verwendung fachsprachlicher Begriffe problematisch sein, sofern diese nicht erklärt werden. Gute linguistische Arbeiten zeichnen sich daher dadurch aus, dass sie ihre zentralen Begriffe unter Bezug auf einschlägige Forschungsliteratur definieren. Für die Sprache wissenschaftlicher Arbeiten ist aber nicht nur ein fachsprachlicher Wortschatz kennzeichnend, sondern auch ein besonderer Stil, der im Nachfolgenden anhand eines Beispiels näher erläutert wird. Die Autorinnen des folgenden Ausschnitts etwa schildern in sehr klarer Sprache, worum es in ihrer Studie geht und wie sie aufgebaut ist.

Beispiel:
Bilderbücher werden häufig als ein wichtiges Mittel zur (alltagsintegrierten) Förderung sprachlicher Fähigkeiten in der Familie oder in Betreuungseinrichtungen betrachtet. Im folgenden Beitrag fordern wir dazu auf, das Vorlesen von illustrierten Kinderbüchern noch systematischer einzusetzen, indem der begleitende sprachliche Input in optimierter Form dargeboten wird. Wir beginnen zunächst damit, die positiven Aspekte der Sprachförderung durch Vorlesen zu erläutern, bevor wir darauf eingehen, dass ein im Vergleich zur Alltagssprache sehr häufiger (hochfrequenter) und ein speziell geordneter (hochstrukturierter) Input den Grammatikerwerb besonders fördern kann. Abschließend geben wir durch ein paar Beispiele Anregungen, wie diese Inputoptimierung in bereits bestehenden Büchern umsetzbar ist.
(von Lehmden et al. 2015: 42)

Die Autorinnen verwenden Fachbegriffe, die im Textverlauf wiederholt und ausgebaut werden. Diesen Ausbau können Sie sich am Beispiel von *Förderung* vor Augen führen. Er dient weniger einer abwechslungsreichen Textgestaltung, wie Sie sie von journalistischen oder auch literarischen Texten kennen. Vielmehr geht es beim Ausbau von Fachbegriffen in wissenschaftlichen Texten um Präzisierung: Der allgemeine Begriff *Förderung* wird im Beispieltext durch den unmittelbaren Anschluss *sprachliche*

Fähigkeiten geschärft, der den Gegenstand des Förderns benennt. Im nächsten Schritt werden die beiden Einheiten zu dem komplexen Wort *Sprachförderung* zusammengezogen. Die nähere Bestimmung *durch Vorlesen* benennt nun das Mittel, durch das die Sprachförderung erreicht werden soll. Der vorletzte Satz des Beispiels enthält die Konstruktion *Grammatikerwerb fördern*. Hier verwenden die Autorinnen also das dem Substantiv *Förderung* zugrunde liegende Verb *fördern* und benennen genauer die sprachliche Fähigkeit, die gefördert werden soll, nämlich Grammatik.

Dieses textlinguistische Mittel der (partiellen) Rekurrenz, das wir hier am Beispiel des Wortstamms *förder* betrachtet haben, dient dazu, den Forschungsgegenstand des Beitrags zu präzisieren. Ein solches Vorgehen ist grundsätzlich zu unterscheiden von der Ersetzung von Fachbegriffen durch Synonyme. In unserem Beispiel wäre in diesem Sinne theoretisch denkbar, von *Begünstigung*, *Beschleunigung* oder *Unterstützung* des Grammatikerwerbs zu sprechen. Allerdings könnten die Lesenden fälschlicherweise davon ausgehen, dass *Förderung sprachlicher Fähigkeiten* und *Unterstützung sprachlicher Fähigkeiten* vielleicht eine ähnliche, aber nicht dieselbe Bedeutung haben. Ein Wort durch ein ähnliches zu ersetzen – was bei anderen Textsorten für Abwechslung sorgen mag – kann also in wissenschaftlichen Texten zu Irritationen führen, wenn gar kein Bedeutungsunterschied suggeriert werden soll. Denn ganz allgemein haben wissenschaftliche Texte nicht das Ziel, den Lesenden eine sprachlich abwechslungsreiche Lektüre zu bieten, sondern wissenschaftliche Erkenntnisse möglichst unmissverständlich zu teilen. Wenn dabei Fachbegriffe sehr häufig wiederholt werden, kann das zwar eintönig wirken. Es trägt jedoch dazu bei, die darzustellenden Inhalte nicht zu verschleiern, sondern sie möglichst präzise darzustellen. Dazu gehört auch, Ambiguitäten (Mehrdeutigkeiten) zu vermeiden. Dies betrifft neben der Wortwahl auch den Satzbau. In einem Satz wie *Die Autorin kam zu dieser Einsicht, weil sie klug war* ist der Bezug von *sie* mehrdeutig: Es könnte sich sowohl auf die *Autorin* als auch auf die *Einsicht* beziehen.

An der oben zitierten Einleitung aus von Lehmden et al. (2015) lassen sich noch weitere typische Merkmale (guter) linguistischer Texte zeigen. Eines davon ist Kürze: Das Beispiel gibt die vollständige Einleitung eines publizierten wissenschaftlichen Aufsatzes wieder. Der gesamte Beitrag umfasst (mit Literaturverzeichnis) 15 Seiten. Das entspricht in etwa den gängigen Vorgaben zum Umfang universitärer Hausarbeiten in Aufbau- und Vertiefungsmodulen. Wie gelingt es den Autorinnen unseres Beispiels, alle notwendigen Bestandteile einer Einleitung in einen so kurzen Text zu fassen?

Dazu tragen verschiedene Merkmale bei, die für sprachwissenschaftliche Texte typisch sind: Die Autorinnen verwenden **prägnante Sätze**; sie wiederholen sich nicht und verzichten auf alles, was für ihre Fragestellung nicht unmittelbar relevant ist. So vermeiden sie sprachliche und inhaltliche Weitschweifigkeit. Vereinfacht könnte man sagen: Sie kommen direkt zur Sache, zu dem Ziel ihres Beitrags, das sie schon im zweiten Satz benennen. Dadurch ist die **Informationsdichte** ihres Textes sehr hoch. Auch darin zeigt sich die Funktion wissenschaftlicher Texte, die wir oben schon angesprochen haben: Es geht ausschließlich darum, relevante wissenschaftliche Erkenntnisse mitzuteilen. Manchmal liegt so eine knappe wissenschaftliche **Ausdrucksweise** freilich auch darin begründet, dass der Publikationsort nur eine bestimmte Anzahl von Zeichen erlaubt, sodass die Texte zwangsläufig kurz werden müssen.

Zur kurzen und prägnanten Gestaltung von Texten noch zwei Tipps, die Sie sich ebenfalls von den Autorinnen unseres Beispiels abschauen könnten: Erstens enthält der Text keine inhaltlich leeren Sätze, die manche Hausarbeit unnötig aufblähen. Das können Sie sich gut am zweiten Satz vergegenwärtigen, in dem die Zielsetzung genannt wird, und am dritten Satz, der beginnt, den Aufbau des Beitrags zu schildern:

Beispiel:
Im folgenden Beitrag fordern wir dazu auf, das Vorlesen von illustrierten Kinderbüchern noch systematischer einzusetzen, indem der begleitende sprachliche Input in optimierter Form dargeboten wird. Wir beginnen zunächst damit, die positiven Aspekte der Sprachförderung durch Vorlesen zu erläutern, bevor wir darauf eingehen, dass ein im Vergleich zur Alltagssprache sehr häufiger (hochfrequenter) und ein speziell geordneter (hochstrukturierter) Input den Grammatikerwerb besonders fördern kann.
(von Lehmden et al. 2015: 42)

Die Autorinnen verzichten hier auf Rahmungen der Art *Folgende Absicht liegt unserem Beitrag zugrunde* …. Und sie stellen auch keine Vorstrukturierung wie *Unser Beitrag gliedert sich wie folgt* oder *Der Beitrag ist folgendermaßen aufgebaut* voran. Dies wäre zwar nicht falsch, es würde jedoch mehr Zeichen verbrauchen als die präzisen Verben *auffordern* und *beginnen*, die die Autorinnen direkt mit Inhalten verknüpfen.

Zweitens schreiben die Autorinnen in der ersten Person: *wir fordern auf, wir beginnen, wir gehen darauf ein*. Dies ist in vielen Fachkulturen unüblich. In der Sprachwissenschaft und Sprachdidaktik hat sich das **Autor/innen-*Ich*** bzw. **-*Wir*** jedoch vergleichsweise gut etabliert, vor allem dort, wo es um die Beschreibung des eigenen Schreibens und Forschens geht.

Beispiel:
Folgende Wendungen gehören in diesem Sinne zum guten sprachwissenschaftlichen oder sprachdidaktischen Stil:

Ich untersuche …

anstelle von: *In dieser Arbeit wird untersucht …*

Im nächsten Kapitel meiner Arbeit stelle ich dar, wie …

anstelle von: *Das nächste Kapitel der vorliegenden Arbeit handelt von …*

Als zentrales Ergebnis meiner Analysen halte ich fest …

anstelle von: *Aus den duchgeführten Analysen kann als zentrales Ergebnis festgehalten werden ...*

Damit komme ich zu dem Schluss ...

anstelle von: *Es kann damit der Schluss gezogen werden ...*

Durch solche Konstruktionen in der ersten Person wird die wissenschaftlich erforderliche **Objektivität** in keiner Weise eingeschränkt. Sie sind der Autor oder die Autorin Ihrer Arbeit, damit treffen Sie die Entscheidungen über den Text, und Sie erläutern Ihren eigenen Erkenntnisweg. Es gibt keinen wissenschaftlichen Grund dafür, beispielsweise durch unpersönliche Formulierungen, Passivkonstruktionen oder mehrfach attribuierte Nominalphrasen die Autorin oder den Autor unsichtbar zu machen, solange die wissenschaftliche Objektivität gewahrt bleibt und Ihr Text nicht zu einer Anekdote wird. Während dies bei den oben genannten Formulierungen der Fall ist, wird mit den nachfolgenden Wendungen die wissenschaftlich objektive Perspektive verlassen:

Beispiel:
Die Bilderbücher habe ich zur Analyse ausgewählt, weil ich sie in der Bibliothek gefunden habe und sie sich an dreijährige Kinder richten, deren Sprachentwicklung mich besonders interessiert.

Besser objektiv: *Die Zusammenstellung des Analysekorpus basierte auf der Verfügbarkeit in der ortsansässigen öffentlichen Bücherei sowie den Altersempfehlungen des Verlags.*

Ich finde das Bilderbuch sehr gelungen, um Sprache zu fördern.

Besser objektiv: *Die Analyse hat gezeigt, dass die sprachlichen Strukturen des Bilderbuchs einem optimierten Input entsprechen.*

In meinen Augen ist das Bilderbuch sehr gut zur Sprachförderung geeignet.

Besser objektiv: *Die Analyse hat gezeigt, dass das Bilderbuch Merkmale eines optimierten Inputs aufweist; somit kann man davon ausgehen, dass es sich zur Sprachförderung im Bereich ... eignet.*

Auch in meiner Familie haben wir immer viele Bilderbücher gelesen, sodass ich schon früh ein Interesse an Literatur hatte.

Besser objektiv: *Es ist empirisch belegt, dass die vorschulische familiale Lesesozialisation einen großen Einfluss auf das spätere Interesse von Grundschulkindern an Literatur hat (vgl. z. B. Zucker et al. 2013).*

Wie Sie an diesen Beispielen sehen können, ist wissenschaftliche Sprache nicht nur in Bezug auf die **Autorenperspektive** objektiv, sondern auch bei der Bezugnahme auf wissenschaftliche Quellen. Zwar kann die Forschung anderer durchaus kritisch diskutiert werden; dies muss jedoch in einem objektiven, angemessenen und wertschätzenden Ton erfolgen. Zu einem solchen gehört grundsätzlich auch eine Ausdrucksweise, die niemanden ausschließt oder diskriminiert. Insbesondere ist in diesem Zusammenhang auch auf eine genderneutrale Sprache zu achten.

Bei der Oberflächengestaltung Ihres wissenschaftlichen Textes sollten Sie außerdem die folgenden drei Gesichtspunkte berücksichtigen: Erstens sollten wissenschaftliche Texte grundsätzlich orthographisch und grammatisch **korrekt** sein – das gilt umso mehr für Texte von Linguisten und Linguistinnen, die ja Fachleute für Sprache sind. Wissenschaftliche Texte mit solchen Fehlern vermitteln leicht den Eindruck, dass nicht sorgfältig gearbeitet wurde, denn eigentlich sind solche formalen Fehler ja durch den Rückgriff auf Regelwerke und Korrekturlesen vermeidbar – und von hier kann man leicht auf den Gedanken kommen, dass das vielleicht auch für die Inhalte des Textes gilt. Zweitens sollte sich der sprachliche Ausdruck an der gehobenen deutschen Schriftsprache orientieren. Vermeiden Sie also Konstruktionen, die für **mündliche** oder **umgangssprachliche** Gesprächssituationen typisch sind, zum Beispiel Verbzweitstellung in mit *weil* eingeleiteten Sätzen, possessiven Dativ, Füllwörter, Interjektionen, Gesprächs- und Modalpartikeln, durch modalisierende Anführungszeichen gekennzeichnete Ausdrücke usw.

Beispiel:
?Ich komme nun zu meinem Fazit, weil die Ergebnisdarstellung ist beendet. (Verbzweitstellung im *weil*-Satz)
?Dem Psychologen Müller seine Studie berücksichtige ich nicht, weil ... (possessiver Dativ)
Das ist sozusagen unstrittig ... (Füllwörter)
Ich habe ja bereits in meiner Einleitung erwähnt ... (Partikeln)
Diese Studie war „der große Wurf“ ... (durch Anführungszeichen modalisierte Ausdrücke)

Besonders kritisch sind Füllwörter, denn sie machen den Text unpräzise. So ist es ein großer Unterschied, ob etwas unstrittig oder nur eigentlich, im Prinzip, irgendwie oder relativ unstrittig ist. Und auch modalisierende Anführungszeichen gilt es zu vermeiden, da sie suggerieren, dass etwas anderes gemeint ist als das Gesagte. Entsprechend wäre das folgende Beispiel dem letzten im vorangegangenen Beispielkasten vorzuziehen.

Beispiel:
Die Studie stellt einen Meilenstein in der Spracherwerbsforschung dar, weil sie erstmals empirisches Material in größerem Umfang präsentierte.

Drittens sollten insbesondere linguistische Fachbegriffe sprachlich korrekt verwendet werden. So ist es in hohem Maße irritierend, wenn eine Arbeit zum deutschen Genussystem konsequent über *den Genus* spricht statt über *das Genus*, eine Arbeit zu Modalpartikeln über *Partikel* oder eine empirische Arbeit über *den Korpus* anstatt über *das Korpus*.

Darüber hinaus zeichnen sich linguistische Texte durch bestimmte **fachspezifische Darstellungsweisen** aus. Eine zentrale Rolle spielt hier die Analyse objektsprachlicher Beispiele. Diese müssen gegenüber dem Fließtext als solche kenntlich gemacht werden. Auf solche Darstellungsweisen haben wir zum Teil bereits verwiesen, nämlich im Zusammenhang mit der Formatierung von Beispielen (s. Kap. 8.1), ihrer Transkription (s. Kap. 8.6.1.2) oder Glossierung (s. Kap. 8.2) oder in Bezug auf das Referieren von Sekundärquellen (s. Kap. 3.2). Darum ergänzen wir hier nur einige besonders relevante Darstellungsweisen, die Sie in linguistischen Texten häufig finden. Im folgenden Beispiel diskutieren Balestra et al. (2014) phonetische, phonologische, graphematische und morphologische Aspekte von Schreibungen. Da es mühsam wäre, bei jedem Beispiel auf die betreffende linguistische Ebene hinzuweisen, werden die Analyseeinheiten wie in Tab. 9-1 dargestellt verschriftlicht.

Beispiel:
Einstufige Schriftsystemmodelle wählen folglich grammatische Einheiten der gesprochenen Sprache als Eingabeelemente (z. B. /baʊm/), aus denen orthographisch normierte Schreibungen abgeleitet werden sollen [...].
Diese erweisen sich ebenfalls als problematische Eingabeebene, da Formen wie [flu:k] wegen des auslautenden stimmlosen Plosivs nicht geradlinig in eine Schreibung wie <Flug> überführt werden können. [...]
PW-Grenzen [Potentielle Wort-Grenzen, B.R., L.S., A.B. & C.S.] können in graphematischen Repräsentationen durch geschweifte Klammern notiert werden, also z. B. <{Schlange}stehen>).
(Balestra et al. 2014: 131, 139)

Analyseeinheit	**Notation**	**Tastenkombination**	**Beispiel**
Morphem	{X}	Strg + Alt + 7 Strg + Alt + 0	{Schlange}
Phon	[X]	Strg + Alt + 8 Strg + Alt + 9	[flu:k]

Phonem	/X/	Shift + 7	/baʊm/
Graphem	<X>	Shift + < für schlie- ßende spitze Klammer	<Flug>
Sem	[+/–X]	Strg + Alt + 8 Strg + Alt + 9 Majuskeln	Ein semantisches Merkmal/Sem von *Junge* ist [–ERWACHSEN].

Tab. 9-1: Linguistische Notationen

Morphologische und syntaktische Strukturen werden häufig als Baumdiagramme (Strukturbäume) visualisiert. Grundsätzlich lässt sich hier zwischen *bottom-up-* und *top-down-*Darstellungen unterscheiden. Wie eine solche Visualisierung im Bereich der Syntax aussieht, hängt außerdem sehr stark davon ab, welches Grammatikmodell zugrunde gelegt wird. In Hausarbeiten sollte daher nicht ohne Absprache irgendeine Form der Visualisierung syntaktischer Strukturen verwendet werden.

In anderen linguistischen Systembereichen haben sich zum Teil vergleichbare visualisierende Darstellungsweisen etabliert, die sehr mathematisch wirken. Sie werden auch **Formalisierungen** genannt. Ihr Vorteil besteht darin, dass sie präzise und explizit sind (vgl. Klein 2008: 23). Einen ersten Eindruck davon vermittelt das folgende Beispiel aus der formalen Semantik und Syntax, in dem es – sehr grob gesagt – darum geht, wie sich die Bedeutung des deutschen Perfekts aus seinen Bestandteilen zusammensetzt. Grundlegend ist die Annahme, dass jedes einzelne Element (also z. B. auch das Hilfsverb und das Partizip II) einen Beitrag zur Gesamtbedeutung liefert, sodass jedes neu hinzukommende Element kompositional mit den bisherigen Bedeutungsbeiträgen verrechnet wird.

Beispiel:

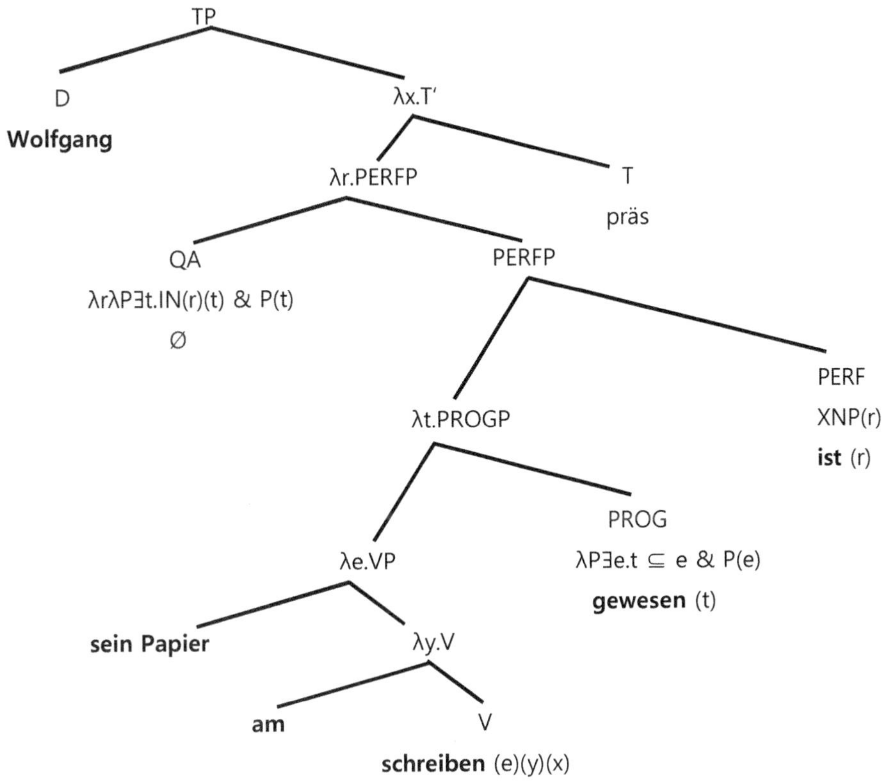

(von Stechow 1999: 205)

Solche Analysen muten oft sehr kompliziert an. Auf Nicht-Linguisten und -Linguistinnen, Studierende und auch Linguisten oder Linguistinnen, die selbst nicht mit solchen Darstellungen arbeiten, wirken sie oft beeindruckend, manchmal auch abschreckend. Formalisierungen können jedoch auch problematisch sein, wie das folgende Zitat deutlich macht:

Beispiel:
Im Prinzip ist die formale Semantik zwar sehr präzise, in der Praxis ist sie aber oft eine erhebliche Schlamperei. Die reicht von kleinen Druckfehlern, die nur deshalb nicht banal sind, weil sie den nicht ganz so souveränen Leser, der sie nicht gleich als solche erkennt, in den Wahnsinn treiben, bis zu völligen Absurditäten bei manchen Autoren, die glauben, sich auf diesem Gebiet versuchen zu müssen,

ohne es wirklich zu beherrschen. Sie legen etwas Bühnenschmuck an, um sich in der Hackordnung hoch zu platzieren. Nun wäre es unbillig, die schlechte Praxis zum Maßstab für den wissenschaftlichen Nutzen einer bestimmten Methode oder einer bestimmten Beschreibungssprache zu nehmen. Wenn eine Methode schlecht angewandt wird, kann die Methode nichts dafür. Es ist jedoch ein eminentes Problem für die Praxis der Wissenschaft, nicht anders als die falsche oder gar absurde Anwendung statistischer Methoden in anderen Disziplinen. [...]

In zahllosen Abhandlungen finden sich semantische Formeln, die letztlich nur noch einmal wiederholen, was zuvor schon unmissverständlich in klarer Prosa gesagt wurde. [...] In der Linguistik wimmelt es von solchen Beispielen, weil die Autoren aus irgendeinem Grund meinen, sie müssten das Ganze noch einmal in einem Ausdruck der elementaren Prädikatenlogik sagen, damit es wirklich wissenschaftlich ist.

(Klein 2008: 24)

Wenn Sie in Ihrer Hausarbeit linguistische Formeln wie die oben aus von Stechow (1999) zitieren, referieren oder gar selbst erstellen, sollten Sie also sicherstellen, dass Sie alles richtig dargestellt haben, sich also zum Beispiel auch keine Tipp- oder Autokorrekturfehler eingeschlichen haben, und dass Sie selbst verstehen, was Sie damit darstellen möchten. Darüber hinaus sollten Ihre Formalisierungen auch tatsächlich diejenigen Vorteile aufweisen, die ihnen gewissermaßen ihre Daseinsberechtigung geben: Präzision und Explizitheit (s. o.). Sollten andere Darstellungsformen diesen Ansprüchen eher genügen, sind sie formalisierten Darstellungen vorzuziehen.

9.2 Die linguistische Leserschaft im Blick behalten

Wissenschaftliche und damit auch linguistische Studien sind stets für eine bestimmte **Leserschaft** geschrieben, die von den vorgebrachten Analysen und Argumentationen überzeugt werden muss. Damit dies gelingt, ist es entscheidend, die Texte entsprechend zu gestalten: Sie müssen klar und unmissverständlich formuliert und im Ausdruck einem wissenschaftlichen Publikum angepasst sein. Die nachfolgende Rezension einer linguistischen Arbeit gibt auf der Grundlage von deren struktureller Gestaltung eine Einschätzung dazu ab, für welche Leserschaft sie geeignet ist:

Beispiel:

Ungeachtet dieser Kritikpunkte handelt es sich bei dem vorliegenden Buch um eine beeindruckende Forschungsleistung, die gegenwärtig als Referenzwerk zur historischen Morphosyntax der Eigennamen im Deutschen gelten kann. Das Buch spricht dabei in erster Linie Wissenschaftlerinnen und Wissenschaftler

an, die sich für dieses spezielle Thema interessieren. Aufgrund seines klaren Aufbaus und der Schwerpunktsetzung auf empirische Aspekte eignet es sich aber auch als Grundlage für Lehrveranstaltungen im Bereich der (historischen) germanistischen Linguistik.
(Fuß 2020: 185)

Eine solche Klarheit wird sicherlich nicht dadurch erreicht, dass möglichst hochtrabend klingende, mit zahlreichen Wortneuschöpfungen und Fremdwörtern geschmückte Sätze aneinandergereiht werden, um besonders klug oder eloquent zu wirken. Jörg Meibauer diskutiert in seinem Buch „Sprache und Bullshit" diese Art von Texten, die Gefahr laufen, obskur zu wirken:

Beispiel:
Kann man den globalen Vorwurf des Obskurantismus an konkreten Texten belegen? Gibt es linguistische Beweise für Bullshit-Fabrikation? Betrachten wir den folgenden Text von Michel Foucault:

(10) „Eine diskursive Formation ist also nicht der ideale, kontinuierliche und glatte Text, der unter der Multiplizität der Widersprüche einherläuft und sie in der stillen Einheit eines kohärenten Denkens auflöst; sie ist auch nicht die Oberfläche, an der sich unter tausend verschiedenen Aspekten ein Widerspruch spiegelt, der immer zurückgezogen, aber überall dominierend wäre. Es ist vielmehr ein Raum mannigfaltiger Entzweiungen; eine Menge verschiedener Gegensätze, deren Ebenen und Rollen zu beschreiben sind."
[Michel Foucault, Archäologie des Wissens, 1969/1981: 222]

Eine Aussage wie *Eine diskursive Information ist ein Raum mannigfaltiger Entzweiungen* ist in der Tat eine Aussage, die sich wie pseudo-profunder Bullshit anhört. Zur Verwirrung des Lesers trägt auch bei, dass zunächst gesagt wird, was eine diskursive Formation *nicht ist*, wodurch nahegelegt wird, was sie *sein könnte*. Vielleicht kommt es bei solchen Texten eher darauf an, ein Rätsel aufzustellen, in der Hoffnung, Leser würden sich ermuntert fühlen, das Rätsel zu lösen. Trotzdem können solche Texte ein schlechtes Vorbild für Studierende sein.
(Meibauer 2020: 65–66)

Wer linguistisch und damit wissenschaftlich schreibt, sollte folglich seine Leserschaft nicht nur durch eine verständliche Sprache einbeziehen, sondern auch mögliche inhaltliche Grenzen und Schwächen der eigenen Analyse offen, unverschleiert und selbstkritisch kommunizieren.

Beispiel:
Die Ergebnisse für [...] sind hiermit vereinbar. Weshalb allerdings [...] so selten [...] belegt ist, kann ich nicht erklären.
(Peust 1996: 28)

Eine solche Offenheit ermöglicht es Folgestudien, hier anzusetzen und weiterzuarbeiten. Es ist also besser, aus objektiven Beobachtungen Vermutungen abzuleiten oder Ideen und Interpretationen anderer in Frage zu stellen, als etwas als gesichertes (womöglich allgemeingültiges) Ergebnis darzustellen und/oder sich in (möglicherweise gar subjektiven und selbstüberschätzenden) Bewertungen zu erschöpfen. Als Studierende sind Sie zudem Novizen und Novizinnen in der linguistischen Wissenschaftskommunikation. Niemand erwartet von Ihnen, dass Sie der Fachwelt bahnbrechende Studienergebnisse präsentieren, die alles Bisherige obsolet erscheinen lassen. Versuchen Sie also nicht, sich durch Anmaßung hervorzutun. Sie wollen gehört bzw. gelesen und ernst genommen werden. Schätzen Sie sich und Ihre Arbeit realistisch ein und lassen Sie diese Einschätzung in Ihre **Schreibhaltung** einfließen. Wenn Sie anfangen, Tennis zu spielen, fragen Sie ja auch nicht als Erstes Andrea Petković, ob sie gegen Sie spielen möchte. Ein realistisches Selbstverständnis als Neulinge, die in die wissenschaftliche Gemeinschaft aufgenommen werden und an der Wissenschaftskommunikation teilhaben möchten, könnte sich sprachlich wie folgt zeigen:

Beispiel:
In der Einleitung:
Ich gehe in meiner Arbeit der Frage nach, ...
Ich diskutiere in meiner Arbeit die Frage, ...
Ich untersuche in meiner Arbeit auf der Grundlage eines exemplarischen Korpus, inwiefern ...
(anstelle von: *Ich beweise/belege/zeige auf, ...*)

Im Fazit:
Meine Beobachtungen legen die Vermutung nahe, dass ...
Aus meinen Beobachtungen lässt sich die Annahme ableiten, dass ...
Vor dem Hintergrund meiner Untersuchung erscheint die Annahme, dass ..., fraglich.
Die Ergebnisse meiner Untersuchung geben Anlass, die Annahme ... zu hinterfragen.
(anstelle von: *Ich habe mit meiner Untersuchung gezeigt, dass ... Auf der Grundlage meiner Untersuchung komme ich zu dem Befund, ... Meine Untersuchungsergebnisse beweisen, dass ...*)

Im Textverlauf sollten Sie insbesondere darauf achten, dass Sie Ihre eigenen Überlegungen sprachlich von dem abgrenzen, was bereits andere Autoren und Autorinnen zu

Ihrem Thema geschrieben haben. Dabei ist wichtig, dass Sie alles, was Sie behaupten, in Ihrem Text auch belegen (vgl. Kap. 3.2, 3.3, 8.1, 8.6) und begründen.

Beispiel:
Die hiesige Darstellung basiert auf ...
Meine Darstellung ist angelehnt an ...
Leitend für den theoretischen Teil meiner Arbeit ist die These/die Konzeption/das Modell von XY ...
Ich schließe mich der Auffassung von ... an, weil ...
Meines Erachtens spricht für die Auffassung von ..., dass ...
Müllers Argumentation folgend ließe sich ... annehmen ...
Dem steht das nachfolgende Beispiel gegenüber, das verdeutlicht, dass ...

Wenn Ihr Text umfangreich ist, sollten Sie außerdem darauf achten, dass Sie Ihren Lesern und Leserinnen ermöglichen, sich darin zu orientieren. Orientierungspunkte können in wissenschaftlichen Texten sprachlich durch explizite Verweise gesetzt werden, die Bezüge zwischen den einzelnen Teilen des Textes herstellen.

Beispiel:
Die vorausgegangenen Überlegungen lassen sich zu ... zusammenfassen.
Wie ich in der Einleitung/in Kap. XY bereits angedeutet habe, ...
Dies wird nun genauer ausgeführt, um ...
Im vorangegangenen Abschnitt/Kapitel habe ich gezeigt, dass ...
Aus dem Theorieteil meiner Arbeit war hervorgegangen, dass ...
Daran knüpfe ich bei der Beschreibung meiner Beobachtungskategorien (im empirischen Teil) unmittelbar an, indem ...
Aus den dargestellten Ergebnissen lässt sich abschließend das Fazit ziehen ...

9.3 Den linguistischen Schreibprozess angehen und erleichtern

Wissenschaftliches Schreiben ist anstrengend und mühsam, weil es Konzentration, Sorgfalt und Präzision erfordert. Aber es kann Schreibende auch mit Stolz erfüllen und glücklich machen, wenn ein Text (endlich) fertig wird. Bis dorthin ist es jedoch meist ein langer Weg.

Besonders am Anfang einer Hausarbeit stellen sich Studierende oft die Frage, wie sie die vorgegebenen Seiten füllen sollen. Dann freuen sie sich vielleicht über jeden Satz zu ihrem Thema, den sie zu Papier gebracht haben. Das ist völlig normal, und allen, die Hausarbeiten begutachten, ist dieses Phänomen wohlbekannt. Wenn dieses

Gefühl bei Ihnen aufkommt, seien Sie wachsam. Geben Sie nicht dem Drang nach, wohlklingende Worthülsen zu Ihrem Thema aufs Geratewohl aneinanderzureihen, um die gähnende Leere der Seiten vor Ihnen zu überwinden! Denn im Zweifelsfall wird Ihnen Ihr Gutachter oder Ihre Gutachterin auf die Schliche kommen. Bevor Sie sich möglicherweise um Kopf und Kragen schreiben, nehmen Sie sich zunächst die Zeit, Ihren Text zu planen, und werden Sie sich über die Inhalte und Argumente klar, die für Ihre Fragestellung wichtig sind. Hierbei können Ihnen die Kapitel 6 und 7 dieser Einführung helfen. Wenn Sie wissen, was Sie schreiben wollen, wird Ihnen auch die sprachliche Gestaltung Ihres Textes leichter fallen.

Versuchen Sie daher, sich die notwendige Zeit zuzugestehen und sich nicht unnötig unter Druck zu setzen. Selbst mit viel Schreiberfahrung ist es kaum möglich, einen wissenschaftlichen Text im Voraus so zu planen, dass man mit dem Schreiben der Einleitung beginnt und mit dem letzten Wort des Fazits endet. Wissenschaftliches Schreiben ist vielmehr ein zirkulärer Prozess: Man plant, schreibt, stellt um, überarbeitet, kürzt, löscht, ergänzt, korrigiert ... Das tut man zunächst mit dem Theorieteil. Dann schreibt man vielleicht auf diese Weise einen empirischen Teil. Dann stellt man fest, dass Theorie- und Empirieteil noch nicht recht zueinander passen, und knöpft sich den fertig geglaubten Theorieteil noch einmal vor. Die Einleitung einer wissenschaftlichen Abhandlung entsteht in ihrer endgültigen Form oft erst ganz am Ende des Schreibprozesses, wenn man seinen Argumentationsweg kennt. Dieser verschlungene Weg des Entwerfens, Schleifens und Feilens, der im Idealfall zu einem runden Text mit einem deutlichen roten Faden führt, kann durchaus mehrere Schleifen im Schreibprozess in Anspruch nehmen. Sollten Sie also wiederholt Schreib- und Überarbeitungsschleifen durchlaufen, zweifeln Sie nicht an sich! Im Gegenteil: Sie können es als Zeichen dafür sehen, dass Sie auf dem besten Weg sind, eine/r der professionellen und routinierten Schreibenden zu werden, die ihre Texte so lange selbstkritisch bearbeiten, bis sie zu einem runden, befriedigenden Ergebnis kommen. Wenn Sie sich auf einen solchen nicht-linearen Schreibprozess einlassen, wird sich dies am Ende sicherlich in der Note Ihrer Arbeit widerspiegeln.

Sollten Sie während des Schreibens immer wieder in Sackgassen geraten und mit der Verzweiflung ringen, kann ein freier Nachmittag mit Bewegung und frischer Luft oder auch der Austausch mit Leidensgenossen und -genossinnen manchmal schon Abhilfe schaffen. Wenn dem nicht so ist, könnten Sie sich auch erkundigen, welche professionellen Unterstützungsangebote an Ihrer Universität zur Verfügung stehen. Inzwischen gibt es an fast allen Hochschulen Schreibzentren, wo ausgebildete **Schreibberater und -beraterinnen** versuchen, individuell über **Schreibblockaden** hinwegzuhelfen, oder Workshops zu verschiedenen Herausforderungen des (geistes-)wissenschaftlichen Schreibens und betreute Schreibgruppen anbieten. Informieren Sie sich dazu auf den Internetseiten Ihrer Universität oder fragen Sie Ihre Betreuerin oder Ihren Betreuer gezielt danach.

Am Ende sollten Sie Ihre Arbeit mindestens einmal gründlich selbst **Korrektur** lesen, besser noch jemanden aus der Familie oder dem Freundeskreis darum bitten. Dabei entstehen fast immer Unsicherheiten – heißt es z. B. *wegen dem geringen Rücklauf* oder *wegen des geringen Rücklaufs, der Fragebögen* oder *der Fragebogen, die Mehrheit der Befragten gab an* oder *gaben an, viele Kommas* oder *Kommata*? In solchen Fällen könnten Sie in einem Wörterbuch nachschlagen oder einschlägige Internetseiten und -foren durchsuchen wie z. B. das Grammatische Informationssystem des Leibniz-Instituts für deutsche Sprache, das Portal Grammatikfragen oder den Sprachratgeber des Dudenverlags. Die Links zu diesen Quellen führen wir am Ende des Kapitels auf.

Aufgaben:

1. Formulieren Sie folgenden Satz entsprechend den Ratschlägen in diesem Kapitel um: *In der vorliegenden Hausarbeit wird versucht werden, folgender Frage nachzugehen: …*
2. Korrigieren Sie den folgenden Text gemäß den Hinweisen in diesem Kapitel: *Bei der Auswertung der angekreuzten Items wird der Wortschatz- und der Grammatikteil getrennt voneinander betrachtet. Aus den einzelnen Werten wird sodann ein Gesamtwert berechnet, um sozusagen einen „Durchschnitt" zu ermitteln. Allerdings ist der Grammatikwert gewichtiger, da dieser eher Rückschlüsse auf sprachliche Defizite zulässt als der lexikale Sprachstand.*
3. Setzen Sie die in den folgenden Beispielen thematisierten sprachlichen Einheiten in die übliche linguistische Notation: Die Suffixderivation kindlich besteht aus dem substantivischen Basismorphem Kind und dem Wortbildungsmorphem -lich. Der ich-Laut ç ist kein eigenes Phonem des Deutschen. Stattdessen handelt es sich dabei um ein kombinatorisches Allophon, das dem Phonem x zugerechnet wird.

Weiterführende Literatur:

Esselborn-Krumbiegel, H. (2020): *Richtig wissenschaftlich schreiben.* Paderborn: Schöningh.
Kühtz, S. (2020): *Wissenschaftlich formulieren.* Paderborn: Schöningh.

Nützliche Links:

Rechtschreibregeln
https://www.rechtschreibrat.com/DOX/rfdr_Regeln_2016_redigiert_2018.pdf

Grammatik und Ausdruck
https://grammatikfragen.de/
https://www.duden.de/sprachwissen/sprachratgeber

International Phonetic Alphabet
https://www.internationalphoneticalphabet.org/ipa-sounds/ipa-chart-with-sounds/

10 Literaturverzeichnis

Aikhenvald, A. (2007): Linguistic Fieldwork: Setting the scene. *STUF. Language typology and universals* 60, 3–11.

Albert, R. & Marx, N. (2016): *Empirisches Arbeiten in Linguistik und Sprachlehrforschung. Anleitung zu quantitativen Studien von der Planungsphase bis zum Forschungsbericht.* Tübingen: Narr.

American Psychological Association (2020): *Publication manual of the American Psychological Association.* (apastyle.apa.org/; gesehen am 11.06.2021)

Averintseva-Klisch, M. (2013): *Textkohärenz.* Heidelberg: Winter.

Balestra, M., Appelt, A. & Neef, M. (2014): Systematische Beschränkungen für Schreibungen im grammatischen Wortschatz des Deutschen: der Konsonant [f]. *Zeitschrift für Sprachwissenschaft* 33, 129–163.

Balnat, V. (2017): Rezension zu Stumpf, S. (2015): *Formelhafte (Ir-)Regularitäten. Korpuslinguistische Befunde und sprachtheoretische Überlegungen.* Frankfurt: Lang. *Zeitschrift für Sprachwissenschaft* 36, 317–318.

Bangel, M., Müller, A. & Schröder, E. (2018): Orthographie und Interpunktion. In: Boelmann, J. M. (Hrsg.): *Empirische Forschung in der Deutschdidaktik. Band 3: Forschungsfelder.* Hohengehren: Schneider, 287–302.

Bard, E., Robertson, D. & Sorace, A. (1996): Magnitude estimation of linguistic acceptability. *Language* 72, 32–68.

Baur, N. & Blasius, J. (2014): Methoden der empirischen Sozialforschung. Ein Überblick. In: Baur, N. & Blasius, J. (Hrsg.): *Handbuch Methoden der empirischen Sozialforschung.* Wiesbaden: Springer, 41–62.

Becker-Mrotzek, M. (2009): Mündliche Kommunikationskompetenz. In: Becker-Mrotzek, M. (Hrsg.): *Mündliche Kommunikation und Gesprächsdidaktik.* Hohengehren: Schneider, 66–83.

Behagel, O. (1924): *Deutsche Syntax / 2. B. Adverbium, C. Verbum.* Heidelberg: Winter.

Beißwenger, M., Lemnitzer, L. & Müller-Spitzer, C. (erscheint): *Forschen in der Linguistik. Eine Methodeneinführung für das Germanistik-Studium.* Stuttgart: utb.

Berg, H. van den (1995): *A Grammar of Hunzib.* München: Lincom.

Bergmann, J. R. (2001): Das Konzept der Konversationsanalyse. In: Brinker, K., Antos, G., Heinemann, W. & Sager, S. (Hrsg.): *Text- und Gesprächslinguistik.* Berlin: de Gruyter, 919–927.

Betz, A., Kröger-Bidlo, H., Schmitz, A. & Schuttkowski, C. (2019): Empirische Methoden in der Sprachdidaktik. In: Rothstein, B. & Müller-Brauers, C. (Hrsg.): *Kernbegriffe der Sprachdidaktik Deutsch: Ein Handbuch.* Hohengehren: Schneider, 538–557.

Beuge, P. (2019): *Was ist gutes Deutsch? Eine qualitative Analyse laienlinguistischen Sprachnormwissens.* Berlin: de Gruyter.

Bierwisch, M. (1966): Strukturalismus: Geschichte, Methoden, Probleme. *Kursbuch* 5, 77–152.

Boelmann, J. M. (2018a): Fragestellung. In: Boelmann, J. M. (Hrsg.): *Empirische Forschung in der Deutschdidaktik. Band 1: Grundlagen.* Hohengehren: Schneider, 7–16.

Boelmann, J. M. (2018b): Forschungsparadigma. In: Boelmann, J. M. (Hrsg.): *Empirische Forschung in der Deutschdidaktik. Band 1: Grundlagen.* Hohengehren: Schneider, 91–92.

Boelmann, J. M. (2018c): Forschungsdesign. In: Boelmann, J. M. (Hrsg.): *Empirische Forschung in der Deutschdidaktik. Band 1: Grundlagen.* Hohengehren: Schneider, 173–188.

Boettcher, W. & Meer, D. (Hrsg.) (2000): *„Ich hab nur ne ganz kurze Frage" – Umgang mit knappen Ressourcen. Sprechstundenkommunikation an der Hochschule.* Neuwied: Luchterhand.

Bortz, J. & Döring, N. (2006): *Forschungsmethoden und Evaluation in den Sozial- und Humanwissenschaften.* Heidelberg: Springer.

Bortz, J. & Schuster, C. (2010): *Statistik für Human- und Sozialwissenschaftler.* Heidelberg: Springer.

Branner, R. (2003): *Scherzkommunikation unter Mädchen. Eine ethnographisch-gesprächsanalytische Untersuchung.* Frankfurt: Lang.

Bredel, U. (2006): Zur Geschichte der Interpunktionskonzeptionen des Deutschen – dargestellt an der Kodifizierung des Punktes. *Zeitschrift für Germanistische Linguistik* 33, 179–211.

Bredel, U. & Lohnstein, H. (2001): Zur Ableitung von Tempus und Modus in der deutschen Verbflexion. *Zeitschrift für Sprachwissenschaft* 20, 218–250.

Brekle, H. (1981): „No U-Turn". Zur Integration eines speziellen Typs ikonischer Elemente in schriftsprachlichen Wortbildungen. In: Lange-Seidl, A. (Hrsg.): *Zeichenkonstitution. Akten des 2. Semiotischen Kolloquiums Regensburg 1978.* Berlin: de Gruyter, 172–179.

Brinker, K. & Sager, S. F. (2010): *Linguistische Gesprächsanalyse. Eine Einführung.* Berlin: Erich Schmidt.

Brommer, S. (2019): Rezension zu Hoffmann, M. (2017): *Stil und Text. Eine Einführung.* Tübingen: Narr. *Zeitschrift für Rezensionen zur germanistischen Sprachwissenschaft* 11, 59–63.

Bryant, D. (2006): *Koordinationsellipsen im Spracherwerb. Die Verarbeitung potentieller Gapping-Strukturen.* Berlin: de Gruyter.

Bühner, M. (2011): *Einführung in die Test- und Fragebogenkonstruktion.* München: Pearson.

Bußmann, H. (2008): *Lexikon der Sprachwissenschaft.* Stuttgart: Kröner.

Cabredo-Hoffherr, P. (2012): Verschmelzungsformen von Präposition und Artikel. Deutsch und Französisch kontrastiv. In: Gunkel, L. & Zifonun, G. (Hrsg.): *Deutsch im Sprachvergleich. Grammatische Kontraste und Konvergenzen.* Berlin: de Gruyter, 217–238.

Chomsky, N. (1970): Deep structure, surface structure, and semantic interpretation. In: Jakobson, R. & Kawamoto, S. (Hrsg.): *Studies in general and oriental linguistics.* Tokyo: TEC Corporation, 52–91.

Corsten, M. (2010): Videographie praktizieren – Ansprüche und Folgen. Ein methodischer Streifzug durch die Beiträge des Bandes. In: Corsten, M., Krug, M. & Moritz, C. (Hrsg.): *Videographie praktizieren. Herangehensweisen, Möglichkeiten und Grenzen.* Wiesbaden: Verlag für Sozialwissenschaften, 7–22.

Croft, W. (2003): *Typology and universals.* Cambridge: Cambridge University Press.

Dammel, A. (2011): *Flexionsklassenwandel. Prinzipien des Ab-, Um- und Ausbaus verbalflexivischer Allomorphie in germanischen Sprachen.* Berlin: de Gruyter.

Dannecker, W. (2018): Lautes Denken. In: Boelmann, J. M. (Hrsg.): *Empirische Forschung in der Deutschdidaktik. Band 2: Erhebungs- und Auswertungsverfahren.* Hohengehren: Schneider, 131–146.

Deppermann, A. (2008): *Gespräche analysieren. Eine Einführung.* Heidelberg: Springer.

DFG (Deutsche Forschungsgemeinschaft) (2013): *Sicherung guter wissenschaftlicher Praxis.* (www.dfg.de/download/pdf/dfg_im_profil/reden_stellungnahmen/download/empfehlung_wiss_praxis_1310.pdf; gesehen am 16.06.2021)

DFG (Deutsche Forschungsgemeinschaft) (2019): *Leitlinien zur Sicherung guter wissenschaftlicher Praxis.* (https://www.dfg.de/download/pdf/foerderung/rechtliche_rahmenbedingungen/gute_wissenschaftliche_praxis/kodex_gwp.pdf; gesehen am 16.06.2021)

Dipper, S. (2015): Annotierte Korpora für die Historische Syntaxforschung: Anwendungsbeispiele anhand des Referenzkorpus Mittelhochdeutsch. *Zeitschrift für Germanistische Linguistik* 43, 516–563.

Döring, N. & Bortz, J. (2016): *Forschungsmethoden und Evaluation in den Sozial- und Humanwissenschaften.* Heidelberg: Springer.

Draghina, M., Haider, M., Allary, M. & Prock, S. (2018): Mit Kamera und Mikrofon im Klassenzimmer – einige Grundregeln. In: Sonnleitner, M., Prock, S., Rank, A. & Kirchhoff, P. (Hrsg.): *Video- und Audiografie von Unterricht in der LehrerInnenbildung.* Opladen: Budrich, 61–78.

Dücker, L., Hartmann, S. & Szczepaniak, R. (2020): Einleitung: Hexenverhörprotokolle als sprachhistorisches Korpus. In: Dücker, L., Hartmann, S. & Szczepaniak, R. (Hrsg.): *Hexenverhörprotokolle als sprachhistorisches Korpus. Fallstudien zur Erschließung der frühneuzeitlichen Schriftsprache.* Berlin: de Gruyter, 1–11.

Duden (1998): *Die Grammatik.* Mannheim: Duden.

Dürscheid, C. (2000): *Syntax. Grundlagen und Theorien.* Wiesbaden: Westdeutscher Verlag.

Düwell, S. & Pethes, N. (2014): Fall, Wissen, Repräsentation – Epistemologie und Darstellungsästhetik von Fallnarrativen in den Wissenschaften vom Menschen. In: Düwell, S. & Pethes, N. (Hrsg.): *Fall – Fallgeschichte – Fallstudie: Theorie und Geschichte einer Wissensform.* Frankfurt: Campus, 9–33.

Eco, U. (2010): *Wie man eine wissenschaftliche Abschlussarbeit schreibt.* Wien: facultas.

Ehlich, K. & Rehbein, J. (1976): Halbinterpretative Arbeitstranskriptionen (HIAT). *Linguistische Berichte* 45, 21–41.

Ehrich, V. (1992): *Hier und Jetzt. Studien zur lokalen und temporalen Deixis im Deutschen.* Tübingen: Niemeyer.

Eid, M., Gollwitzer, M. & Schmitt, M. (2013): *Statistik und Forschungsmethoden. Lehrbuch.* Weinheim: Beltz.

Eisenberg, P. (2020a): *Grundriss der deutschen Grammatik. Das Wort.* Stuttgart: Metzler.

Eisenberg, P. (2020b): *Grundriss der deutschen Grammatik. Der Satz.* Stuttgart: Metzler.

Ek, B.-M. (1996): *Das deutsche Präsens: Tempus der Nichtvergangenheit.* Stockholm: Almqvist & Wiksell.

Elspaß, S. (2015): Grammatischer Wandel im (Mittel-)Neuhochdeutschen – von oben und von unten. Perspektiven einer Historischen Soziolinguistik des Deutschen. *Zeitschrift für Germanistische Linguistik* 43, 387–420.

Ericsson, K. A. & Simon, H. A. (1993): *Protocol analysis: Verbal reports as data.* Cambridge: MIT Press.

Esselborn-Krumbiegel, H. (2020): *Richtig wissenschaftlich schreiben.* Paderborn: Schöningh.

Fabricius-Hansen, C. (1999): ‚Moody time': Indikativ und Konjunktiv im deutschen Tempussystem. *Zeitschrift für Literatur und Linguistik* 29, 119–146.

Featherston, S. (2007): Experimentell erhobene Grammatikalitätsurteile und ihre Bedeutung für die Syntaxtheorie. In: Kallmeyer, W. & Zifonun, G. (Hrsg.): *Sprachkorpora. Datenmengen und Erkenntnisfortschritt.* Berlin: de Gruyter, 49–69.

Featherston, S. (2009): Why syntax needs boiling and freezing points. In: Featherston, S. & Winkler, S. (Hrsg.): *The fruits of empirical linguistics. Volume 1: Process.* Berlin: de Gruyter, 47–74.

Fillmore, C. J. (1992): ‚Corpus linguistics' or ‚computer-aided armchair linguistics'. In: Svartvik, J. (Hrsg.): *Directions in corpus linguistics. Proceedings of Nobel symposium 82*, Stockholm, 4.–8. August 1991. Berlin: de Gruyter, 105–122.

Fischer, H. (2018): *Präteritumschwund im Deutschen. Dokumentation und Erklärung eines Verdrängungsprozesses.* Berlin: de Gruyter.

Fleischer, J., Kasper, S. & Lenz, A. N. (2012): Die Erhebung syntaktischer Phänomene durch die indirekte Methode: Ergebnisse und Erfahrungen aus dem Forschungsprojekt „Syntax hessischer Dialekte" (SyHD). *Zeitschrift für Dialektologie und Linguistik* 79, 2–42.

Fleischer, J., Lenz, A. N. & Weiß, H. (2017): SyHD-atlas. (https://archiv.ub.uni-marburg.de/es/2017/0003/pdf/syhd-atlas_2017.pdf; gesehen am 11.06.2021)

Forrester, J. (2014): Wenn p, was dann? In Fällen denken. In: Düwell, S. & Pethes, N. (Hrsg.): *Fall – Fallgeschichte – Fallstudie: Theorie und Geschichte einer Wissensform.* Frankfurt: Campus, 139–168.

Fortescue, M. (1984): *West Greenlandic.* London: Croom Helm.

Franceschini, R. (2002): Sprachbiographien: Erzählungen über Mehrsprachigkeit und deren Erkenntnisinteresse für die Spracherwerbsforschung und die Neurobiologie der Mehrsprachigkeit. *Bulletin Suisse de Linguistique Appliquée* 76, 19–33.

Fuhrhop, N. & Thieroff, R. (2006): Was ist ein Attribut? *Zeitschrift für Germanistische Linguistik* 33, 306–342.

Funke, J. & Spering, M. (2006): Methoden der Denk- und Problemlöseforschung. In: Funke, J. (Hrsg.): *Denken und Problemlösen.* Göttingen: Hogrefe, 647–744.

Fuß, E. (2020): Rezension zu Ackermann, T. (2018): *Grammatik der Namen im Wandel. Diachrone Morphosyntax der Personennamen im Deutschen.* Berlin: de Gruyter. *Zeitschrift für Rezensionen zur germanistischen Sprachwissenschaft* 12, 180–185.

Gantert, K. (2013): *Erfolgreich recherchieren. Linguistik.* Berlin: de Gruyter.

Gerstenberg, A. (2013): *Arbeitstechniken für Romanisten. Eine Anleitung für den Bereich Linguistik.* Berlin: de Gruyter.

Greenberg, J. H. (1990): *On Language. Selected writings of Joseph H. Greenberg.* Stanford: UP.

Gries, S. (2008): *Statistik für Sprachwissenschaftler.* Göttingen: Vandenhoeck & Ruprecht.

Groot, C. de (2000): The absentive. In: Dahl, Ö. (Hrsg.): *Tense and aspect in the languages of Europe.* Berlin: de Gruyter, 693–719.

Grotjahn, R. (2002): Konstruktion und Einsatz von C-Tests: Ein Leitfaden für die Praxis. In: Grotjahn, R. (Hrsg.): *Der C-Test. Theoretische Grundlagen und praktische Anwendungen.* Bochum: AKS, 211–225.

Härtl, H. (2008): *Implizite Informationen. Sprachliche Ökonomie und interpretative Komplexität bei Verben.* Berlin: Akademie-Verlag.

Haspelmath, M. (1993): *A grammar of Lezgian.* Berlin: de Gruyter.

Haspelmath, M. (2009): Welche Fragen können wir mit herkömmlichen Daten beantworten? *Zeitschrift für Sprachwissenschaft* 28, 157–162.

Heine, L. (2005): Lautes Denken als Forschungsinstrument in der Fremdsprachenforschung. *Zeitschrift für Fremdsprachenforschung* 16, 163–185.

Heine, L. & Schramm, K. (2007): Lautes Denken in der Fremdsprachenforschung. Eine Handreichung für die empirische Praxis. In: Vollmer, H. (Hrsg.): *Synergieeffekte in der Fremdsprachenforschung: Empirische Zugänge, Probleme, Ergebnisse.* Frankfurt: Lang, 167–206.

Heins, J. (2018): Qualitative Inhaltsanalyse. In: Boelmann, J. M. (Hrsg.): *Empirische Forschung in der Deutschdidaktik. Band 2: Erhebungs- und Auswertungsverfahren.* Hohengehren: Schneider, 303–322.

Helfferich, C. (2014): Leitfaden- und Experteninterviews. In: Baur, N. & Blasius, J. (Hrsg.): *Handbuch Methoden der empirischen Sozialforschung.* Wiesbaden: Verlag für Sozialwissenschaften, 559–574.

Hoffmann, L. (2019): *Sprachwissenschaft. Ein Reader.* Berlin: de Gruyter.

Höhle, T. N. (1978): *Lexikalistische Syntax. Die Aktiv-Passiv-Relation und andere Infinitkonstruktionen im Deutschen.* Tübingen: Niemeyer.

Höhle, T. N. (1986): Der Begriff „Mittelfeld". Anmerkungen über die Theorie der topologischen Felder. In: Weiss, W., Wiegand, H. E. & Reis, M. (Hrsg.): *Akten des VII. Kongresses der Internationalen Vereinigung für germanische Sprach- und Literaturwissenschaft. Band 3.* Tübingen: Niemeyer, 329–340.

Holl, D. (2010): *Modale Infinitive und dispositionelle Modalität im Deutschen.* Berlin: Akademie-Verlag.

Hopf, C. (1978): Die Pseudo-Exploration – Überlegungen zur Technik qualitativer Interviews in der Sozialforschung. *Zeitschrift für Soziologie* 7, 97–115.

Imo, W. (2017): Trösten: eine professionelle sprachliche Praktik in der Medizin. *Arbeitspapiere Sprache und Interaktion* 71. (arbeitspapiere.sprache-interaktion.de/arbeitspapiere/arbeitspapier71.pdf; gesehen am 06.06.2021)

Juska-Bacher, B. (2006): Phraseologische Befragungen und ihre statistische Auswertung. *Linguistik Online* 27, 91–116.

Karnowski, P. & Pafel, J. (2005): Wie anders sind Eigennamen? *Zeitschrift für Sprachwissenschaft* 24, 45–66.

Katz, G. (2003): A modal account of the English present perfect puzzle. *Proceedings of semantics and linguistic theory* 13, 141–161.

Kimmich, D. (2009): Indifferenz oder: Prothesen des Gefühls. Bemerkungen zur Variation einer männlichen Emotion. *Arcadia. International journal for literary studies* 44, 161–174.

Klein, W. (1994): *Time in language.* London: Routledge.

Klein, W. (2008): Die Werke der Sprache. *Zeitschrift für Literaturwissenschaft und Linguistik* 150, 8–32.

Knorr, P. & Schramm, K. (2012): Datenerhebung durch Lautes Denken und Lautes Erinnern in der fremdsprachendidaktischen Empirie. In: Doff, S. (Hrsg.): *Fremdsprachenunterricht empirisch erforschen*. Tübingen: Narr, 184–201.

Kohler, K. (1999): German. In: International Phonetic Association (Hrsg.): *Handbook of the International Phonetic Association: A guide to the use of the international phonetic alphabet.* Cambrigde: Cambridge University Press, 86–89.

König, K. (2014): *Spracheinstellungen und Identitätskonstruktion. Eine gesprächsanalytische Untersuchung sprachbiographischer Interviews mit Deutsch-Vietnamesen.* Berlin: de Gruyter.

Konrad, K. (2010): Lautes Denken. In: Mey, G. & Mruck, K. (Hrsg.): *Handbuch Qualitative Forschung in der Psychologie.* Wiesbaden: Verlag für Sozialwissenschaften, 476–490.

Köpcke, K. M. & Zubin, A. D. (2005): Nominalphrasen ohne lexikalischen Kopf – Zur Bedeutung des Genus für die Organisation des mentalen Lexikons am Beispiel der Autobezeichnungen im Deutschen. *Zeitschrift für Sprachwissenschaft* 24, 93–122.

Krauss, S., Bruckmaier, G., Schmeisser, C. & Brunner, M. (2015): Quantitative Forschungsmethoden in der Mathematikdidaktik. In: Bruder, R., Hefendehl-Hebeker, L., Schmidt-Thieme, B. & Weigand, H.-G. (Hrsg.): *Handbuch der Mathematikdidaktik.* Wiesbaden: Springer, 613–641.

Kuckartz, U. (2018): *Qualitative Inhaltsanalyse. Methoden, Praxis, Computerunterstützung.* Basel: Beltz Juventa.

Kuckartz, U., Rädiker, S., Ebert, T. & Scheh, J. (2013): *Statistik. Eine verständliche Einführung.* Wiesbaden: VS Verlag für Sozialwissenschaften.

Kühtz, S. (2020): *Wissenschaftlich formulieren.* Paderborn: Schöningh.

Lange, U. (2018): *Fachtexte lesen – verstehen – wiedergeben.* Paderborn: Schöningh.

Lehmann, C. (1982): Directions for interlinear morphemic translations. *Folia linguistica* 16, 199–224.

Lehmden, F. von, Bebout, J. & Belke, E. (2015): Effizienter Einsatz von Inputoptimierung beim Vorlesen in der Sprachförderung. In: Gressnich, E., Müller, C. & Stark, L. (Hrsg.): *Lernen durch Vorlesen: Sprach- und Literaturerwerb in Familie, Kindergarten und Schule.* Tübingen: Narr, 42–56.

Lehmden, F. von, Kauffeldt, J., Belke, E. & Rohlfing, K. (2013): Das Vorlesen von Kinderbüchern als implizites Mittel zur Sprachförderung im Bereich Grammatik. *Praxis Sprache* 58, 18–27.

Leipzig Glossing Rules (2015). (www.eva.mpg.de/lingua/pdf/Glossing-Rules.pdf; gesehen am 11.06.2021)

Lemke, I. & Schuttkowski, C. (2017): Orthographische Regeln und variante Formen – Zur Reichweite sprachlicher Normen im Sprachbewusstsein am Beispiel von Variantenentscheidungen bei orthographischen Zweifelsfällen. *Linguistische Berichte* 249, 49–94.

Lemnitzer, L. & Zinsmeister, H. (2010): *Korpuslinguistik. Eine Einführung.* Tübingen: Narr.

Lessing-Sattari, M. (2017): *Didaktische Analyse der Metapher. Theoretische und empirische Rekonstruktion von Verstehensanforderungen und Verstehenspotentialen.* Frankfurt: Lang.

Lindow, I. (2018): Narrative Interviews. In: Boelmann, J. M. (Hrsg.): *Empirische Forschung in der Deutschdidaktik. Band 2: Erhebungs- und Auswertungsverfahren.* Hohengehren: Schneider, 67–80.

Linke, A., Nussbaumer, M. & Portmann, P. R. (2001): *Studienbuch Linguistik.* Tübingen: Niemeyer.

Lopez Ruá, P. (2002): On the structure of acronyms and neighbouring categories: a prototype-based account. *English language and linguistics* 6, 31–60.

Maak, D. (2018): Videographische Datenerhebung. In: Boelmann, J. M. (Hrsg.): *Empirische Forschung in der Deutschdidaktik. Band 2: Erhebungs- und Auswertungsverfahren.* Hohengehren: Schneider, 147–164.

Maienborn, C. (2003): *Die logische Form von Kopulasätzen.* Berlin: Akademie-Verlag.

Maienborn, C. (2007): Das Zustandspassiv. Grammatische Einordnung – Bildungsbeschränkung – Interpretationsspielraum. *Zeitschrift für Germanistische Linguistik* 35, 83–114.

Maus, E. (2018): Problemzentrierte Interviews. In: Boelmann, J. M. (Hrsg.): *Empirische Forschung in der Deutschdidaktik. Band 2: Erhebungs- und Auswertungsverfahren.* Hohengehren: Schneider, 35–50.

Mayring, P. (2002): *Einführung in die qualitative Sozialforschung. Eine Anleitung zu qualitativem Denken.* Weinheim: Beltz.

Mayring, P. (2015): *Qualitative Inhaltsanalyse.* Weinheim: Beltz.

Meer, D. (2000): Positionsspezifische Abhängigkeiten von Studierenden und Lehrenden im Rahmen hochschulischer Sprechstunden im Bereich der Philologie. In: Boettcher, W. & Meer, D. (Hrsg.): *„Ich hab nur ne ganz kurze Frage" – Umgang mit knappen Ressourcen. Sprechstundengespräche an der Hochschule.* München: Luchterhand, 19–66.

Meer, D. & Pick, I. (2019): *Einführung in die Angewandte Linguistik.* Stuttgart: Metzler.

Meibauer, J. (2003): Phrasenkomposita zwischen Wortsyntax und Lexikon. *Zeitschrift für Sprachwissenschaft* 22, 153–188.

Meibauer, J. (2020): *Sprache und Bullshit.* Heidelberg: Winter.

Meindl, C. (2011): *Methodik für Linguisten. Eine Einführung in Statistik und Versuchsplanung.* Tübingen: Narr.

Meringer, R. & Mayer, K. (1895): *Versprechen und Verlesen. Eine psychologisch-linguistische Studie.* Stuttgart: Göschen'sche Verlagshandlung.

Meschede, N. & Steffensky, M. (2018): Methodologische Perspektive: Audiovisuelle Daten als Lerngelegenheiten in der Lehrer/innenbildung. In: Sonnleitner, M., Prock, S., Rank, A. & Kirchhoff, P. (Hrsg.): *Video- und Audiografie von Unterricht in der LehrerInnenbildung.* Opladen: Budrich, 21–36.

Moore Howard, R. (1999): *Standing in the shadow of giants: plagiarists, authors, collaborators.* Stamford: Ablex.

Morek, M. (2018): „Der redet halt so komisch." Mehrsprachigkeit, Spracheinstellungen und Sprachideologien in Gesprächen unter Dortmunder Schülerinnen und Schülern. In: Denkler, M., Hartmann, D. & Menge, H. (Hrsg.): *Dortmund – Sprachliche Vielfalt in der Stadt.* Wien: Böhlau, 239–277.

Müller, G. (2001): Verletzbare Regeln in Straßenverkehr und Syntax. *Sprachreport* 18, 11–18.

Musan, R. (2002): *The German perfect. Its semantic composition and its interactions with temporal adverbials.* Dordrecht: Kluwer.

Musan, R. (2008): *Satzgliedanalyse.* Heidelberg: Winter.

Nibelungenlied. Herausgegeben von Bartsch, K., de Boor, H. & Wisniewski, R. (1996). Wiesbaden: Heinrich Albert Verlag.

Nübling, D. (2000): *Prinzipien der Irregularisierung. Eine kontrastive Analyse von zehn Verben in zehn germanischen Sprachen.* Tübingen: Niemeyer.

Öhl, P. (2009): Die Entstehung des periphrastischen Perfekts mit haben und sein im Deutschen – eine längst beantwortete Frage? *Zeitschrift für Sprachwissenschaft* 28, 265–306.

Ohlhus, S. (2006): Eine Datenstruktur zur Umschrift handschriftlicher Lernertexte. *Linguistische Berichte* 205, 61–80.

Pafel, J. (2011): *Einführung in die Syntax. Grundlagen – Strukturen – Theorien.* Stuttgart: Metzler.

Peust, C. (1996): Akzentzuweisung in der Schulaussprache der ägyptologischen Transkription durch deutsche Muttersprachler. *Papiere zur Linguistik* 55, 115–139.

Pittner, K. (2018): Ruhrdeutsch zwischen Dialekt und Standardsprache. Eine Untersuchung anhand von Interviews mit Dortmunder Bergleuten. In: Denkler, M., Hartmann, D. & Menge, H. (Hrsg.): *Dortmund – Sprachliche Vielfalt in der Stadt.* Wien: Böhlau, 17–39.

Pittner, K. & Berman, J. (2010): *Deutsche Syntax.* Tübingen: Narr.

Porst, R. (2011): *Fragebogen. Ein Arbeitsbuch.* Wiesbaden: Verlag für Sozialwissenschaften.

Portner, P. (2003): The (temporal) semantics and the (modal) pragmatics of the English perfect. *Linguistics and philosophy* 26, 459–510.

Prince, A. & Smolensky, P. (1993): *Optimality theory. Constraint interaction in generative grammar.* Unveröffentlichtes Manuskript. New Brunswick: Rutgers Center for Cognitive Science.

Quasthoff, U., Heller, V. & Morek, M. (Hrsg.) (2021): *Diskurserwerb in Familie, Peergroup und Unterricht. Passungen und Teilhabechancen.* Berlin: de Gruyter.

Raab-Steiner, E. & Benesch, M. (2010): *Der Fragebogen. Von der Forschungsidee zur SPSS/PASW-Auswertung.* Wien: facultas.

Ramers, K.-H. (2005): Verbstellung im Althochdeutschen. *Zeitschrift für Germanistische Linguistik* 33, 78–91.

Ramers, K.-H. (2006): Topologische Felder: Nominalphrase und Satz im Deutschen. *Zeitschrift für Sprachwissenschaft* 25, 95–127.

Rasch, B., Friese, M., Hofmann, W. & Naumann, E. (2014a): *Quantitative Methoden 1: Einführung in die Statistik für Psychologen und Sozialwissenschaftler.* Wiesbaden: VS Verlag für Sozialwissenschaften.

Rasch, B., Friese, M., Hofmann, W. & Naumann, E. (2014b): *Quantitative Methoden 2: Einführung in die Statistik für Psychologen und Sozialwissenschaftler.* Wiesbaden: VS Verlag für Sozialwissenschaften.

Reichenbach, H. (1947): *Elements of symbolic logic.* London: Macmillan.

Reichertz, J. (2011): Inhaltsanalyse. In: Bohnsack, R., Marotzki, W. & Meuser, M. (Hrsg.): *Hauptbegriffe qualitativer Sozialforschung.* Opladen: Budrich, 89–91.

Reichertz, J. (2016): *Qualitative und interpretative Sozialforschung. Eine Einladung.* Wiesbaden: Verlag für Sozialwissenschaften.

Reis, M. (1976): Zum grammatischen Status der Hilfsverben. *Beiträge zur Geschichte der deutschen Sprache und Literatur* 98, 64–81.

Reis, M. (1982): Zum Subjektbegriff im Deutschen. In: Abraham, W. (Hrsg.): *Satzglieder im Deutschen. Vorschläge zur syntaktischen, semantischen und pragmatischen Fundierung.* Tübingen: Narr, 171–211.

Reis, M. (1986): Subjekt-Fragen in der Schulgrammatik? *Deutschunterricht* 38, 64–84.

Rehbein, J., Schmidt, T., Meyer, B., Watzke, F. & Herkenrath, A. (2004): *Handbuch für das computergestützte Transkribieren nach HIAT: Version 1.0. Arbeiten zur Mehrsprachigkeit.* Folge B: Bd. 56. Sonderforschungsbereich 538 (Mehrsprachigkeit), Universität Hamburg.

Riehl, C. M. (1996): Deutsch-romanische Sprachkontakte. Gemeinsamkeiten der Kontaktphänomene am Beispiel des Deutschen. In: Boretzky, N., Enninger, W. & Stolz, T. (Hrsg.): *Areale, Kontakte, Dialekte. Sprache und ihre Dynamik in mehrsprachigen Situationen.* Bochum: Brockmeyer, 189–206.

Robinson, H. M. (1966): The major aspects of reading. In: Robinson, H. A. (Hrsg.): *Reading: seventy-five years of progress.* Chicago: Chicago University, 22–32.

Rodriguez, K. J., Dipper, S., Götze, M., Poesio, M., Riccardi, G., Raymond, C. & Rabiega-Wisniewska, J. (2007): Standoff coordination for multi-tool annotation in a dialogue corpus. *Proceedings of the ACL linguistic annotation workshop*, 148–155.

Ross, J. R. (1969): Auxiliaries as main verbs. *Studies in philosophical linguistics* 1, 77–102.

Rost, J. (2004): *Lehrbuch Testtheorie und Testkonstruktion.* Berlin: Hans Huber.

Rothstein, B. (2007): Einige Bemerkungen zur Syntax von *Er hat den Arm verbunden.* In: Geist, L. & Rothstein, B. (Hrsg.): *Kopulaverben und Kopulasätze: intersprachliche und intrasprachliche Aspekte.* Tübingen: Niemeyer, 285–298.

Rothstein, B. (2008): *The perfect time span. On the present perfect in German, Swedish and English.* Amsterdam: Benjamins.

Rues, B., Redecker, B., Koch, E., Wallraff, U. & Simpson, A. P. (2013): *Phonetische Transkription des Deutschen.* Tübingen: Narr.

Schaden, G. (2009): Present perfects compete. *Linguistics and philosophy* 32, 115–141.

Scherer, C. (2007): Rezension zu Rödel, M. (2007): *Doppelte Perfektbildungen und die Organisation von Tempus im Deutschen.* Tübingen: Stauffenburg. *Germanistik* 48, 604.

Scherer, C. (2014): *Korpuslinguistik.* Heidelberg: Winter.

Scherer, K., Wallbott, H. & Scherer, U. (1979): Methoden zur Klassifikation von Bewegungsverhalten. *Zeitschrift für Semiotik* 1, 177–192.

Schiedermair, S. (2015): Überlegungen zur Kulturvermittlung im Fach Deutsch als Fremdsprache. Linguistic Landscapes und Erinnerungsorte. In: Badstübner-Kizik, C. & Hille, A. (Hrsg.): *Kulturelles Gedächtnis und Erinnerungsorte im hochschuldidaktischen Kontext. Perspektiven für das Fach Deutsch als Fremdsprache.* Frankfurt: Lang, 65–81.

Schieferdecker, R. (2018): Qualitative Sozialforschung. In: Boelmann, J. M. (Hrsg.): *Empirische Forschung in der Deutschdidaktik. Band 1: Grundlagen.* Hohengehren: Schneider, 93–114.

Schmidt, F. (2018a): Gütekriterien für qualitative Forschungsansätze. In: Boelmann, J. M. (Hrsg.): *Empirische Forschung in der Deutschdidaktik. Band 1: Grundlagen.* Hohengehren: Schneider, 115–128.

Schmidt, F. (2018b): Gütekriterien für quantitative Forschungsansätze. In: Boelmann, J. M. (Hrsg.): *Empirische Forschung in der Deutschdidaktik. Band 1: Grundlagen.* Hohengehren: Schneider, 147–160.

Schmidt, F. (2018c): Interviewverfahren. Ein Überblick. In: Boelmann, J. M. (Hrsg.): *Empirische Forschung in der Deutschdidaktik. Band 2: Erhebungs- und Auswertungsverfahren.* Hohengehren: Schneider, 23–34.

Schmidt, F. (2018d): Leitfadeninterviews. In: Boelmann, J. M. (Hrsg.): *Empirische Forschung in der Deutschdidaktik. Band 2: Erhebungs- und Auswertungsverfahren.* Hohengehren: Schneider, 35–50.

Schmitz, A. (2018): Statistische Grundlagen. Anforderungen der empirischen Datenauswertung sukzessive meistern. In: Boelmann, J. M. (Hrsg.): *Empirische Forschung in der Deutschdidaktik. Band 1: Grundlagen.* Hohengehren: Schneider, 335–349.

Schuttkowski, C. (2021): *Sprachsensibler Umgang mit Texten. Zur Wirksamkeit von sprachsensiblen Lesehilfen auf das Textverständnis von Schüler:innen.* Münster: Waxmann.

Schütze, F. (1976): Zur Hervorhebung und Analyse von Erzählungen thematisch relevanter Geschichten im Rahmen soziologischer Feldforschung. In: Arbeitsgruppe Bielefelder Soziologen (Hrsg.): *Kommunikative Sozialforschung.* München: Fink, 159–260.

Schütze, F. (1984): Kognitive Figuren des autobiographischen Stegreiferzählens. In: Kohli, M. & Robert, G. (Hrsg.): *Biographie und soziale Wirklichkeit. Neue Beiträge und Forschungsperspektiven.* Stuttgart: Metzler, 78–117.

Selting, M., Auer, P., Barth-Weingarten, D., Bergmann, J., Bergmann, P., Birkner, K., Couper-Kuhlen, E., Deppermann, A., Gilles, P., Günthner, S., Hartung, M., Kern, F., Mertzlufft, C., Meyer, C., Morek, M., Oberzaucher, F., Peters, J., Quasthoff, U., Schütte, W., Stukenbrock, A. & Uhmann, S. (2009): Gesprächsanalytisches Transkriptionssystem 2 (GAT 2). *Gesprächsforschung – Online-Zeitschrift zur verbalen Interaktion* 10, 353–402.

Sneddon, J. N. (1996): *Indonesian: A comprehensive grammar.* London: Routledge.

Stark, T. (2010): Lautes Denken in der Leseprozessforschung. Kritischer Bericht über eine Erhebungsmethode. *Didaktik Deutsch* 29, 58–83.

Staubach, K. (2020): *Multimodale Sehflächen auf den T-Shirts von Jugendlichen. Eine semiotische Studie zu Prozessen jugendlicher Selbstinszenierung.* Tübingen: Stauffenburg.

Stechow, A. von (1999): Eine erweiterte Extended Now-Theorie für Perfekt und Futur. *Zeitschrift für Literaturwissenschaft und Linguistik* 29, 86–118.

Steinbach, M. (2002): Semantik. In: Meibauer, J. (Hrsg.): *Einführung in die germanistische Linguistik.* Stuttgart: Metzler, 162–207.

Steiner, E. (2014): Kasuistik – ein Fall für angehende und praktizierende Lehrpersonen. *Beiträge zur Lehrerinnen- und Lehrerbildung* 32, 6–20.

Stephany, U. & Froitzheim, C. (2009): *Arbeitstechniken Sprachwissenschaft.* Paderborn: Fink.

Stukenbrock, A. (2009): Herausforderungen der multimodalen Transkription. In: Birkner, K. & Stukenbrock, A. (Hrsg.): *Arbeit mit Transkripten in der Praxis. Forschung, Lehre und Fortbildung.* Mannheim: Verlag für Gesprächsforschung, 144–170.

Thierhoff, R. (1992): *Das finite Verb im Deutschen. Modus – Tempus – Distanz.* Tübingen: Stauffenburg.

Thulstrup, Å. (1948): Preterialt perfekt. Till belysning av gränsområdet mellan perfekt och imperfekt i svenska. *Nysvenska studier* 28, 70–101.

Trotzke, A. (2017): *Sprachevolution. Eine Einführung.* Berlin: de Gruyter.

Uhl, B. (2015): *Tempus, Narration und Medialität. Eine Studie über die Entwicklung schriftlicher Erzählfähigkeit an der Schnittstelle zwischen Grammatik und Schreiben.* Hohengehren: Schneider.

Uhl, B. (2018): Quantitative Inhaltsanalyse. In: Boelmann, J. M. (Hrsg.): *Empirische Forschung in der Deutschdidaktik. Band 2: Erhebungs- und Auswertungsverfahren.* Hohengehren: Schneider, 323–340.

Vater, H. (1994): *Einführung in die Zeit-Linguistik.* Hürth-Efferen: Gabel.

Verhiest, G. (2015): Die Deutschsprachige Gemeinschaft Belgiens als visuelle Sprachlandschaft. Eupen und Sankt Vith im Vergleich. *Germanistische Mitteilungen* 41, 51–72.

Vogel, P. M. (2005): Neue Überlegungen zu Konstruktionen des Typs *sie kamen gelaufen. Zeitschrift für Germanistische Linguistik* 33, 57–77.

Vogel, P. M. (2007): Anna ist essen! Neue Überlegungen zum Absentiv. In: Geist, L. & Rothstein, B. (Hrsg.): *Kopulaverben und Kopulasätze.* Tübingen: Niemeyer, 253–284.

Vogel, R. (2009): Skandal im Verbkomplex. Betrachtungen zur scheinbar inkorrekten Morphologie in infiniten Verbkomplexen des Deutschen. *Zeitschrift für Sprachwissenschaft* 28, 307–346.

Weber-Wulff, D. & Dehrmann, M.-G. (2015): Plagiate in Studium und Wissenschaft. Debora Weber-Wulff im Gespräch mit Mark-Georg Dehrmann. *Mitteilungen des Deutschen Germanistenverbandes* 62, 168–179.

Wiedenmann, N. (1998): *Versprecher und die Versuche zu ihrer Erklärung. Ein Literaturüberblick.* Trier: Wissenschaftlicher Verlag Trier.

Wingender, M. (1994): *Zeit und Sprache: Temporalität und ihre Repräsentation im Lexikon des Russischen.* Wiesbaden: Harrassowitz.

Wirtz, M. (2006): Methoden zur Bestimmung der Beurteilerübereinstimmung. In: Petermann, F. & Eid, M. (Hrsg.): *Handbuch der Psychologischen Diagnostik.* Göttingen: Hogrefe, 369–380.

Wirtz, M. & Caspar, F. (2002): *Beurteilerübereinstimmung und Beurteilerreliabilität.* Göttingen: Hogrefe.

Wittkowski, J. (2018): Regionale Ausprägungen gesprochener Sprache auf Dortmunder Kabarettbühnen. In: Denkler, M., Hartmann, D. & Menge, H. (Hrsg.): *Dortmund – Sprachliche Vielfalt in der Stadt.* Wien: Böhlau, 197–234.

Witzel, A. (1982): *Verfahren der qualitativen Sozialforschung. Überblick und Alternativen.* Frankfurt: Campus.

Zeman, S. (2010): *Tempus und „Mündlichkeit" im Mittelhochdeutschen. Zur Interdependenz grammatischer Perspektivensetzung und „Historischer Mündlichkeit" im mittelhochdeutschen Tempussystem.* Berlin: de Gruyer.

Zucker, T. A., Cabell, S. Q., Justice, L. M., Pentimonti, J. M. & Kaderavek, J. N. (2013): The role of frequent, interactive prekindergarten shared reading in the longitudinal development of language and literacy skills. *Developmental psychology* 49, 1425–1439.

11 Lösungshinweise

Kap. 2:

1. Zum Üben empfehlen wir Ihnen den Reader grundlegender linguistischer Texte, den Ludger Hoffmann herausgegeben hat. Er enthält zahlreiche sprachwissenschaftliche Texte, die Sie ohnehin im Verlauf Ihres Studiums lesen sollten. Hoffmann, L. (2019): *Sprachwissenschaft. Ein Reader.* Berlin: de Gruyter.

   Lösungshinweise zu allen Texten des Readers zu geben ist uns nicht möglich. Sie finden zu den meisten Texten Zusammenfassungen in gängigen Einführungen in die (germanistische) Linguistik.

Kap. 3:

1. Die Korrektur sieht wie folgt aus, wobei die unterstrichenen Informationen nach „Durchsicht" der Bücher nachgetragen werden müssten:

   Duck, D. (2015): Zum Status der Comic-Figuren. In: Düsentrieb, D. (Hrsg.): *Gespräche über Comic-Figuren.* Entenhausen: Verlag, Seiten.
   Duck, T. (2013): *Korpus der Enten-Sprache.* Entenhausen: Dagobert Duck Verlag.
   Duck, Vorname (2015): *Geld. Eine Wissenschaftsgeschichte.* Entenhausen: Verlag.
   Maus, M. (2005): Wie man eine Comic-Figur wird. *Zeitschrift für Entengeschichte* 73, 2231–2236.

2. Wo ist der Beitrag erschienen? In einer Zeitschrift oder in einem Sammelband?

   Duck (2015) und Duck (2021) sind in Zeitschriften erschienen, Duck (2013) in einem Sammelband.

3. Erstellen Sie die bibliographischen Angaben!

   Duck, D. (2014): Ich habe eine Pechmaschine erfunden. In: Düsentrieb, D. (Hrsg.): *Neueste Erfindungen.* Entenhausen: Dagobert Duck Verlag, 25–34.
   Maus, M. (2014): Wie man Freunde fürs Leben findet. *Entologie* 93, 33–39.

Kap. 4:

1. Suchen Sie sich einen Linguisten oder eine Linguistin aus, dessen bzw. deren Nachname mit dem gleichen Anfangsbuchstaben beginnt wie Ihr eigener. Recherchieren Sie nun sämtliche Publikationen der betreffenden Person aus den letzten

zehn Jahren. Bedenken Sie dabei, dass die Publikationslisten auf den Homepages von Forschenden eventuell nicht vollständig sind.

Zu dieser Aufgabe kann es nur individuelle Lösungen geben, zu denen Sie durch Anwendung der im Kapitel genannten systematischen Bibliographien kommen.

Kap. 5

1. Sie machen ein Schulpraktikum. In der Fußgängerzone nahe der Schule sehen Sie an einem Geschäft folgende Beschriftung: *Fahrrat abstellen verboten.* Die gleiche Schreibung des Wortes finden Sie später in einigen Schulheften. Leiten Sie aus dieser Beobachtung in den oben dargestellten Schritten eine Fragestellung ab.

   Eine mögliche Fragestellung könnte lauten: *Haben Falschschreibungen im öffentlichen Raum eine Auswirkung auf die Rechtschreibleistungen von Schülerinnen und Schülern?* Oder mit anderen Worten: *Schreiben Schülerinnen und Schüler* Fahrrat *in ihre Schulhefte, weil sie das Wort im öffentlichen Raum so geschrieben sehen?*

Kap. 6

1. Formulieren Sie mögliche Forschungsziele zur *Fahrrat-Aufgabe* des letzten Kapitels.

   Denkbar ist, dass Sie einen Forschungsüberblick oder grundlagen- bzw. anwendungsorientierte Forschung als Ziel Ihrer Arbeit verfolgen: *Ziel der Arbeit ist ein Forschungsüberblick zur Auswirkung von Falschschreibungen im öffentlichen Raum auf schülerseitige Rechtschreibleistungen.*
   Oder: *Ziel der Arbeit ist zu ermitteln, wie Falschschreibungen im öffentlichen Raum sich auf schülerseitige Rechtschreibleistungen auswirken.*
   Oder: *Ziel der Arbeit ist zu ermitteln, wie Falschschreibungen im öffentlichen Raum sich für die Verbesserung schülerseitiger Rechtschreibleistungen nutzen lassen.*

Kap. 7:

1. Welcher der Tabellen 7-1 bis 7-3 entspricht der folgende Abschnitt?

   Die Argumentation entspricht Tabelle 7-2.

Kap. 8:

1. Beispiele sollten in jedem Fall in Korpora gefunden oder von anderen Sprecherinnen und Sprechern überprüft werden. Warum kann man nicht einfach passende Beispiele aus dem Internet nehmen?

   Bei Beispielen aus dem Internet fehlen eventuell Hinweise auf die Autorenschaft, z. B. ob sie von kompetenten Sprecherinnen und Sprechern stammen. Zudem können Beispiele aus dem Internet gegebenenfalls nicht wiedergefunden und häufig auch nicht mit korpuslinguistischen Suchbefehlen gesucht werden.

2. Sie schreiben eine Hausarbeit über die Bedeutung des deutschen Präteritums. Warum sollten Sie das folgende Beispiel besser nicht oder zumindest nicht unkommentiert verwenden?

   (1) Gestern ich hör ein sehr interessantes Radiosendung.

   Das Beispiel enthält mehrere sprachliche Fehler (Wortstellung, Genus von Radiosendung, Adjektivflexion), auf die Sie eingehen müssten. Zudem fehlt in dem Beispiel ein Präteritum.

3. Was bedeuten *-mak* und *-iamo*?
   -mak: Infinitiv
   -iamo: Präsens, 1. Person Plural

4. Warum hat das von Annika Hermann und Markus Steinbach geleitete Projekt *(Un)sichtbare Lebensgeschichten* mit leitfadengestützten Interviews gearbeitet?

   Leitfadengestützte Interviews bewirken, dass trotz einer grundsätzlichen Offenheit relevante Themen für das Forschungsinteresse vorgegeben und angesprochen werden, die im beschriebenen Projekt durch die Ost-West-Thematik, die Unterschiede in geschlechterspezifischen Lebensgeschichten und die konfliktgeladene soziale Situation einer sprachlichen Minderheit gegeben sind. Beim *narrativen Interview* beispielsweise werden Erlebnisse aus einer individuellen Sichtweise ausführlich erzählt, wobei nicht sichergestellt werden kann, dass genau diese Themen entfaltet werden.

5. Um was für eine Art von Transkription handelt es sich? Begründen Sie Ihre Entscheidung!

   Es handelt sich um ein GAT-Basistranskript. Der transkribierte Gesprächsausschnitt beginnt 1:04 Minuten nach Aufzeichnungsbeginn und umfasst einen Zeitraum von 1:01 Minuten. Er ist nach Sprecherinnen und Sprechern geordnet und enthält Pausen unterschiedlicher Länge – (--) und (.) – sowie Überschneidungen in [ ]. Außerdem gibt es keine Großschreibung.

6. In dem vorgegebenen Arzt-Patient-Gespräch wird eine Krebsdiagnose mitgeteilt. Das Transkript erlaubt die Beantwortung der Forschungsfrage (1) (= Welche sprachlichen Mittel spielen in der Diagnosemitteilung eine Rolle?), denn es umfasst u. a. Sprecherwechsel, Unterbrechungen, Satzabbrüche und Pausen, sodass nicht nur auf inhaltlicher Ebene untersucht werden kann, was die Diagnosemitteilung ausmacht (Forschungsfrage 2), sondern auch die sprachlichen Mittel, die dabei eine Rolle spielen. Nichtsprachliche Mittel sind jedoch im Transkript nicht erfasst (Forschungsfrage 3).

7. Stellen Sie sich die Planung einer kleinen empirischen Studie im Rahmen einer Hausarbeit in der Variationslinguistik vor. Folgende Forschungsfrage möchten Sie beantworten: *Welche Sprachen werden in Dortmund gesprochen?* Welche Methode(n) könnten Sie nutzen, um Ihre Daten zu erheben? Welche Kontextvariablen können zusätzlich bedeutsam sein, um Ihre Forschungsfrage beantworten zu können? Warum ist es wichtig, dass Sie in Ihrem Forschungsprozess Ihre einzelnen Schritte dokumentieren?

   Im Prinzip lassen sich ganz unterschiedliche Methoden nutzen, wobei sie stets abhängig von der genauen Fragestellung sind. Wir geben hier einmal drei Beispiele aus Denkler, M., Hartmann, D. & Menge, H. (Hrsg.) (2018): *Dortmund – Sprachliche Vielfalt in der Stadt.* Wien: Böhlau. Im ersten Beispiel von Karin Pittner werden auf der Basis einer standardnahen Verschriftlichung lexikalische Fragestellungen untersucht, im zweiten Beispiel von Joachim Wittkowski ließe sich die Dortmunder Kabarettsprache mit multimodalen Transkriptionen untersuchen und das dritte Beispiel von Miriam Morek arbeitet mit Diskurstranskriptionen. Wendet man diese Methoden auch für Hausarbeiten an, ist es wichtig, das Korpus nicht zu groß anzulegen und eher mit ausgewählten Beispielen nicht-repräsentativ zu arbeiten.

Beispiel:
Dieser Aufsatz verfolgt das Ziel, einen Beitrag zum Sprachgebrauch von in Dortmund geborenen älteren Sprechern des Ruhrdeutschen zu leisten. [...] Die Grundlage der Untersuchung bilden Interviews mit Bergleuten, die Mitte bis Ende der 80er und 90er Jahre des letzten Jahrhunderts am Industriemuseum des Landschaftsverbands Westfalen-Lippe (LWL) an der Zeche Zollern durchgeführt wurden. [...] Diese Interviews liegen in „wortgetreuer Übertragung schriftlich“ [...] [Rosswog 1994: 12, B.R., L.S., A.B. & C.S.] vor. [...] Da die Interviews jedoch sehr stark bearbeitet wurden, muss auf die Transkripte zurückgegriffen werden. Diese Transkripte wurden nicht zu linguistischen Zwecken erstellt, enthalten jedoch eine sehr wortgetreue und genaue Wiedergabe des Gesagten, die eine gute Grundlage für die Untersuchung des Wortschatzes/der Lexik und weiterer sprachlicher Merkmale bilden. (Pittner 2018: 18–19)

Beispiel:
Der Einsatz eines Dialekts oder einer regionalen Umgangssprache im Kabarett ist mithin ein Mittel der Inszenierung, [...] eine besondere Form der Bühnensprache, die Komik befördern, soziale Nähe herstellen und Bodenständigkeit anzeigen will. Er gehört daher zu den Kunstmitteln des Kabaretts und ist insofern kein unmittelbarer, natürlicher Ausdruck der Alltags- oder Umgangssprache.
[...]
Eine Untersuchung der gesprochenen Sprache auf der Kabarettbühne steht zunächst vor der Frage der Verfügbarkeit entsprechenden Materials. Die Materialbasis, auf die sich eine Untersuchung des Kabaretts in Dortmund hinsichtlich seines Verhältnisses zu regionalen und lokalen Varietäten stützen kann, ist insbesondere für die erste Hälfte des 20. Jahrhunderts deutlich eingeschränkt. Für die zweite Jahrhunderthälfte hingegen steht vielfältiges Material sowohl in Form von Tonaufnahmen als auch in Form schriftlicher Überlieferung zur Verfügung.
(Wittkowski 2018: 200)

Beispiel:
Wesentlich weniger ist hingegen bislang darüber bekannt, wie sich Kinder und Jugendliche in monolingualen Sozialisations- und Interaktionszusammenhängen zu sprachlicher Vielfalt positionieren [...]. Daher fokussiert der vorliegende Beitrag vorwiegend *schulisch mehrsprachige* Kinder. Er untersucht, wie sie in ihren Peer-Interaktionen interaktiv Bezug nehmen auf verschiedene ‚andere' Sprachen und auf verschiedene Ausprägungen von Mehrsprachigkeit, und betrachtet dies jeweils mit Blick auf die darin zum Ausdruck kommenden Spracheinstellungen und Sprachideologien [...].
Datengrundlage der hier vorgelegten explorativen Studie bilden Videoaufzeichnungen von Peer-Interaktionen 10- bis 12-jähriger Schülerinnen und Schüler.
(Morek 2018: 244–245)

Relevante Variablen der Befragten sind z. B. Alter, Geschlecht, Herkunft (Ort des Aufwachsens), Migrationshintergrund, Familiensprache(n), Wohndauer in Dortmund, Beruf usw.
Die Dokumentation und die Einhaltung wissenschaftlicher Gütekriterien sind wichtig, damit die eigene Forschung für andere nachvollziehbar, transparent und die Ergebnisse ggf. reproduzierbar sind. Weiterhin können Dokumentationen aus der Erhebungs- oder der Aufbereitungsphase, die möglicherweise schon länger

zurückliegen, für die eigene Arbeit in der Auswertungsphase benötigt werden. Darüber hinaus können Sie Ihre in den einzelnen Phasen unternommenen Schritte rekapitulieren und genau nachvollziehen, an welcher Stelle Ihnen ggf. Fehler in der Planung, der Erhebung oder der Auswertung der Daten unterlaufen sind bzw. ob für Ihre Fragestellung relevante Variablen oder Kategorien vergessen wurden.

8. Vergleichen Sie die beiden Beispiele einer empirischen Studie zur Phraseologie (vgl. Juska-Bacher 2006) miteinander und entscheiden Sie, ob auf der Grundlage der Daten Verfahren der *deskriptiven Statistik* oder der *Inferenzstatistik* angewendet werden können. Welche Aussagen können Sie mit Hilfe der aufgeführten Daten treffen?

Beispiel:
Eine Befragung zur Bekanntheit der in einer Untersuchung festgestellten 100 bekanntesten Phraseologismen hat folgendes Ergebnis geliefert:
Von 5 befragten Probanden kannten
1 Proband 95,
1 Proband 90,
2 Probanden 89
und 1 Proband 87 Phraseologismen.
(Juska-Bacher 2006: 96)

Das Beispiel eignet sich dafür, Kennwerte der deskriptiven Statistik zu bestimmen, um einen Einblick in die empirisch gewonnenen Daten zu bekommen und sie übersichtlich zu ordnen. Für die Variable *Anzahl der bekannten Phraseologismen* können Sie den Mittelwert berechnen. Der Mittelwert gibt den Durchschnittswert darüber an, wie viele Phraseologismen den Teilnehmenden bekannt sind, und errechnet sich aus der Summe aller Ergebnisse geteilt durch die Anzahl der Ergebnisse. Das bedeutet, dass die Probanden und Probandinnen im Durchschnitt $M = 90$ Phraseologismen dieses Korpus kennen. Weiterhin können die Standardabweichung und die Varianz dieser Variable berechnet werden, d. h. Sie können die Streuung der Ergebnisse überprüfen.

Beispiel:
Kennen Probanden ab 50 mehr Phraseologismen als unter 50-jährige Probanden? [...]
Es soll die Hypothese geprüft werden, dass ältere Probanden eine durchschnittlich höhere Sprichwortkenntnis haben. Anhand eines Fragebogens mit 75 Sprichwörtern werden 10 Probanden unter 50 Jahren und 10 Probanden ab 50 befragt. Das Ergebnis der Befragung weist für die ab 50-jährigen Werte

zwischen 59 und 69 bekannten Sprichwörtern und für die unter 50-jährigen Werte zwischen 54 und 64 auf.
(Juska-Bacher 2006: 104 f.)

Die Fragestellung kann mit Hilfe eines Verfahrens der hypothesengeleiteten Inferenzstatistik beantwortet werden. Den Ausgangspunkt bildet die begründete Hypothese, dass ältere Probandinnen und Probanden mehr Phraseologismen kennen als die jüngeren Teilnehmenden. Werden die Mittelwerte für beide Altersgruppen bestimmt, so kennen die über 50-Jährigen im Durchschnitt $M = 65$ Phraseologismen und die unter 50-Jährigen $M = 59{,}8$ Phraseologismen. Da von zwei Probandengruppen, die unterschiedlichen Altersgruppen angehören, ausgegangen wird, kann ein *t*-Test für unabhängige Stichproben eingesetzt werden. Der *t*-Test vergleicht die Mittelwerte der beiden Stichproben dahingehend, ob die aufgefundenen Differenzen auch statistisch bedeutsam sind. Das Verfahren gehört zu den Signifikanztests, mit Hilfe derer überprüft werden kann, ob ein Ergebnis signifikant ist und mit einer nur geringen Irrtumswahrscheinlichkeit auszuschließen ist, dass das Ergebnis lediglich auf einem Zufall beruht. Ist das Ergebnis des *t*-Tests für das vorliegende Beispiel signifikant, kann die Ausgangshypothese bestätigt werden.

9. Warum können Sie bei der kategorialen Variable *Erstsprache/L1* kein arithmetisches Mittel berechnen?

   Bei der kategorialen Variable der Erstsprache handelt es sich um eine nominalskalierte Variable mit mehr als zwei Merkmalsausprägungen. Die Berechnung des arithmetischen Mittels bzw. des Mittelwerts ist nicht möglich, weil wir lediglich Unterschiede feststellen, nicht aber auf eine Rangfolge mit klar definierten Abständen zwischen den Merkmalsausprägungen schließen können. Die Variable lässt sich somit nicht quantitativ differenzieren, sondern vergleicht qualitative Merkmale im Hinblick auf Gleichheit und Ungleichheit. Um die Verteilung der Variablen näher zu beschreiben, kann anhand von Häufigkeitstabellen der Modus, d. h. welche Erstsprache in einer Verteilung am häufigsten erworben wurde, bestimmt werden.

10. In einer empirischen Studie zu orthographischen Zweifelsfällen in der deutschen Sprache wurde ein Fragebogen mit Studierenden der Germanistik eingesetzt. Wie unterscheiden die im Fragebogen verwendeten Items sich im Hinblick auf ihr Skalenniveau voneinander?

    Für die Erhebung der Kontextvariablen im ersten Teil des Fragebogens zur Erstsprache, zur Sprachkompetenz und zum zweiten Studienfach handelt es sich bei allen Items um kategoriale Variablen, die nominalskaliert sind. In ihrer Auswertung ist lediglich ein Vergleich in den Häufigkeiten der einzelnen Kategorien möglich, z. B. anhand der Darstellung der absoluten oder relativen Häufigkeit in einer Häufigkeitstabelle oder einem Kreisdiagramm oder aber durch die Berechnung des Modus. Die Items im zweiten Teil des Fragebogens sind hingegen Multiple-Choice-Fragen, die zu einem Orthographiequiz gehören. Richtige Antworten im Quiz werden durch ein Punktesystem vergütet. Bei den Items handelt es sich somit um metrisch skalierte Variablen: Anhand der Gesamtpunktzahl im Orthographiequiz kann der Mittelwert berechnet und anhand der Varianz bzw. der Standardabweichung die Streuung in der Verteilung bestimmt werden.

Kap. 9

1. Der umformulierte Satz lautet beispielsweise:
   Ich untersuche in dieser Hausarbeit, inwiefern ...
2. Die Korrektur lautet beispielsweise:
   Bei der Auswertung der angekreuzten Items~~,~~ w~~ird~~erden der Wortschatz- und der Grammatikteil getrennt voneinander betrachtet. Aus den einzelnen Werten wird sodann ein Gesamtwert berechnet, um ~~sozusagen~~ einen ~~„~~Durchschnitt~~“~~ [Wenn etwas anderes als der Durchschnitt gemeint ist, suchen Sie den treffenden Fachbegriff, z. B. Mittelwert, ...] *zu ermitteln. Allerdings ist der Grammatikwert ~~gewichtiger~~ aussagekräftiger, da ~~dies~~er eher Rückschlüsse auf sprachliche Defizite zulässt als der lexikalische Sprachstand.*
3. Setzen Sie die in den Beispielen thematisierten sprachlichen Einheiten in die übliche linguistische Notation:
   Unanalysierte objektsprachliche Einheiten werden kursiviert, Morpheme in geschweifte Klammern gesetzt. Phone werden in eckige Klammern und Phoneme zwischen Schrägstriche gesetzt.

   Objektsprache: *kindlich*
   Morpheme: {kind}, {lich}
   Phon: [ç]
   Phonem: /x/

Register

Analyse 129, 133ff., 137
  Gesprächs- 117, 138f., 141
  Inhalts- 102, 106, 117, 132f.
  Konversations- 119, 138
Annotationen 116, 148
Argumentieren 114
Aufbau linguistischer Arbeiten 64
Ausdruck(sweise) 163, 165, 168
Auswertung 134ff., 146, 148, 152, 156
Autor / Autorin 30–33, 39, 90, 100, 134, 148, 165, 167
Autoren-Ich 166
Autorenperspektive 168

Beispiele 69ff.
Bibliographien
  systematische 40
Bibliographieren 37f.

Cluster 45f.
Cohens kappa 131f.

Daten 132, 139, 143
  Primär- 96, 139, 143, 148
  Sekundär- 139
  Tertiär 139
Decken- und Bodeneffekte 151
Design
  Prä-/Post-/Follow-up-Design 85
  Prä-/Post-Design 85
Diagnostik 83
  Prozess- 83f.
  Status- 83f.
Digital Object Identifier (DOI) 34
Diskussion 13, 37, 55, 65f., 117
Dokumentation 156, 195

Effektstärke 153ff.
Eindeutigkeit 70
Einleitung 8, 11f., 48, 50, 64, 66, 165, 168, 174ff.
Einverständniserklärung 96, 111, 115
Ethnomethodologie 90, 138
Etiketten 148

Fachbibliographien 38
Formalisierungen 170ff.
Forschung 53ff.
  Anwendungsorientiert 53
  Grundlagen- 53f.
  qualitative 83, 88
  quantitative 83, 95
Forschungsdesign 110
Forschungsfrage 81, 83, 85f.
Forschungslücke 54, 56, 59
Forschungsmethodik 59, 66
Forschungsprozess 88f., 91, 158, 194
Forschungsstand 37, 64, 85, 88, 108, 134
Forschungsüberblick 54, 65, 192
Fragebogen 95, 103, 105, 108–114, 130, 143, 149f., 158f., 177, 196ff.
  -struktur 111
Fragestellung 82f., 85–88
  deskriptiv 86
  kausal 87
  korrelativ 86
Fremdzuweisung 140
Frequenz 146

Gegenbelege 61
Gesprächsbeitrag 138f.
Gesprächsinventar 127f.
Gesprächsschritt 139f.
Gesprächssituation 106ff., 140, 168
Glossierung 69, 72f., 75–79, 169
Grundgesamtheit 95, 144, 149
Gütekriterien 87f., 91, 95, 111f., 117, 195

Häufigkeit 81, 110, 133, 198
absolute 146, 150
relative 150
Histogramme 151
Hypothese 55, 65f., 87f., 91, 94, 153, 158, 196f.

Informationsdichte 165
Interraterreliabilität 130f.
Interview 103, 105, 108, 118, 127, 146
halbstrukturiertes 104, 106
Leitfaden- 104–108, 132, 135, 156
narratives 104, 106, 108, 193
problemzentriertes 105f., 108
unstrukturiertes 104, 106
vollstrukturiertes 104ff., 109
Intraklassenkorrelation 132
Introspektion 97f.
Items 91, 110ff., 114, 130, 132, 159

Kodierung 128ff., 132f., 135
Kommunikationssituation 103, 105f.
Konkordanzen 147
Konstrukte 97, 110
Kookkurrenzen 147
Korpus 128, 133f., 136f., 143, 145ff.
Korrektur 176, 191, 198
Korrelationsanalyse 153
Korrelationskoeffizient 154
Kreuztabellen 151, 153
Kurzangabe 29

Lageparameter 150
Lautes Denken 100ff., 117f., 131f.
Leserschaft 10, 172f.
Lesestrategie 9, 97, 149–154
Literaturangabe 12, 29f., 38
Literaturverwaltungsprogramm 35f.
Literaturverzeichnis 10, 29, 35, 66, 165, 179

Medians 150f.
metasprachlich 72
Mindmapping 45, 47
Miszelle 33
Mittel, arithmetisches 150, 159, 197
Mittelwert 150ff., 154, 196, 198
Modellierung, eigene 54
Modus 150ff., 197f.
Monographie 7, 31, 39

Notation 29, 33, 177, 198

Objektivität 95, 112, 163, 167
Auswertungs- 131
Objektsprache 72, 74, 76f., 79, 198
obskur 173
Online-Publikation 34

Paarsequenzen 140
Plagiat 23f.
Prägnanz 15, 111, 165f.
Präzision 163, 172, 175
Preprint 34, 41
Proceedings 33

quantitative Auswertung 146
Querschnitt 129

Referat 23f., 28f.
Reliabilität 95, 112, 131f.
Repräsentativität 83, 143
Retrospektion 97f.
Rezension 33, 172
Richtigkeit 40, 58, 64

Sammelband 31, 35, 114
Sammelbandaufsatz 31
Schlagwortkatalog 38
Schlusskapitel 66
Schneeballsystem 40
Schreib-
-berater 176
-blockade 176
-haltung 174
-prozess 175f.

Selbstbefragung 97
Selbstbeobachtung 97
Selbstwahl 140
selektives Lesen 20f.
Signifikanzniveau 153, 155
Skala 93f., 98f., 110, 112, 151f., 154
  Intervall- 93f., 132, 150f.
  Nominal- 93f., 130f., 150, 197
  Ordinal- 93, 150, 153
  Verhältnis- 94
Skalenniveau 93f., 131, 150, 153, 159, 197
Spannweite 151
Sprachatlas 33
Sprache
  Fach- 163
  Umgangs- 195
Sprecherwechsel 119f., 140, 194
SQ3R-Methode 9f.
Standardabweichung 151, 196, 198
Standbildverfahren 122
Stichprobe 83, 88, 95, 100
  Größe 94, 100, 153
  Zusammenstellung 83
Streuung der Variablen 151
Streuungsparameter 151
Strukturalismus 90
Strukturieren 45
Strukturierungsgrad 104, 107, 109
Studien 111, 114, 117, 129
  Interventions- 84, 129
  Längsschnitt- 84, 129
Studienausrichtung 89
Symbolischer Interaktionismus 89

Textproben 144, 148
These 17, 61ff., 65, 175
Transkript 119f., 123, 127f., 131, 137, 141, 194
  Basis- 119f., 193
  Fein- 119f.
  Minimal- 119f.
Transkriptband 34
Transkription 116ff., 120, 123, 128, 131, 139, 143, 156, 161, 169, 193
  Diskurs- 118f.
  handschriftlicher Texte 123ff.
  multimodale Diskurs- 122
  phonetische 117f.
t-Test 154f., 197
Type-Token-Relation 147

Übereinstimmungsmaß 131
Überprüfung 19, 54f., 111, 115, 153
Übersetzen 24, 27
Übertragen 56, 95, 102, 109, 130, 151, 155

Validität 95, 112, 117
Varianz 151, 154, 196, 198
Verschriftlichung 50, 102, 125, 157, 194
  standardnahe 117f.
Videographie 114, 116f.
Vorstrukturierung 107, 140, 166

Zeitschriftenaufsatz 31
Zitat 19, 23, 25, 27ff., 97, 171
Zusammenfassung 61, 66